国家出版基金项目
NATIONAL PUBLICATION FOUNDATION

现代出版学研究丛书

出版法规与著作权法论析

张凤杰 主编

中国书籍出版社
China Book Press

《现代出版学研究丛书》
编辑委员会

编委会主任　魏玉山

编委（以姓氏笔画为序）　王　平　王　勤　王　飚　冯建辉　刘兰肖
　　　　　　　　　　　　　刘拥军　李广宇　张　立　张凤杰　吴永贵
　　　　　　　　　　　　　吴培华　宋慧献　陈　丹　陈丽菲　范　军
　　　　　　　　　　　　　庞沁文　罗紫初　赵　冰　聂震宁　黄先蓉
　　　　　　　　　　　　　黄晓新　魏玉山

分册主编

《数字出版学导论》　　　　　主编：张　立　副主编：李广宇
《出版法规与著作权法论析》　主编：张凤杰
《现代实用编辑学》　　　　　主编：吴培华　朱坤泉
《中国出版史论》　　　　　　主编：刘兰肖
《现代出版学概论》　　　　　主编：庞沁文

《出版法规与著作权法论析》
编撰人员

主　　编　张凤杰

编写人员　季　峰　宋慧献　王欢妮　香江波　杨　昆
　　　　　张凤杰　周艳敏

总 序

出版学研究要为出版改革发展服务

现代出版学研究丛书（一套五本）即将出版了，作为这一套丛书的负责人，终于可以松一口气了。这套书是国家哲学社会科学基金资助课题"出版学学科体系（与教材建设）研究"的成果之一。研究课题2005年立项，历时8年于2013年4月通过专家评审，顺利结项。但是与课题研究配套的教材编写却颇费周折，在国家出版基金办公室的资助下，教材以研究丛书的形式出版，也算是对整个课题有一个比较圆满的交代了。

出版学是一门年轻的学科。不仅比文学、史学、经济学等年轻，就是与新闻学、传播学等相比也很年轻。说它年轻是因为它形成的时间比较短，从1931年我国著名文献学家杨家骆在《图书年鉴》中提出出版学的概念至今不足百年，而我国的出版学研究真正起步是在改革开放以后，我国以出版学命名的图书是在20世纪80年代才出版的。在国外，出版学作为一个学科的起步时间也不早。1963年韩国学者安春根出版了《出版概论》，开始从学术的角度研究出版，1967年，日本学者清水英夫在《读书人》杂志发表了《建立出版学的可能性与必要性》，1972年出版了《现代出版学》一书，开始把出版学作为一门学科来构建。由于这一学科起步比较晚，所以其研究成果不足，教育界、学术界对其认识也不足，时至今日仍然有一些人认为出版无学也就不足为奇了。

出版学是一门独立的学科。它有区别于其他学科的独立的研究对象，有特有的概念、原理和范畴，有独特的知识体系和知识构成。它虽然与传播学、管理学、文化学、图书馆学等有密切的关系，但是又不同于其他各学科。出版学之所以出现比较晚，是因为出版业作为独立的产业，作为一项重要的社会事业被大家关注较晚。

出版学是应用之学、实践之学、行业之学。出版学与文史哲等学科不一样，它是一门广泛运用于出版实践又紧随出版实践不断丰富与发展的应用科学。最近30多年来，中国出版业乃至世界出版业，都出现了新一轮的发展高潮，体制机制改革不断深化，新技术应用越来越广泛，金融资本的渗透越来越加剧，一方面呼唤出版理论支撑并为出版学的发展提供了丰富、鲜活的素材，一方面现有的理论又不能回答现实的许多关切；一方面需要有大批的具有专业知识的人才投身出版业，另一方面原有的教学体系包括教材又不能适应形势的需要。

为了总结出版改革与发展的实践经验，总结出版理论创新的成果，以便更好地服务于出版改革与发展，我主持申报了国家社会科学基金项目"出版学学科体系（与教材建设）研究"，目标是在多学科知识的基础上，以出版实践的理论升华为核心，形成自己特有的研究对象和研究方法，以及其他学科不可替代的学科内涵、概念、范畴和体系，对出版学科的课程体系予以明确，并编写部分核心课程的教材。通过研究，我们认为，出版学应当从新闻传播学、信息管理学等学科中划分出来，成为与新闻学、传播学并列的同一级学科。

随着出版学研究不断深入，出版学开始作为一门学科在许多高等学校设立，公开发表的出版学研究论文不可胜数，公开出版的出版学论著也颇为可观，出版学的学科地位正在逐渐得到有关方面的认可。1997年国务院学位委员会和国家教育委员会颁布的《授予博士、硕士学位和培养研究生的学科、专业目录》所设的12个学科门类、88个一级学科、382个二级学科中，出版学并不在其中；1998年教育部修订颁布的《普通高等学校本科专业目录》将"编辑出版学"作为"新闻传播学"之下的二级学科；2010年9月，国务院学位委员会发布关于下达2010年新增硕士专业学位授权点的通知，中国传媒大学、北京印刷学院等院校成为出版专业硕士授权点；2011年教育部将出版正式列入《专业学位授予和人才培养目录》。由此可见，出版学的学科地位正在由不明确逐渐走向明确（当然，时至今日，出版学依然没能与图书情报与档案管理、新闻传播学等并列成为独立的一级学科，出版学的学科体系也不十分明晰，各高校出版学专业的课程设置也比较随意，没有达到相对的统一，这在一定程度上影响了出版人才的培养与出版学理论研究的进一步深入）。

作为课题的重要组成部分，编写核心教材是我们的任务。经过多次的研讨，我们认为出版学、编辑学、数字出版学、出版法规、出版史等有关方面的知识，是出版教育的核心知识，为此我们组织中国新闻出版研究院及有关院校的中青年学者、教师共同承担这些核心教材的编写任务，由于这几本书带有探索性质，与正式教材不同，我们称之为现代出版学研究丛书。我们力求做到具有集成性、系统性、创新性、实用性、形象性，适应时代发展的需要，在一定程度上代表最新的出版科研水平，但是由于作者水平有限及客观条件的限制等原因，其结果与初衷定会有不小的差距，不妥之处衷心希望广大读者给予批评指正，以便我们将来修订再版时加以改正。

现代出版学研究丛书于2014年2月获得了国家出版基金的资助，可见国家出版基金办及评审专家对出版基础理论的研究是高度重视的，借本套丛书出版之机，谨向他们致以诚挚的谢意，并向所有支持、关心、参与本套丛书编写、审稿、出版的同志们表示真诚的感谢。

中国新闻出版研究院　魏玉山

2015年4月16日

目录

总　序 ……………………………………………………………… 001
导　言 ……………………………………………………………… 001

上篇　出版法规

第一章　出版法规概论 …………………………………………… 007

第一节　出版法规的概念 ………………………………………… 008
　　一、出版法规的概念 ………………………………………… 008
　　二、出版法规的特征 ………………………………………… 008
　　三、我国出版法规的渊源 …………………………………… 010
第二节　新中国出版法制建设历程 ……………………………… 013
　　一、建国后至改革开放前我国出版法制建设历程 ………… 013
　　二、改革开放后我国出版法制建设历程 …………………… 014
　　本章小结 ……………………………………………………… 017

第二章　编辑出版管理法规总述 ………………………………… 019

第一节　出版单位的设立与管理 ………………………………… 020
　　一、出版单位的设立 ………………………………………… 020
　　二、出版单位的变更与终止 ………………………………… 026
　　三、出版单位的总量控制与年检登记 ……………………… 028
第二节　出版物内容管理与样本缴送 …………………………… 030
　　一、出版物内容管理 ………………………………………… 030
　　二、出版物样本缴送 ………………………………………… 035
第三节　出版专业技术人员管理 ………………………………… 037
　　一、职业资格考评 …………………………………………… 037
　　二、职业资格登记 …………………………………………… 039

三、责任编辑注册 ··· 040
　　本章小结 ·· 044
　　思考与练习题 ·· 045

第三章　编辑出版管理法规分述 ································ 047
　第一节　图书出版管理 ·· 048
　　一、图书出版单位的设立、变更与终止 ························· 048
　　二、图书质量管理 ·· 050
　　三、书号管理 ·· 051
　第二节　报刊出版管理 ·· 056
　　一、期刊出版管理 ·· 056
　　二、报纸出版管理 ·· 061
　第三节　电子、音像与网络出版管理 ······························ 069
　　一、电子出版管理 ·· 069
　　二、音像制品出版管理 ·· 073
　第四节　互联网出版管理 ·· 077
　　一、互联网出版的概念 ·· 078
　　二、互联网出版业务的申请与审批 ······························ 078
　　三、互联网出版机构的变更与终止 ······························ 079
　　四、互联网出版活动的管理 ···································· 080
　　本章小结 ·· 083
　　思考与练习题 ·· 084

第四章　出版物印刷复制管理法规 ······························ 085
　第一节　出版物印刷复制单位的设立 ······························ 086
　　一、设立出版物印刷复制单位的条件 ···························· 086
　　二、出版物印刷复制单位的设立程序 ···························· 088
　　三、出版物印刷复制单位的审批 ································ 088
　　四、其它出版物印刷复制单位的设立 ···························· 089
　　五、出版物的印刷管理 ·· 091

第二节　印刷复制单位经营管理 …………………………………… 092
　　　　一、委托合同制度 ……………………………………………… 093
　　　　二、承揽验证、登记制度 ……………………………………… 097
　　　　三、印刷复制品保管制度 ……………………………………… 100
　　　　四、印刷复制品交付制度 ……………………………………… 100
　　　　五、残次品销毁制度 …………………………………………… 101
　　　　六、其他经营管理规范 ………………………………………… 101
　　第三节　出版物印制质量管理 …………………………………… 106
　　　　一、主要质量标准 ……………………………………………… 106
　　　　二、印制质量管理机制 ………………………………………… 109
　　　本章小结 ………………………………………………………… 111
　　　思考与练习题 …………………………………………………… 113

第五章　出版物市场管理法规 ………………………………… 115
　　第一节　发行单位的设立 ………………………………………… 116
　　　　一、出版物发行单位的设立 …………………………………… 116
　　　　二、外商投资企业管理 ………………………………………… 121
　　第二节　出版物市场管理 ………………………………………… 121
　　　　一、传统出版物市场管理 ……………………………………… 121
　　　　二、网络交易管理 ……………………………………………… 123
　　第三节　出版物进口管理 ………………………………………… 125
　　　　一、出版物进口经营单位审批制度 …………………………… 125
　　　　二、出版物进口经营管理制度 ………………………………… 125
　　　　三、订户订购进口出版物的管理 ……………………………… 126
　　　本章小结 ………………………………………………………… 130
　　　思考与练习题 …………………………………………………… 131
　　　参考文献 ………………………………………………………… 131
　　　附录 ……………………………………………………………… 133

下篇　著作权法

第一章　著作权法概述 …………………………………………… 137
　第一节　著作权与著作权法 ……………………………………… 138
　　一、著作权的概念 ……………………………………………… 138
　　二、著作权的属性与特征 ……………………………………… 140
　　三、著作权法及其基本原则 …………………………………… 146
　第二节　著作权制度的起源与发展 ……………………………… 148
　　一、著作权制度产生与发展的四个阶段 ……………………… 148
　　二、现代著作权制度的发展趋势 ……………………………… 152
　第三节　我国著作权制度的历史与现状 ………………………… 153
　　本章小结 ………………………………………………………… 156
　　思考与练习题 …………………………………………………… 157

第二章　著作权的客体 …………………………………………… 159
　第一节　著作权法上的作品界定 ………………………………… 160
　　一、属于文学、艺术和科学领域内的智力成果 ……………… 160
　　二、具有独创性 ………………………………………………… 161
　　三、具有一定的表达形式 ……………………………………… 161
　第二节　著作权法保护的作品类型 ……………………………… 163
　　一、文字作品 …………………………………………………… 163
　　二、口述作品 …………………………………………………… 164
　　三、音乐、戏剧、曲艺、舞蹈、杂技艺术作品 ……………… 164
　　四、美术、建筑作品 …………………………………………… 165
　　五、摄影作品 …………………………………………………… 166
　　六、电影类作品 ………………………………………………… 166
　　七、图形与模型作品 …………………………………………… 167
　　八、计算机软件 ………………………………………………… 168
　　九、民间文学艺术作品 ………………………………………… 168

第三节　不适用著作权法保护的作品 …………………… 169
　　　一、官方文件 ……………………………………………… 169
　　　二、时事新闻 ……………………………………………… 170
　　　三、历法、通用数表、通用表格和公式 ………………… 171
　　本章小结 ……………………………………………………… 174
　　思考与练习题 ………………………………………………… 175

第三章　著作权的主体 …………………………………………… 177
　第一节　著作权人 …………………………………………… 178
　　　一、著作权的原始主体 …………………………………… 178
　　　二、著作权的继受主体 …………………………………… 181
　第二节　特殊作品的著作权归属 …………………………… 182
　　　一、演绎作品 ……………………………………………… 182
　　　二、合作作品 ……………………………………………… 183
　　　三、职务作品 ……………………………………………… 186
　　　四、委托作品 ……………………………………………… 188
　　　五、汇编作品 ……………………………………………… 189
　　　六、电影类作品 …………………………………………… 190
　　　七、原件所有权转移的作品 ……………………………… 191
　　　八、作者身份不明的作品 ………………………………… 193
　　本章小结 ……………………………………………………… 197
　　思考与练习题 ………………………………………………… 199

第四章　著作权的内容与限制 …………………………………… 201
　第一节　著作权的内容 ……………………………………… 202
　　　一、人身权利 ……………………………………………… 202
　　　二、财产权利 ……………………………………………… 206
　第二节　著作权的限制 ……………………………………… 213
　　　一、合理使用 ……………………………………………… 213
　　　二、法定许可 ……………………………………………… 218

三、强制许可 ······ 224
四、时间限制 ······ 225
本章小结 ······ 231
思考与练习题 ······ 232

第五章 邻接权 ······ 233

第一节 邻接权概述 ······ 234

一、邻接权的概念 ······ 234
二、表演者权 ······ 238
三、录音录像制作者权 ······ 240
四、广播组织权 ······ 244
五、邻接权的限制 ······ 245

第二节 出版者权 ······ 248

一、图书出版者权 ······ 248
二、报刊出版者权 ······ 253
本章小结 ······ 259
思考与练习题 ······ 260

第六章 著作权的许可与转让 ······ 261

第一节 著作权的许可 ······ 262

一、著作权许可概述 ······ 262
二、著作权许可使用的方式 ······ 264
三、著作权许可使用合同 ······ 266

第二节 著作权的转让 ······ 271

一、著作权转让概述 ······ 271
二、著作权转让理论与立法上的分歧 ······ 275
三、著作权转让合同 ······ 278
四、著作权转让中的几个问题 ······ 281
本章小结 ······ 288
思考与练习题 ······ 289

第七章　著作权违法行为、法律责任与权利保护 …… 291

第一节　著作权违法行为与法律责任 …… 292
　　一、违法行为与法律责任概述 …… 292
　　二、著作权违法行为及其法律责任 …… 294

第二节　著作权保护 …… 300
　　一、司法保护 …… 300
　　二、行政保护 …… 302
　　三、社会保护 …… 305
　　四、技术保护 …… 309
　　五、权利人的自我保护 …… 311
　　六、群众保护 …… 312
　　七、其他方式的保护 …… 313
　　本章小结 …… 320
　　思考与练习题 …… 321
　　参考文献 …… 322

后记 …… 325

导　言

　　改革开放三十多年来，我国社会主义民主法制建设不断加强，法治已经成为治国理政的基本方式。伴随着整个国家法治进程和出版事业的改革发展，我国与出版相关的法制建设也得到了全面发展。出版活动包括出版、印刷或者复制、发行、进口等多个环节；在整个法律体系中，调整出版活动中的各种法律关系、保障出版活动中社会公共利益和公民、法人、其他组织相关权益的法律规范很多，上至宪法、法律，下到规章、其他各种规范性文件，从宪法、行政法到刑法、民法，从实体法到程序法，各个层级、各个种类、各个方面都有。本书重点介绍作为出版领域专门法的出版法规以及著作权法。

　　关于出版法规和著作权法，出版界同仁较少将其并列，普遍认为出版法规包括著作权法，所谓"一法五条例""一法七条例"中的"法"，就是《著作权法》。在此有必要予以辨析和廓清。

　　毋庸置疑，出版法规与著作权法密切相关。一方面，我国《著作权法》中关于报刊转载摘编法定许可、版式设计权、专有出版权等相关规定本身直接适用于出版活动，关于权利主体、权利内容、权利限制、权利保护期限等诸多普遍性规定对于出版活动也同样适用；另一方面，出版法规中也有不少涉及著作权的规定，例如，印刷企业接受委托印刷境外的出版物的，必须持有关著作权的合法证明文件，并向著作权行政管理部门登记，等等。可以说，二者你中有我，我中有你。既然出版活动作为版权作品传播与运用的重要方式也要遵循著作权法，换言之，著作权法也是调整出版活动的重要法律规范，

出版法规与著作权法论析

不少人将著作权法作为出版法规来看待，委实是有一定道理的。

但是，需要说明的是，出版法规与著作权法也存在诸多差别。二者更大程度上是不同领域、不同性质的法律规范，其调整对象、适用范围乃至立法背景都有很大差异。我国现行的出版法规，目前主要是有关出版管理的行政法规和规章，总体上属于行政法范畴，调整的主要是出版行政机关对出版活动的管理行为，是出版行政机关依法管理的主要依据。而著作权法总体上属于民事法律范畴，调整的主要是著作权人与作品传播者之间的民事行为。除与出版活动密切相关外，著作权法还涉及文学艺术、广播影视、文化娱乐、工艺美术等多种活动。涉及多种主体——包括表演者、录音录像制作者、广播电台、电视台、信息网络传播者，以及多种客体——包括曲艺作品、建筑作品、电影作品、模型作品、计算机软件，等等。其中多数与出版并无直接关系，至少不能直接视作出版。

鉴于二者的差异性，本书将出版法规与著作权法分为上、下两篇分别撰写。出版法规部分，基本不涉及著作权法的内容；著作权法部分，考虑到出版专业系列丛书的特色，在兼顾著作权法整体结构与内容的同时，将与出版活动直接或间接相关的各种规定作为重点，进行了较为详细的介绍。

此外，按照丛书编撰要求，本书在系统介绍基本理论的同时，穿插了部分案例，以加深读者对基本理论与概念的理解；同时，帮助读者了解法律的具体适用问题。通过理论联系实际，帮助读者达到学以致用的目的。

今天，依法治国已成为我国的基本国策，人们的工作、学习、生活与法律的关系日益密切，出版专业更是如此。如何成为出版单位、选择什么内容出版、遵循什么程序出版、在出版过程中遇到纠纷如何解决等等，都是出版从业人员无法回避的基本法律问题。学习出版法规和著作权法的必要性和意义是什么？美国传播法学者约翰·D. 泽莱兹尼在其《传播法——自由、限制与现代媒介》一书中做出了很好的诠释，主要可归纳为两点：一是为了日常生存，对法律的了解能帮助出版从业人员在日常工作中规避风险，既遵守法律，尊重他人的合法权利，又能依法主张自己的合法权利；二是为了更好地工作，只有了解法律，才能明智地谈论法律、维护法律，甚至帮助完善法律。在法治社会、市场经济时代，出版从业人员在编辑出版及相关工作中难免会遇到与法律有关的各种问题，只有以法律武装自己，才有能力做好有关出版的各项工作。这也是我们编写本书的初衷。

上篇　出版法规

上篇 世間法要

第一章
出版法规概论

第一节 出版法规的概念
第二节 新中国出版法制建设历程

出版法规与著作权法论析

内容提要：出版法规的概念；出版法规的特征；我国出版法规的渊源；我国出版法制建设的历程。

重难点：出版法规的外延；出版法规的渊源；现行主要出版法规文件。

第一节 出版法规的概念

一、出版法规的概念

法规有广义和狭义之分。在我国，狭义上仅指国务院行政法规和有立法权的地方人大及其常委会制定的地方性法规。广义则是对各种法令、条例、规则、章程等法定文件的总称，与"法律"一词相通，是指国家制定或认可的、并由国家强制力保证实施的、具有普遍约束力的社会规范。

有关出版的法律，我国习惯上称之为出版法规。

具体而言，出版法规是调整出版活动、规定出版制度的法律规范的总称。

与其他部门法一样，出版法规也有广义、狭义之分。

广义的出版法规泛指所有与出版相关的法律规范，包括宪法的有关规定、全国人大及其常委会制定的有关法律、国务院行政法规、中央部委规章、地方性法规、规章以及其他规范性文件等。

狭义上的出版法规仅指专门适用于出版活动的法律规范，包括出版单位的设立、出版物的印刷与复制、出版物的发行与进口等相关管理制度。

近年来，我国一些专家学者呼吁出台的"出版法"，指的就是狭义上的出版法规。法国是近代以来首创专门出版法的国家。法国的《出版自由法》于1881年7月29日颁布，几经修订，至今仍然是法国出版法的基础。

二、出版法规的特征

1. 出版法规是调整出版活动、规定出版制度的法律规范的总称。这是出版法规区别于其他部门法的行业特征。比如，同样是信息网络传播，甚至同一网站的不同业务，在均归电信法规（《电信管理条例》等）调整的同时，有些可能还要归出版法规调整，有些可能还要归广电法规调整。是否适用出版法规的标准在于，相关活动在性质上是否属于法定的出版活动。需要说明的是，此处所指的出版活动，按照我国现行《出版管理条例》的界定，包括出版物的出版以及印刷（复制）、进口和发行（包括总发行、批发和零售）。

2. 出版法规是由有权机关依法制定或认可、具有普遍约束力、并由国家强制力保证实施的社会规范。这是出版法规不同于出版政策、出版职业道德或其他出版规范的法律特征。具体包括如下含义：

（1）出版法规由有权机关制定或认可。出版法规必须由有权机关制定或认可。有权机关既包括立法机关，也包括行政机关和司法机关。其他相关单位根据管理需要，可以与有权机关联合发布规范性文件，但不能以非国家机关名义单独或联合发布规范性文件。例如，作为行业自律组织，中国出版工作者协会、中国书刊发行业协会和中国新华书店协会出台了《图书公平交易规则》。尽管该规则对会员单位也有一定的规范作用，但囿于制定主体的性质，其本身并不属于出版法规。

（2）出版法规必须依法制定。"依法"至少包括两个层面的含义：一是有法定授权；二是遵循法定程序。法定授权方面，首先必须由法律授权的有权机关制定，法律没有授予立法权的相应机关、企事业单位和个人不能进行立法；其次，没有相应的法律授权就不能进行相应位阶、领域的立法。例如，根据《行政许可法》《行政处罚法》的规定，规章不得增设行政许可，只能设定警告或一定数量罚款的行政处罚，那么，在无上位法规定的情况下，中央部委和地方人民政府显然无权制定增设行政许可事项或者包含吊销许可证、营业执照条款的行政规章。法定程序方面，有《立法法》《地方各级人民代表大会和地方各级人民政府组织法》《行政法规制定程序条例》《行政规章制定程序条例》以及地方性法规制定程序相应规定等。只有在遵循相应程序规定的基础上制定出来的相应规范性文件，才可称之为相应位阶的规范性文件。例如，中央部委发布的法律规范性文件，可能是行政规章，也可能是其他规范性文件；判断标准在于，其制定过程是否遵循了特定的立法程序。

（3）出版法规具有普遍约束力。即它不是针对一时一事，而是在其调整范围和有效期内，对所有相关的人员、所有相关的事项具有普遍的约束力。在这一点上，出版法规不同于行政机关、司法机关针对特定事宜的单项决定、裁定和判决。其他文件虽然也具有强制执行力和规范作用，但不具有普遍约束力，因此不属于出版法规。

（4）出版法规的实施以国家强制力为后盾。如果当事人拒不履行相应义务，将会被行政管理部门或司法机关制裁和惩处；如果当事人仍然拒不执行相应决定，将会被相应的有权机关强制执行，手段包括强制划拨、强制扣缴、强制拘留，等等。这也是出版法规作为法律规范的典型特征。

三、我国出版法规的渊源

法规渊源包括法规的形式渊源、历史渊源、理论渊源、本质渊源等。此处专指法规的形式渊源。所谓形式特指因为制定机关和程序不同而具有不同效力和作用的法规的外在表现形式。根据形式渊源来区分法规、描述法律体系很常见也很有必要。我国出版法规主要有以下渊源：

1. 宪法

宪法是国家的根本大法，是由全国最高立法机关经过最为严格的立法程序制定的，具有最高的地位和效力。正因为如此，宪法还是万法之母，是其他所有法律法规制定的依据。我国《宪法》及宪法性法律（《国旗法》《国籍法》《地方各级人民代表大会和地方人民政府组织法》《民族区域自治法》等）关于国体、相应国家机构职责以及公民权利义务的规定，特别是关于国家发展出版事业以及公民享有出版自由的原则性规定，是我国出版法规的主要渊源和出版立法的根本依据。

2. 法律

法律是由全国人民代表大会或其常务委员会依照法定程序制定和颁布的规范性文件。其中，全国人大制定的称为基本法律；全国人大常委会制定的称为一般法律。如前所述，我国目前虽然没有狭义上的出版专门法，但现行许多法律都有若干与出版相关的规定。例如,《刑法》在其"危害国家安全罪""扰乱市场秩序罪""制作、贩卖、传播淫秽物品罪""非法经营罪""侵犯知识产权罪"等多个章节中关于十多种罪名与刑罚的规定都与出版活动相关。此外,《著作权法》《民法通则》《广告法》《通用语言文字法》《妇女儿童权益保护法》等在其调整范围内也都或多或少地与出版活动直接相关。

3. 行政法规

行政法规是指国务院为执行宪法和法律依照特定程序制定的具有普遍约束力的规范性文件。我国现行的出版法规以行政法规为主(这也是出版法在我国业内习惯上被称为"出版法规"的原因之一),主要包括《出版管理条例》(2001年12月25日颁布,自2002年2月1日起施行,2011年3月、2013年7月两次修订)、《印刷业管理条例》(2001年8月2日颁布并施行)和《音像制品管理条例》(2001年12月25日颁布,自2002年2月1日起施行,2011年3月修订)。尤其《出版管理条例》,对各类出版物的出版、印刷(复制)、进口和发行作了系统规定,在专门的"出版法"出台之前,可谓是出版管理领域的"基本法"。

4、中央部委规章

中央部委规章是指由国务院各部、委员会、中国人民银行、审计署以及具有行政管理职能的直属机构根据现行法律和国务院的行政法规、决定、命令,在本部门职权范围内,按照法定程序制定并发布实施的规范性文件。如,国家新闻出版广电总局(原新闻出版署、新闻出版总署)作为国务院直属的行政管理机构,其所颁布的《图书出版管理规定》《图书质量管理规定》《期刊出版管理规定》《报纸出版管理规定》《电子出版物出版管理规定》《互联网出版管理暂行规定》《出版物市场管理规定》《出版专业技术人员职业资格管理规定》等都属于行政规章。

5. 地方性法规、规章

地方性法规是指省、自治区、直辖市以及设区的市的人大、人大常委会根据本行政区域的具体情况和实际需要、依照法定权限和程序制定的规范性文件。地方性规章是指省、自治区、直辖市以及设区的市的人民政府,根据上位法，依照法定权限和程序制定的规范性文件。关于地方立法权，在2015年3月《立法法》修订之前，只有省（自治区、直辖市）人大及其常委会、省（自治区、直辖市）人民政府及其所在地的市、经济特区市以及国务院批准的较大的市的人大、人大常委会以及人民政府才有权制定地方性法规、规章，一般的设区的市无权制定地方性法规、规章。目前，我国已有多个地方出台了出版相应领域的地方性法规和规章，如《北京市图书报刊音像市场管理条例》《上海市图书报刊市场管理条例》《河南省图书出版管理暂行规定》等。

6. 自治条例、单行条例

按照我国宪法和法律，民族自治地方的人民代表大会有权依照当地民族的政治、经济和文化的特点，制定自治条例和单行条例。有些民族自治地方据此制定了与出版有关的自治规范。例如，《延边朝鲜族自治州朝鲜族文化工作条例》内容涉及发展新闻出版事业、增加朝鲜族少儿图书种类、加强文化市场管理，等等。需要指出的是，民族乡不属于法定的民族自治地方，其可依照法律规定的权限采取适合民族特点的具体措施，但由于区域太小、人口太少，依法无权制定自治条例、单行条例。

7. 有权机关解释

包括立法解释（法律解释）、司法解释和行政解释，不包括学理解释。最为常见的是司法解释。如最高人民法院1998年12月17日作出的《关于审理非法出版物刑事案件具体应用法律若干问题的解释》等。2015年3月修订后的《立法法》对司法解释作了进一步规定。其中第104条规定，最高人民法院、最高人民检察院作出的属于审判、检察工作中具体应用法律的解释，应当主要针对具体的法律条文，并符合立法的目的、原则和原意。遇有新情况需要明确适用法律依据的，应当向全国人大常委会提出法律解释的要求或者提出制定、修改有关法律的议案。

8. 其他规范性文件

在上述渊源之外，其他由有权机关制定、发布、并具有普遍约束力的规范性文件。出版领域比较常见的是各级出版行政主管部门自行或联合其他相关部门发布的具有普遍约束力的通知,如《关于重申对出版反映党和国家主要领导人工作和生活情况图书加强管理的紧急通知》《关于印发〈发行集团组建基本条件和审批程序〉的通知》,等等。

第二节　新中国出版法制建设历程

一、建国后至改革开放前我国出版法制建设历程

新中国成立伊始,党和国家十分重视出版法制建设。在废除国民党旧法统、旧法律的同时,开始着手制定有关出版事业的政策法规文件 [①]。

1949年9月29日,新政协第一届全体会议通过《中国人民政治协商会议共同纲领》。这是新中国的临时宪章,也是我国出版事业的指导性文件。其中,第5条规定:"中华人民共和国人民有思想、言论、出版、集会、结社、通讯、人身、居住、迁徙、宗教信仰及示威游行的自由权。"

建国初期,出版总署等有关机构先后起草和颁布了数件专门适用于出版事业的法律规范性文件,中央人民政府政务院及其所属部门颁布的其他法律规范性文件中也有不少有关出版事业的规定。

1950年3月,出版总署公布了《关于统一全国新华书店的决定》,明确全国各地新华书店的业务均归新华书店总管理处领导。7月,政务院颁布《禁止珍贵文物图书出口暂行办法》。10月,政务院颁布《关于改进和发展出版事业的指示》;出版总署发布第一届全国出版会议《关于发展人民出版事业的基本方针的决议》《关于改进和发展出版工作的决议》《关于改进和发展书刊发行工作的决议》《关于改进期刊工作的决议》以及《关于改进书刊印刷业的决议》等五项决议的通知。11月,经出版总署批准,新华书店总管理处发布《书稿报酬暂行办法》(草案)。

[①] 当时条件下,国家经过多年战乱,百废待兴,不可能出台专门的法律对各种立法权限和程序加以明确规定,相关法律规范性文件多以"决议""决定""指示"等形式表现,法律的政策化倾向十分明显。

1951年11月,出版总署发布《关于查禁书刊的规定》,规定禁售书刊须经出版总署批准。12月,政务院通过《关于建立全国报纸书刊发行网的决定》。

1952年8月,政务院颁布《管理书刊出版业印刷业发行业暂行条例》和《期刊登记暂行办法》。10月,出版总署作出《关于国营出版社编辑机构及工作制度的规定》。12月,邮电部和出版总署发布《关于改进出版物发行工作的联合决定》《关于改进发行工作具体办法的联合决定》,确定从1953年起,定期出版物(报、刊)由邮局总发行。

1953年4月,出版总署发布《关于图书版本记录的规定》;11月,发布《关于纠正任意翻印图书现象的规定》。

1954年5月,出版总署发布《关于出版物应注意保密的通知》。

1954年9月20日,第一届全国人民代表大会第一次会议通过了新中国第一部《宪法》。其第87条规定:"中华人民共和国公民有言论、出版、集会、结社、游行、示威的自由。国家供给必需的物质上的便利,以保证公民享受这些自由。"

然而,新中国的出版法制建设,刚有个良好的开端,却没有按照这个良好势头发展下去。"文化大革命"期间,社会主义出版法制建设成果遭到了空前的破坏,原有的出版法规未经法律程序被全部废止。出版工作也一度出现停滞。

二、改革开放后我国出版法制建设历程

改革开放以后,虽然社会主义法制建设的步伐整体上在加快,但由于出版工作特殊的意识形态属性,在一段时间内,出版领域仍无专门的法律规范性文件,出版行政管理活动依据的主要是相关政策性文件。

1982年12月4日,第五届全国人民代表大会第五次会议通过了新宪法。这部宪法经过四次修订,至今仍在适用。其第35条规定:"中华人民共和国公民有言论、出版、集会、结社、游行、示威的自由。"第22条规定:"国家发展为人民服务、为社会主义服务的文学艺术事业、新闻广播电视事业、

出版发行事业、图书馆博物馆文化馆和其他文化事业，开展群众性的文化活动。"

以此为依据，全国人大法律委员会开始着手"出版法"的起草工作。1985年，原国家出版局等有关部门开始研究起草"出版法"。1987年新闻出版署成立，中央要求加快"出版法"的制定。1994年8月，新闻出版署将《中华人民共和国出版法（送审稿）》报送国务院。国务院法制局在广泛征求各方意见、反复论证修改的基础上，形成了《中华人民共和国出版法（草案）》，于1994年9月20日提交国务院第25次常务会议。会议原则通过后按程序提交全国人大常委会审议。

但是，在随后的全国人大常委会审议前后，相关人士对"出版法"究竟应该是宪法性法律还是行业管理法律争议较大。在此情况下，国务院主动撤回了《出版法（草案）》，根据立法权限，于1997年1月2日制定了一部出版管理方面的行政法规，即《出版管理条例》。

在此期间，出版行业基本是在宪法的原则下，依据相关的政策文件进行管理。与之相关的重要文件有：中共中央、国务院关于《加强出版工作的决定》（1983年）、国务院《关于严禁淫秽物品的规定》（1985年）、国务院《关于严厉打击非法出版活动的通知》（1987年）等。1997年3月，八届全国人大五次会议修订通过的新《刑法》，明确规定了"非法经营罪""制作贩卖淫秽物品罪"等，对于打击不法出版行为、净化出版物市场具有重要意义。

2001年，结合我国入世承诺和行业发展要求，国务院制定、颁布了新的《出版管理条例》。该条例是我国出版管理专门立法的基础。

与《出版管理条例》相配套，国务院、新闻出版（总）署等在编辑出版管理方面还颁布了一系列的行政法规、规章，目前有效的法律规范性文件主要包括：《图书出版管理规定》《图书质量管理规定》《图书质量保障体系》以及《期刊出版管理规定》《报纸出版管理规定》《电子出版物出版管理规定》《音像制品出版管理规定》《互联网出版管理暂行规定》等出版各细分领域的单行管理规定。

在此之外，国务院以及原新闻出版署等相关部委、直属机构还制定了一系列与出版相关的其他活动的法律规范性文件。其中：

在出版物印刷（复制）方面，早在1988年，新闻出版署就出台了《印刷行业管理暂行办法》；1996年，新闻出版署颁布了《音像制品复制管理办法》；1997年3月，国务院出台了《印刷业管理条例》；2001年8月，该条例系统修订并重新颁布；2011年1月，为适应技术发展的需要，新闻出版总署又颁布了《数字印刷管理办法》。

在出版物发行方面，1991年，新闻出版署出台了《图书总发行管理的暂行规定》；1999年，新闻出版署出台了《出版物市场管理暂行规定》；在此基础上，2003年，新闻出版总署出台了《出版物市场管理规定》；除此之外，文化部1996年出台了《音像制品批发、零售、出租和放映管理办法》。

在出版物进口方面，新闻出版总署2004年发布了《订户订购进口出版物管理办法》，并于2011年作了修订；2007年4月，海关总署出台了《海关进出境印刷品及音像制品监管办法》。

在外资准入方面，2001年12月，商务部和文化部颁布了《中外合作音像制品分销企业管理办法》；2002年1月，商务部和新闻出版总署颁布了《设立外商投资印刷企业暂行规定》；2003年3月，商务部和新闻出版总署颁布了《外商投资图书、报纸、期刊分销企业管理办法》。

如今，全国出版体制机制改革正在全面、深入、有序推进。形成统一开放、竞争有序、健康繁荣的现代出版物市场体系，形成调控有力、监管到位、依法行政、服务人民的宏观管理体制，是出版事业改革的重要目标。市场经济是法治经济，依法行政前提要有法可依。随着出版体制机制改革的不断深化，我国出版法制建设也将不断健全和完善。

本章小结

本章主要介绍了出版法规的概念、特征,不同位阶出版法规的外在表现形式,以及新中国成立以来,我国出版法制建设的基本历程。出版法规是调整出版活动、规定出版制度的法律规范的总称。出版法规不同于出版政策或出版职业道德,它是由有权机关依法制定的,具有普遍约束力,以国家强制力为后盾。新中国成立初期,党和国家非常重视出版法制建设,出台了一系列相关规定。"文革"中,出版法制建设受到严重障碍,一度停滞。改革开放后,出版法制建设再次提上议事日程。原新闻出版署组建后,出版法制建设明显加快,专门的"出版法"呼之欲出。遗憾的是,因争论较大最终未能出台。上世纪90年代以来特别是加入世界贸易组织后,我国以《出版管理条例》为标志,逐渐建立起了比较完备的出版法制体系。市场经济是法治经济。随着出版体制改革的逐步推进,我国出版法制建设将更加成熟和完善。

第二章
编辑出版管理法规总述

第一节 出版单位的设立与管理
第二节 出版物内容管理与样本缴送
第三节 出版专业技术人员管理

出版法规与著作权法论析

内容提要：出版单位设立的条件；出版单位设立、变更及终止的程序；出版单位年检登记制度；出版物的禁载内容；出版物内容管理；出版专业技术人员管理规定。

重难点：出版单位设立的条件；出版单位年检登记的内容；年度出版计划备案制度；出版物样本管理制度。

编辑出版是其他所有出版活动的基础和核心，编辑出版管理法规在出版法规体系中占有举足轻重的地位。考虑到编辑出版管理法规的特殊重要性，本书用两个章节来讲述编辑出版管理法规。本章不按出版物种类区分不同的编辑出版活动以及相应的管理规范，主要从单位管理、业务管理、人员管理角度来对编辑出版管理法规进行综述。本章所涉及的法律规范性文件主要有：《出版管理条例》《图书出版管理规定》《图书、期刊、音像制品、电子出版物重大选题备案办法》《出版社年检登记制度（试行）》以及《出版专业技术人员职业资格管理规定》。

第一节 出版单位的设立与管理

根据《出版管理条例》第9条的规定，出版单位包括报社、期刊社、图书出版社、音像出版社和电子出版物出版社等，法人出版报纸、期刊，不设立报社、期刊社的，其设立的报纸编辑部、期刊编辑部视为出版单位。随着数字、网络技术的飞速发展，网络出版活动日益频繁，并极大地影响着人们的生活。从2002年起，我国又将互联网出版机构纳入出版单位进行管理。本节主要从出版单位的设立、变更、终止角度，讲述国家对出版单位的管理制度。

一、出版单位的设立

出版单位的设立是国家根据出版事业的发展需要，依法确立出版单位的

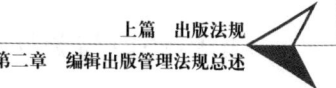

资格和条件、规范出版单位的组织和行为，建立和维护出版行业的秩序规则，以确保出版行业的持续健康发展。其内容主要包括设立方式、设立条件和设立程序等方面。

（一）出版单位的设立方式

出版单位的设立方式是指由国家根据本国国情和社会发展需要制定的出版单位的准入制度。由于历史发展阶段和具体国情社情的差异，目前世界各国出版单位的设立主要有四种方式：

1. 完全自由制

完全自由制是指出版单位的创办完全是自由的，不需要经过国家机关批准，也无需进行登记。原联邦德国在统一前就是采用的这种方式。

2. 登记制

在采取登记制的国家，出版单位的创办者在具备法定设立条件后，只要在开业前向有关机关登记注册，即可在法律规定的范围内从事出版活动，这种登记注册只是一种程序和手段。目前，西方大多数国家采取的都是这种方式。

3. 保证金制

保证金制规定，只要缴纳一定数量的保证金（有些国家和地区还规定须有担保人），即可设立出版单位。这种制度以我国香港特别行政区为代表。

4. 审批制

采取审批制的国家规定，出版单位的设立必须首先向该国的出版管理部门提出申请，出版审批核准后才能向登记机关申请设立登记，此后才可在法律规定的范围内从事出版活动。我国采取的就是这种方式。

《出版管理条例》规定，设立出版单位，由其主办单位向所在地省（自治区、直辖市）出版行政主管部门提出申请；省（自治区、直辖市）出版行政主管部门审核同意后，报国务院出版行政主管部门审批。设立的出版单位为事业单位的，还应当办理机构编制审批手续。

（二）出版单位的设立条件

根据我国《出版管理条例》，出版单位的设立应具备如下条件：

1. 有出版单位的名称、章程

出版单位的名称是区别于其他出版单位以及其他任何行为主体的标志。申请设立的出版单位首先应当有专属的名称。《企业名称登记管理办法》规定，企业通常只能使用一个名称；企业名称通常应包括字号（或商号）、行业或者经营特点和组织形式；企业名称应当使用汉字；不得使用法律禁止以及与自身实际情况不符的名称；企业名称应经工商行政管理机关核准登记。我国企业性质的出版单位的名称应当符合上述规定。

出版单位章程是依法制定的、规定出版单位名称、住所、经营范围、组织管理制度等重大事项的基本文件，是出版单位组织及行为的基本准则。出版单位章程一般应包括以下内容：出版单位的名称、住所、经营范围、注册资本、出资人，主管主办单位的权利和义务，组织机构和法定代表人，财会及用工制度等。

2. 有符合国务院出版行政主管部门认定的主办单位及其主管机关

新闻出版署于1993年颁布并实施了《关于出版单位的主办单位和主管单位职责的暂行规定》。其中规定举办出版单位，必须有确定的主办单位和主管单位。1997年国务院颁布的《出版管理条例》则进一步确认了这一制度。2001年国务院新《出版管理条例》及2011年、2013年修订后的《出版管理条例》均保留了这一制度。

主办单位是出版单位的上级领导部门。主办单位所办的出版单位的专业分工范围，应与主办单位的业务范围相一致。主办单位所办的出版单位的办公场所应与主办单位在同一城市或同一行政区域。两个或两个以上单位联合申办出版单位，应确定其中一个单位为主要的主办单位以及相应的主管单位。

主管单位是出版单位的主办单位（两个或两个以上主办单位的则为主要主办单位）的上级主管部门。主管单位在中央应是部级（含副部级）以上单位；在省（自治区、直辖市）应是厅（局）级以上单位；在自治州、设县的市和省、自治区设立的行政公署，应是局（处）级以上单位；在县级行政区域，应是县（处）级领导机关。

我国规定的主管单位和主办单位主要包括党政机关、国有企业、事业单位、各类人民团体等机构。有时，主管单位和主办单位也可能是同一机构。出版单位应在主管单位和主办单位的领导管理下依法开展出版活动。

例如，高校所办的报纸、期刊和出版社主办单位一般是该大学，主管单位则是教育行政主管部门。人民出版社的主管单位和主办单位则都是新闻出版总署。

主管主办制度是新中国成立后逐渐形成和发展的一项重要的管理制度，对于保证意识形态安全和出版事业健康发展具有非常重要的意义。但是，随着出版单位集团化、局社分家、转企改制等出版领域的一系列改革，出版单位主管主办制度与"政企分开、政事分开"的改革形势不相适应，与出版集团跨区域、跨行业、跨所有制的发展形势不相适应，面临许多新问题。① 在长期坚持这一制度的同时，也应按照依法行政、依法管理的要求，与时俱进地进行调整和完善。

3. 有确定的业务范围

出版单位的业务范围是由申请者提出，经出版行政主管部门和工商行政管理部门核准所确立的出版经营活动范围。出版单位应在核准的业务范围内从事出版活动。如要变更业务范围，根据《出版管理条例》的规定，须按照出版单位设立程序重新办理审批手续。出版单位擅自变更业务范围，未按规定办理相关手续的，由出版行政主管部门责令改正，给予警告；情节严重的，责令限期停业整顿或者由原发证机关吊销许可证。

4. 有30万元以上的注册资本和固定的工作场所

出版单位开展正常的生产经营活动，需要具备一定的资金、设备和工作场所，以保证出版发行活动的正常进行。《出版管理条例》规定，设立出版单位，在物质条件上需要具备30万元以上的注册资本和固定的工作场所。

5. 有适应业务范围需要的组织机构和符合国家规定的资格条件的编辑出版专业人员

---

① 参见魏玉山. 出版单位主管主办制度的历史发展与现实思考[J]. 编辑学刊，2013（4）。

出版单位从事出版活动，需要完善的组织机构和专业的从业人员，这也是出版单位的基本构成要素。

出版单位需要有相应的内设机构对编辑、出版、发行等各环节进行策划、组织和管理。根据出版业务的不同特征，报社、期刊社、出版社等出版单位有着各自不同的组织机构；即使是相同类型的出版机构，各出版单位也可以根据具体形式和发展需求设立符合自身特色的组织机构。

出版行业具有很强的专业性，因此出版单位需要有符合出版要求的专业人员。编辑出版专业人员包括编辑、发行和管理三大类人员。我国规定申请设立出版单位需要有符合国家规定的资格条件的编辑出版专业人员。为加强出版专业技术队伍的建设，人事部和新闻出版总署决定从2002年起对出版专业技术人员实行职业资格证书制度。凡在出版单位从事出版专业技术工作的人员，必须在到岗2年内取得出版专业职业资格证书，并按规定办理登记手续，否则不得继续从事出版专业技术工作。

6. 法律、行政法规规定的其他条件

这项兜底性规定为以后的立法规定设立新的审批条件留下了一定空间。

除上述申请条件外，按照《出版管理条例》的规定，审批设立出版单位，还应当符合国家关于出版单位总量、结构、布局的规划。（相应规划由国务院出版行政主管部门负责制定）这一规定体现了国家对出版单位的宏观调控，对于保障出版事业协调、健康发展具有重要意义。

（三）出版单位的设立程序

1. 提出申请

设立出版单位，由其主办单位向所在地省（自治区、直辖市）出版行政主管部门提出申请；省（自治区、直辖市）出版行政主管部门审核同意后，报国务院出版行政主管部门审批。设立的出版单位为事业单位的，还应当办理机构编制审批手续。

设立出版单位的申请书应当载明下列事项：（1）出版单位的名称、地址；（2）出版单位的主办单位及其主管机关的名称、地址；（3）出版单位的法定代表人或者主要负责人的姓名、住址、资格证明文件；（4）出版单位的资金来源及数额。

设立报社、期刊社或者报纸编辑部、期刊编辑部的，申请书还应当载明报纸或者期刊的名称、刊期、开版或者开本、印刷场所。申请书应当附具出版单位的章程和设立出版单位的主办单位及其主管机关的有关证明材料。

申请从事互联网出版业务，应当由主办者向所在地省（自治区、直辖市）出版行政主管部门提出申请，经审核同意后报国务院出版行政主管部门审批。申请者应提供以下材料：（1）国务院出版行政主管部门统一制发的《互联网出版业务申请表》；（2）机构章程；（3）资金来源、数额及其信用证明；（4）主要负责人或者法定代表人及主要编辑、技术人员的专业职称证明和身份证明；（5）工作场所使用证明。

2. 审批许可

国务院出版行政主管部门应当自受理设立出版单位的申请之日起60日内，作出批准或者不批准的决定，并由省（自治区、直辖市）出版行政主管部门书面通知主办单位；不批准的，应当说明理由。

3. 登记并领取营业执照

设立出版单位的主办单位应当自收到批准决定之日起60日内，向所在地省（自治区、直辖市）出版行政主管部门登记，领取出版许可证。登记事项由国务院出版行政主管部门规定。

出版单位领取出版许可证后，属于事业单位法人的，持出版许可证向事业单位登记管理机关登记，依法领取事业单位法人证书；属于企业法人的，持出版许可证向工商行政管理部门登记，依法领取营业执照。

互联网出版业务经批准后，主办者应当持出版行政主管部门的批准文件到省（自治区、直辖市）电信管理机构办理相关手续。

2013年3月14日，第十二届全国人大一次会议审议通过《国务院机构改革和职能转变方案》，要求"改革工商登记制度"，确立了改"先证后照"为"先照后证"的一般性原则，即："对按照法律、行政法规和国务院决定需要取得前置许可的事项，除涉及国家安全、公民生命财产安全等外，不再实行先主管部门审批、再工商登记的制度，商事主体向工商部门申请登记，取得营业执照后即可从事一般生产经营活动；对从事需要许可的生产经营活动，持营业执照和有关材料向主管部门申请许可"。出版单位设立程序会否进行"先照后证"改革？目前尚不清楚。在相应改革措施尚未以有效的法律规范性文件形式得到确认之前，出版单位设立仍应遵循《出版管理条例》及相关规章制度的现行规定。

二、出版单位的变更与终止

出版单位的变更与终止是为适应市场竞争形势的变化，出版行业实现资源优化配置的一种有效手段。《出版管理条例》规定，出版单位因实际情况而确需变更某些事项或注销时，应办理相关手续。

（一）出版单位的变更

出版单位的变更，主要指变更名称、主办单位或者其主管机关、业务范围，合并或者分立，改变资本结构，出版新的报纸、期刊，或者报纸、期刊变更名称、刊期等情况。需变更的出版单位应由其主办单位向所在地省（自治区、直辖市）出版行政主管部门提出申请，经审核同意后，报国务院出版行政主管部门审批。

根据行业自身特点，报纸、期刊变更刊期、开本和休刊等方面也需要主管机关审批。

报纸休刊连续超过10日的，报纸出版单位须向所在地省（自治区、直辖市）出版行政主管部门办理休刊备案手续，说明休刊理由和休刊期限。报纸休刊时间不得超过180日。报纸休刊超过180日仍不能正常出版的，由国务院出版行政主管部门撤销《报纸出版许可证》，并由所在地省（自治区、直辖市）出版行政主管部门注销登记。

期刊休刊，期刊出版单位须向所在地省（自治区、直辖市）出版行政主管部门备案并说明休刊理由和期限。期刊休刊时间不得超过一年。休刊超过一年的，由国务院出版行政主管部门撤销《期刊出版许可证》，所在地省（自治区、直辖市）出版行政主管部门注销登记。

（二）出版单位的终止

出版单位的终止即法律上的消灭，是指出版单位丧失作为民事主体的资格，失去了进行出版活动的法律资格。

出版单位终止出版活动的原因是多方面的，主要有三种：主动停业；因经营不善、资不抵债而被迫停业；因违法行为而被吊销出版许可证。不论属于上述何种情况，出版单位终止出版活动的，都应当由主办单位提出申请并经主管单位同意后，由主办单位向所在地省（自治区、直辖市）出版行政主管部门办理注销登记，并报国务院出版行政主管部门备案。出版单位属于事业单位法人的，还应当持批准文件到事业单位登记管理机关办理注销登记；属于企业法人的，还应当持批准文件到工商行政管理部门办理注销登记。互联网出版机构终止互联网出版业务，主办者应当自终止互联网出版业务之日起30日内到所在地省（自治区、直辖市）出版行政主管部门办理注销手续，并报国务院出版行政主管部门备案。同时，到相关省（自治区、直辖市）电信管理机构办理互联网信息服务业务经营许可证的变更或注销手续。

出版单位如果在一定期限内没有从事出版活动，则也会被注销出版许可资格。图书出版社、音像出版社和电子出版物出版社自登记之日起满180日未从事出版活动的，报社、期刊社自登记之日起满90日未出版报纸、期刊的，由原登记的出版行政主管部门注销登记，并报国务院出版行政主管部门备案。因不可抗力或者其他正当理由发生前款所列情形的，出版单位可以向原登记的出版行政主管部门申请延期。互联网出版机构自登记之日起满180日未开展互联网出版活动的，由原登记的出版行政主管部门注销登记，并向国务院出版行政主管部门备案。同时，向相关省（自治区、直辖市）电信管理机构通报。

（三）我国出版单位退出机制的探索和完善

在我国，出版单位转企改制前曾经长期作为事业单位存在，缺乏合理的退出机制，存在重复建设、质量低下、资源浪费等问题。中央有关部门自20世纪90年代开始，按照"控制总量、调整结构、提高质量、增进效益"的原则，先后开展过几次大型的报刊和出版社治理工作，主要针对经济效益不高的行业报刊、县级报刊以及严重违纪的新闻出版单位。经过几次大规模治理，使得一批规模较小、效益不高、内容低下的出版单位退出市场，有效地治理了出版单位散滥的现象。但这种"非常态"的退出措施有着种种局限，不能从根本上实现出版业的体制改革，阻碍了出版业的健康发展和进一步壮大。

从2007年开始，国家开始探索建立符合中国报刊业实际的退出机制。2008年9月，报刊退出机制在辽宁、河北两省试点，为在全国全面实施报刊评估和建立退出机制积累了十分宝贵的经验。2009年8月，《中华新闻报》因经营不善、严重资不抵债、无法继续正常出版，经新闻出版总署批准，成为首家停刊的中央级报纸。截至2009年11月，全国已有188种报刊以兼并、重组、停办等方式退出。[1]2014年4月，国家新闻出版广电总局"打击新闻敲诈和假新闻专项行动工作汇报会"通报，自2013年至今，全国共查处违规报刊216家，停办76家。《购物导报》《中国特产报》《网络导报》《经济生活文摘》等4家被吊销出版许可证。[2]

报刊退出机制和出版单位转企改制是我国新闻出版体制改革工作的重要环节，也是我国完成经营性新闻出版单位转制任务，建立现代企业制度的有益尝试。出版单位退出机制将使我国新闻出版业形成一个竞争有序、有进入许可、有退出标准的良性环境。

三、出版单位的总量控制与年检登记

出版单位的总量控制与年检登记制度是我国政府对出版单位的结构布局和整体运行进行的宏观管理，也是国家对出版单位进行管理的一种重要手段，

---

[1] 晋雅芬.新闻出版总署推进报刊评估退出工作 全国已有188种报刊退出".[N].中国新闻出版报，2009-12-16.

[2] 参见"A"，载新华网B，发布时间为：2014年4月22日。A[EB/OL].[2014-04-22]B

目的是规范和加强出版活动，促进出版业的健康发展。

（一）总量控制制度

对出版单位的总量控制是我国对出版业宏观调控的一种主要手段，国家通过对出版单位的总量控制，实现对我国出版业较长时期发展趋势的一种规划，鼓励出版单位坚持正确的舆论导向，有序竞争、合理发展、科学布局，保证出版行业的长期稳定和有序发展。

纯粹的市场行为具有自发性、盲目性；单个市场主体很难掌握市场总体情况和发展趋势，总量控制是行业持续、健康发展的重要保障。在我们这样地域辽阔、经济社会发展不平衡、各种业态环境复杂多变的国度，尤其需要总量控制。为此，我国出版领域长期实行总量控制制度，包括出版单位总量控制、书号总量控制、版号总量控制、中小学教辅材料总量控制等。实践证明，这一做法是必需的，否则对个人、对社会、对国家都弊大于利。这里以本世纪之交的日本出版业为例：二战后的日本出版业一直处于增长时期，从上世纪70年代到90年代二十年间，日本年新书出版量扩大了三倍，书店卖场面积扩大了数倍，但图书销售册数几乎没有变化。从1997年开始，日本出版业销售额连年减少，作为日本出版业经济支柱的连环画书刊销售急剧下滑，杂志销售数连续下跌，广告收入随之锐减，近一万家中小书店倒闭……整个出版业面临崩溃的危险。这种危险除数字化革命因素外，还有其他原因，那就是出版社、图书交易公司、书店不加区别地走扩张路线。①

（二）年检登记制度

年检登记制度是国家对出版单位实行监督管理的一种有效方式。根据《图书出版管理规定》和《报纸、期刊年度核验办法》，我国对报刊出版单位以及图书出版社实行年度核验制度。

图书出版社年度核验每两年进行一次，报纸、期刊出版单位每年进行审核查验。年检核验主要包括出版内容登记项目、出版质量、遵纪守法情况、

---

① 小林一博．日本出版大崩溃[M]．甄西译．上海：上海三联书店，2004．

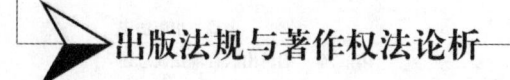

相关证件和从业人员资格管理等方面。具体条件为：

编辑出版过程坚持正确的舆论导向和出版方向，出版物内容符合国家法律、法规的规定，编辑方针符合登记的业务范围；

各项经营活动符合相关法律、法规，无重大违法违规记录；按照登记的项目正常出版，编印质量符合国家标准和行业标准；

从业人员具备国家规定的新闻出版职业资格条件，无重大违法违规记录，社长、总编辑符合国家规定的任职资格条件；

主管、主办单位能够履行监管职责；具备正常出版的各项物质和技术保障等条件；

出版行政主管部门规定的其他有关条件。

根据年度核验的结果，主管部门可对出版单位作出暂缓年度核验或不予通过年度核验的决定。暂缓年度核验的期限，出版社为6个月，报纸为180天，期刊为一年。在暂缓年度核验期间，图书出版单位除教科书、在印图书可继续出版外，其他图书出版一律停止。缓验期满，应重新办理年度核验，仍不符合要求的不予通过年度核验。对不予通过年度核验的出版单位，由国务院出版行政主管部门撤销出版许可证，所在地省（自治区、直辖市）出版行政主管部门注销登记。

第二节　出版物内容管理与样本缴送

一、出版物内容管理

出版物内容管理是出版法规的核心内容。由于国情、社情不同，有的国家可能不对出版单位的设立、变更与终止作出规定，但必然会对出版物内容管理作出规定。相应规定，可能有不同的法律表现形式，但主体内容却基本相同，那就是对涉及国家主权与领土完整、淫秽色情、公民人格与名誉等事项作出必要限制，其目的是为了维护国家统一、民族团结和社会公序良俗，保护公民基本权益。

（一）内容管理与出版自由

世界上没有绝对的自由，也没有不受限制的权利。几乎在所有国家，出版自由都是宪法确定的基本人权之一；但同时，几乎所有国家的法律又都承认出版自由是受限制的，滥用出版自由的行为必须受到法律制裁。法国大革命后颁布的《人权与公民权利宣言》（简称《人权宣言》）规定："每个公民都有言论、著述和出版的自由，但在法律规定的情况下，应对滥用此项自由负有责任。"该条确立的宪法性质的出版自由与受限制的出版自由相结合的原则成为后来许多国家制定宪法的蓝本。

根据法律传统的不同，大陆法系和英美法系的国家在出版自由尺度的规定上有不同的操作形式。

大陆法系国家通常在遵循宪法规定的出版自由权利的原则下，又在具体法律中规定了禁止滥用出版自由的行为，并明确相关罪名和责罚以防止出版自由的滥用。法国于1881年通过并沿用至今的《出版自由法》开篇即规定"印刷和出版是自由的"，但后文又规定了一些禁止行为，主要涉及煽动、妨害公共事务、妨害个人和伤害外国国家首脑和外交官员等。

在英美法系的国家，多数国家宪法规定，不得制定法律或法规来限制表达自由和出版自由。这些国家中鲜有通过成文法来规范新闻出版活动的，主要是通过司法判例来对出版自由进行干预。国家对出版自由作出的限制或制裁只维持在必要的最低限度，而公民则需对自己的言论自由负责。以美国为例，通过大量的判例，美国对新闻出版自由的规范先后经历了"坏的倾向原则"、"明显而即刻危险原则""利益平衡原则"等阶段。

综合来看，西方发达国家对出版物的内容管理，主要涉及四个方面：（1）妨碍国家安全的内容，包括煽动暴乱或犯罪、泄露国家机密等；（2）诽谤他人名誉或泄露隐私的内容；（3）淫秽、色情以及其他影响青少年健康成长的内容；（4）诋毁宗教的内容。

从管理方式来看，主要有两种：预审制和追惩制。预审制为事先检查，即出版物在出版之前，必须先经政府有权部门检查、批准后才能出版。这种制度主要运用于18世纪以前。追惩制为事后惩治，即：政府在出版物出版前不作任何检查；只有在出版后发现违法行为时，政府才依法予以处罚。目前，大多数国家采用的是这种方式。我国实行的也是追惩制，但通过年度出版计划备案制度和重大选题备案制度对出版活动进行必要的事前管理。

（二）我国对出版物的内容管理

我国向来重视出版业在社会主义精神文明建设和舆论宣传中的作用，主要是通过以《出版管理条例》为主的法律法规和相关制度来进行管理。

1. 出版物的禁载内容

《出版管理条例》规定了任何出版物都不得含有的禁载内容：

（1）反对宪法确定的基本原则的；

（2）危害国家统一、主权和领土完整的；

（3）泄露国家秘密、危害国家安全或者损害国家荣誉和利益的；

（4）煽动民族仇恨、民族歧视，破坏民族团结，或者侵害民族风俗、习惯的；

（5）宣扬邪教、迷信的；

（6）扰乱社会秩序，破坏社会稳定的；

（7）宣扬淫秽、赌博、暴力或者教唆犯罪的；

（8）侮辱或者诽谤他人，侵害他人合法权益的；

（9）危害社会公德或者民族优秀文化传统的；

（10）有法律、行政法规和国家规定禁止的其他内容的。

其中，最后一项属于开放性的兜底条款。除这一条规定外，《出版管理条例》还规定，以未成年人为对象的出版物不得含有诱发未成年人模仿违反社会公德的行为和违法犯罪的行为的内容，不得含有恐怖、残酷等妨害未成年人身心健康的内容。在《出版管理条例》之外，我国《未成年人保护法》第34条规定，禁止任何组织、个人制作或者向未成年人出售、出租或者以其他方式传播淫秽、暴力、凶杀、恐怖、赌博等毒害未成年人的图书、报刊、音像制品、电子出版物以及网络信息等；我国《著作权法》以法律责任形式规定的侵权内容，也属于法定的禁载内容。当然，从法律完善的角度，在法律、行政法规之外，上述"国家规定"作为出版物禁载内容的依据，在制定主体、程序及表现形式等方面有必要予以细化和明确。

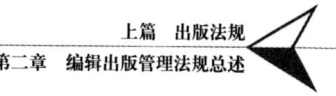

以上禁载内容是我国法规层面确立的出版物内容的底线，包括报纸、期刊、图书、电子出版物和互联网出版物在内的所有出版物都不得包含上述内容。我国《出版管理条例》规定，出版和进口包含有上述内容的出版物，触犯刑律的，依照刑法有关规定追究刑事责任；尚不够刑事处罚的，由出版行政主管部门责令限期停业整顿，没收出版物、违法所得，违法经营额1万元以上的，并处违法经营额5倍以上10倍以下的罚款；违法经营额不足1万元的，可以处5万元以下的罚款；情节严重的，由原发证机关吊销许可证。

需要指出的是，在所有出版违法行为中，国内外出版法规对内容违禁的处罚都是最重的。我国《刑法》第363条规定，以牟利为目的，制作、复制、出版、贩卖、传播淫秽物品，或者明知他人用于出版淫秽书刊而提供书号，情节特别严重的，处十年以上有期徒刑或者无期徒刑，并处罚金或者没收财产。这是目前我国法律对出版违法犯罪行为最严重的处罚规定。可以说，内容违禁是出版活动的大忌，出版从业人员在内容编辑出版方面需要慎之又慎，格外注意。

2. 年度出版计划备案制度

年度出版计划是出版单位下一年度准备安排出版的选题规划，是出版单位开展业务活动的一项基础性工作，对于保证出版质量，推进出版繁荣，促进产业发展，加强出版管理具有重要意义。根据我国现行出版法规，年度出版计划备案制度限于图书、音像制品和电子出版物这三类出版单位。

《出版管理条例》规定，图书出版社、音像出版社和电子出版物出版社应将本社年度出版计划报所在地省（自治区、直辖市）出版行政主管部门，省（自治区、直辖市）出版行政主管部门审核同意后报国务院出版行政主管部门备案。《图书出版管理规定》《音像制品出版管理规定》《电子出版物出版管理规定》三部行政规章以及各省（自治区、直辖市）出版行政主管部门规范性文件作了相应细化规定。

按照国务院出版行政主管部门的要求，出版社应在上一年度的第四季度制定出下一年度的出版计划，先报主管部门审核批准，再送省级出版行政主管部门审核同意后报国务院出版行政主管部门备案。出版单位如需对已经审核备案的选题计划进行增补，须在发稿前一个月将新增选题计划报送省级出版行政主管部门审批。特殊急件须随时报批。未按要求申报备案年度出版计划的出版单位，由出版行政主管部门负责责令改正，给予警告，并可核减书号数量；情节严重的，可责令限期停业整顿或吊销出版许可证。

3. 重大选题备案制度

根据《出版管理条例》的规定，原新闻出版署于1997年10月10日颁布《图书、期刊、音像制品、电子出版物重大选题备案办法》，实施重大选题备案制度。

该制度所称重大选题，是指涉及国家安全、社会安定等方面的内容，对国家的政治、经济、文化、军事等会产生较大影响的选题，具体包括15个方面：

（1）有关党和国家的重要文件、文献选题；

（2）有关党和国家曾任和现任主要领导人的著作、文章以及有关其生活和工作情况的选题；

（3）涉及党和国家秘密的选题；

（4）集中介绍政府机构设置和党政领导干部情况的选题；

（5）涉及民族问题和宗教问题的选题；

（6）涉及我国国防建设及我军各个历史时期的战役、战斗、工作、生活和重要人物的选题；

（7）涉及"文化大革命"的选题；

（8）涉及中共党史上的重大历史事件和重要历史人物的选题；

（9）涉及国民党上层人物和其他上层统战对象的选题；

（10）涉及前苏联、东欧以及其他兄弟党和国家重大事件和主要领导人的选题；

（11）涉及中国国界的各类地图选题；

（12）涉及香港特别行政区和澳门、台湾地区图书的选题；

（13）大型古籍白话今译的选题（指500万字以及500万字以上的项目）；

（14）引进版动画读物的选题；

（15）以单位名称、通讯地址等为内容的各类"名录"的选题。

上述重大选题的范围并非一成不变的，而是根据实际情况适时予以调整公布。中宣部、新闻出版总署曾发布《图书、期刊、音像制品和电子出版物重大选题备案办法》（新出图〔1997〕860号）、《关于加强和改进重大选题备案工作的通知》（新出图〔1999〕198号）、《关于重大选题备案工作补充规定的通知》（新出图〔2001〕291号）、《关于重申严格执行有关出版管理规定的通知》（中宣发〔2004〕7号）和《关于进一步加强音像制品重大选题备案工作的通知》（新出音〔2006〕584号）等文件，规定凡内容涉及中国共产党党史、中华人民共和国国史、中国人民解放军军史与外交方面以及有关党和国家主要领导人的著作和描写其工作生活情况的图书要履行备案手续。

随着互联网出版的普及，新闻出版总署和信息产业部又在2002年颁布施行的《互联网出版管理暂行规定》中，将互联网出版内容纳入重大选题备案制度中来。

出版单位未经备案出版属于重大选题范围内的出版物的，省级出版行政主管部门责成其上级主管部门对出版单位的主要负责人员给予行政处分；停止出版、发行该出版物，并责令该出版单位按照本办法的规定办理申报备案手续；违反《出版管理条例》的，依照有关规定处罚。

二、出版物样本缴送

出版物样本缴送制度是指出版单位在出版物发行前应当按照国家有关规定向国家指定机构免费送交出版物样本。样本缴送制度既是政府对出版物监管的一种重要手段，又为出版资源的保护和传承提供了有力保证。

样本缴送制度起源于法国。1537年，法国国王弗兰西斯一世颁布《蒙比利埃敕令》，规定凡在法国境内印刷出版的书籍，都必须向皇家图书馆缴送若干册；而在外国印刷但在法国境内出版的书籍，也须同样呈缴。目前，世界上大多数国家都参照这一制度实行。

在我国，清政府于1906年制订的我国第一部有关报刊出版的专门法律《大

出版法规与著作权法论析

清印刷物专律》规定："凡印刷人印刷各种印刷物件，即按件备两份呈送印刷所在之巡警衙门，该巡警衙门即以一份存巡警衙门，一份申送京师印刷注册总局。凡违犯本条者，所科罚银不得过银五十元，监禁期不得过一个月，或罚级监禁两科之"。这可以看作是我国样本缴送制度的雏形。国家图书馆的前身京师图书馆则从1916年开始接受国内出版物的缴送样本。

新中国成立后，中国版本图书馆于1950年成立，成为收藏出版物缴送样本的专门图书馆。1952年由政务院公布的《管理书刊出版业印刷业发行业暂行条例》是新中国成立后最早提出有关出版物缴送制度的文件。文件规定"每种书刊出版后，应向各级出版行政机关及国立图书馆送缴样本，其办法另订之"。随后，政府相关部门又颁布了多项法令，扩大了缴送出版物的范围，将报纸和音像制品也纳入进来，规定了缴送出版物的期限和本数，制定了对不执行缴送制度者的处罚办法。

根据国家出版局1979年颁布的《关于征集图书、杂志、报纸样本的办法》和新闻出版署分别于1991年、1996年发布的《重申〈关于征集图书、杂志、报纸样本办法〉的通知》《关于缴送音像、电子出版物样品的通知》的规定，凡出版社、期刊社和报社编辑、出版的图书、期刊、报纸及音像、电子出版物，均应在出版物出版后向国务院出版行政主管部门、中国国家图书馆和中国版本图书馆缴送出版物样本。其中，图书、期刊、音像和电子出版物出版后1个月内缴送样本（以邮寄日期为准）；报纸要在出版后一周内寄送，合订本（含缩印本、目录和索引）出版后1个月内寄送。出版单位应责成一个部门并由专人负责样本缴送工作。对于逾半年不按规定要求缴送样本的出版单位，给予警告处分；此后仍不送样本的，给予应缴送样本定价金额1倍的经济处罚；情节严重者，予以停业整顿。

现行《出版管理条例》第22条规定，出版单位应当按照国家有关规定向国家图书馆、中国版本图书馆和国务院出版行政主管部门免费送交样本。按照有关出版法规的规定缴送样品，是出版单位应尽的义务。这对于加强对出版物的行政管理，建立国家样品库，全面有效地进行民族文化积累具有重要意义。

第三节　出版专业技术人员管理

出版专业技术人员是指在图书、非新闻性期刊、音像、电子、网络出版单位内承担内容加工整理、装帧和版式设计等工作的编辑人员和校对人员，以及在报纸、新闻性期刊出版单位从事校对工作的专业技术人员。典型的出版概念是第三方机构的专业行为，因此，出版单位人员管理是出版单位管理的重要组成部分，而出版专业技术人员管理是出版单位人员管理的核心内容。国家对出版专业技术人员实行职业资格制度，对职业资格实行登记注册管理，通过建立出版专业职业资格制度来实现对出版专业技术人员的管理和认定。

此外，国家还从准入和退出两方面对新闻采编人员进行管理。2002年，中宣部、新闻出版总署和国家广电总局联合发出《关于开展新闻采编人员资格培训工作的通知》，要求编入"国内统一刊号"的报社、新闻性期刊社及经国家批准设立的通讯社、广播电台、电视台、新闻电影制片厂及相关单位具有中级及以下新闻专业技术职称的新闻采编人员进行资格培训。只有培训合格并获得新闻出版总署统一印制的《新闻采编人员资格培训合格证书》，才具有新闻采编工作人员从业资格。2005年，新闻出版总署颁布《新闻记者证管理办法》，规定在我国境内从事新闻采编活动必须持有新闻出版总署核发的新闻记者证，并对新闻记者证的申领、核发、使用和管理作出了具体规定。

一、职业资格考评

2001年8月，人事部和新闻出版总署下发了《出版专业技术人员职业资格考试暂行规定》和《出版专业技术人员职业资格考试实施办法》，开始对出版专业技术人员实行职业资格考试。

（一）出版专业职业资格的任职要求

根据新闻出版总署2008年颁布的《出版专业技术人员职业资格管理规

定》，凡在出版单位工作的专业技术人员，必须在到岗2年内取得出版专业职业资格证书，并按规定办理登记手续；否则，不得继续从事出版专业技术工作。

其中，在出版单位担任责任编辑的人员必须在到岗前取得中级以上出版专业职业资格，并办理注册手续，领取责任编辑证书。在出版单位担任社长、总编辑、主编、编辑室主任（均含副职）职务的人员，除应具备国家规定的任职条件外，还必须具有中级以上出版专业职业资格并履行登记、注册手续。

（二）出版专业职业资格的取得

出版专业技术人员职业资格分为初级、中级和高级。目前，初级、中级职业资格通过全国出版专业技术人员职业资格考试取得，高级职业资格（编审、副编审）通过考试和评审相结合的制度取得。取得初级资格，作为从事出版专业岗位工作的上岗证，可以根据《出版专业人员职务试行条例》有关规定，聘任助理编辑（助理技术编辑或二级校对）职务。取得中级资格，作为出版专业某些关键岗位工作的必备条件，可以根据《出版专业人员职务试行条例》有关规定聘任编辑（技术编辑和一级校对）职务。

出版专业技术人员职业资格实行全国统一考试管理，由国家统一组织、统一时间、统一大纲、统一试题、统一标准、统一证书。初级和中级资格考试均设"出版专业基础知识"和"出版专业理论与实务"两个科目。出版专业实行职业资格考试制度后，不再进行该专业相应级别专业技术职务任职资格的评审工作。

出版专业高级职称包括编审、副编审、高级校对和技术副编审。参评人员需达到一定的外语水平和计算机能力，还应该满足学历、任职年限及论文论著的要求，对于在出版专业技术工作中做出突出贡献，取得重大成绩的人员，可放宽有关任职条件要求破格申报。出版专业高级职称申报程序包括单位初评推荐、内部公示、主管部门审核和评审结果公示等环节，破格申报者还应通过国务院出版行政主管部门组织的专家答辩。

（三）出版专业职业资格的报考条件

报名参加出版专业资格考试的人员，必须遵守中华人民共和国宪法和各项法律，认真贯彻执行党和国家有关宣传出版工作的方针、政策，热爱出版工作，恪守职业道德。除上述基本条件，报考不同级别的人员还须在学历和工作经历方面符合一定条件。

报名参加出版专业初级资格考试的人员，除具备基本条件外，还必须具备下列条件之一：

（1）取得大学专科以上学历。

（2）2001年8月之前，已受聘担任技术设计员或三级校对专业技术职务。

报名参加出版专业中级资格考试的人员，除具备基本条件外，还必须具备下列条件之一：

（1）取得大学专科学历，从事出版专业工作满5年。

（2）取得大学本科学历，从事出版专业工作满4年。

（3）取得双学士学位或研究生班毕业，从事出版专业工作满2年。

（4）取得硕士学位，从事出版专业工作满1年。

（5）取得博士学位。

（6）2001年8月之前，按国家统一规定已受聘担任助理编辑、助理技术编辑、二级校对专业技术职务满4年。

（7）2001年8月之前，受聘担任非出版专业中级专业技术职务，从事出版专业技术岗位工作满1年。

根据规定，有三种情形之一者不得申请参加出版专业职业资格考试，即：不具有完全民事行为能力、违犯出版法规受到严厉惩处、有刑事犯罪记录。

二、职业资格登记

出版专业职业资格证书实行定期登记制度。已取得出版专业技术人员职业资格证书的人员应当在取得证书后3个月内申请职业资格登记；未能及时登记的，在按规定参加继续教育的情况下，可以保留其5年内申请职业资格登记的资格。

职业资格首次登记，应提供出版专业职业资格证书原件、身份证复印件以及职业资格登记申请表。职业资格登记材料由申请人所在出版单位统一报送。中央在京出版单位申报材料由新闻出版总署受理，其他出版单位申报材料由所在地省（自治区、直辖市）出版行政主管部门受理。登记部门应在受理后20日内办理职业资格登记手续。

职业资格登记有效期3年，每3年续展登记一次。续展登记时，由申请人所在出版单位于有效期满前30日内申请办理续展登记手续；如有特殊情况，登记有效期可适当延长，但最长不超过3个月，逾期仍不办理续展登记手续的，原登记自动失效。职业资格登记失效后，按规定参加继续教育的，可以保留其5年内申请职业资格续展登记的资格。已按规定办理责任编辑注册手续并取得责任编辑证书的人员，无需办理续展登记。

职业资格续展登记，需提供出版专业职业资格证书原件、职业资格续展登记申请表以及近3年继续教育证明。已登记的出版专业技术人员变更出版单位或取得高一级职业资格的，应在3个月内向出版行政主管部门申请变更登记。

三、责任编辑注册

根据《出版专业技术人员职业资格管理规定》，在出版单位拟担任责任编辑的人员，应首先进行职业资格登记，然后申请责任编辑注册，取得责任编辑证书后，方可从事责任编辑工作。规定中所称责任编辑是指在出版单位为保证出版物的质量符合出版要求，专门负责对拟出版的作品内容进行全面审核和加工整理并在出版物上署名的编辑人员。

（一）注册及续展注册

申请责任编辑注册的人员应具备与责任编辑岗位相适应的政治素质、业务能力和职业道德；出版单位应对拟申请责任编辑注册人员的上述情况进行审核。责任编辑首次注册应当提交中级以上出版专业职业资格证书原件、身份证复印件、责任编辑注册申请表以及继续教育证明材料。责任编辑注册材料由申请人所在出版单位统一报送。中央在京出版单位注册材料由国务院出版行政主管部门受理，其他出版单位注册材料由所在地省（自治区、直辖市）出版行政主管部门受理。注册部门应在受理后20日内办理责任编辑注册手续，为同意注册者颁发责任编辑证书。

责任编辑注册有效期3年，每3年续展注册一次。续展注册时，由申请人所在出版单位于有效期满前30日内申请办理续展注册手续；如有特殊情况，注册有效期可适当延长，但最长不超过3个月，逾期仍不办理续展注册手续的，原注册自动失效。责任编辑注册失效后，按规定参加继续教育的，可以保留其5年内申请责任编辑续展注册的资格。申请责任编辑续展注册，应提交责任编辑证书原件、责任编辑续展注册申请表以及近3年继续教育证明材料。

已注册的责任编辑变更出版单位或取得高一级职业资格的，应在3个月内按《出版专业技术人员职业资格管理规定》第16条、第17条申请变更注册。责任编辑调离出版单位并不再从事责任编辑工作的，由原所在的出版单位收回《责任编辑证书》，并交原注册机构统一销毁。

（二）法律责任

出版专业技术人员进行编辑出版活动应该遵守相关的法律法规，承担相应的法律责任。

责任编辑参与买卖书号、刊号、版号等违反出版法规行为或者担任责任编辑的出版物出现内容质量、编校质量等违法问题的，由国务院出版行政主管部门或者省（自治区、直辖市）出版行政主管部门给予警告；情节严重的，注销其责任编辑证书。

出版专业技术人员因违反出版法规被追究刑事责任的，由国务院出版行政主管部门或者省（自治区、直辖市）出版行政主管部门取消其出版专业职业资格，注销其出版专业职业资格登记和责任编辑注册，不得继续从事出版专业技术工作，并不得申请参加出版专业职业资格考试。

出版单位聘用未取得责任编辑证书的人员从事责任编辑工作或者未按规定履行出版专业技术人员登记注册手续的，由国务院出版行政主管部门或者省（自治区、直辖市）出版行政主管部门给予警告、可以根据情节并处3万元以下罚款。

【相关案例】

案例1

2007年11月，河北省新闻出版局的工作人员在一个摄影展上注意到随处散发的杂志《时代风采》。这本杂志主管、主办单位和国内、国际统一刊号一应俱全。杂志还刊有总编室、通采部、专题部、记者部、策划部等十几个部门的负责人姓名以及各地工作站的联系电话，该刊社长、总编为仇某。《时代风采》设有"理论前沿""热点透视""时代论坛""时代教育"等栏目，印刷质量也并非粗制滥造。不过，当执法人员对其国内统一刊号鉴定后发现，该刊号系伪造——看似正规的《时代风采》其实是一本非法出版物。除办公地点外，其主管、主办单位、编辑记者和各地工作站的信息都是虚假的，整个编辑部也只有仇某一人。

2007年11月27日，河北省新闻出版局依法对《时代风采》进行取缔。仇某也承认他的杂志是非法出版物，并保证以后不再进行非法出版活动。

两个月后，仇某重操旧业，以发表论文之名大肆收取版面费和广告费，涉案金额近20万元。仇某还利用伪造的社长、总编辑身份谎称能帮人介绍在机关的工作，骗取40余万元。

2008年11月4日，河北省新闻出版局再次接到有关仇某非法出版活动的举报。次日上午，河北省新闻出版局将仇某租用的办刊场所查封，并查获近千册正在往外寄的《时代风采》以及私刻的公章和30多本采访证件。

鉴于仇某行为严重违法涉嫌犯罪，河北省新闻出版局将其案件移送至当地司法机关。

2008年12月26日，仇某被公安部门刑事拘留。2009年1月22日，检察机关对仇某正式批捕。经查，自2004年至2008年11月5日被查处，仇某先后共非法出版、发行《时代风采》45期15700册。2009年12月，石家庄新华区人民法院依法判处仇某有期徒刑3年缓刑4年，并处罚金8万元，追缴非法经营所得财物。

案例2

贵州某音像教材出版社成立于1988年，起初曾出版过关于英语学习、幼儿教育等方面的光盘和图书。2003年以后，该社基本处于经营停滞状态。2005年，赵某开始担任该社的社长。赵某上任后的第一年，就开始与广州某公司策划"人体艺术"系列光盘。为通过审查，该社以"人与自然"名义报送贵州省新闻出版局。选题通过后，该社就与该公司签定了出版合同，约定每个版号收取3000元的"审读费"，共计3万元。随后，该公司以该社名义出版了"人体艺术"系列光盘。该套光盘使用富含挑逗性的标题和封面，包含大量低俗内容，进入市场后，被贵州省新闻出版局发现并认定其内容低俗，责令该社全部收回并销毁。虽然该社声称已通知合作方立即封存、停售并销毁有关音像制品，但市场上多个版本的"人体艺术"系列光盘仍在销售。

　　2009年4月12日，全国"扫黄打非"办公室下发《关于开展清缴整治低俗音像制品专项行动的紧急通知》，所附清缴名录中，有该音像出版社出版的"人体艺术"10种系列节目光盘。4月22日，全国"扫黄打非"办和新闻出版总署会同贵州省新闻出版局对该社展开调查。该社存在的诸多问题随之浮出水面：多年以来，该社除社长赵某外，既无其他正式员工，也无内设部门，更没有出版管理制度和财务制度，甚至连基本的财务账也没有。该社为摆脱经济困境，开始与其他公司进行"合作出版"，通过出卖版号赚取"审读费"来完成经营任务。

　　由于没有符合国家规定的出版专业人员、缺乏规范的财务制度、存在严重的买卖书号等现象，该社已不具备出版活动的基本条件。2009年，该社没能通过贵州省新闻出版局的年检。随后，新闻出版总署依法吊销了该社的音像制品出版许可证。

本章小结

在我国，图书、报纸、期刊、音像制品和电子出版物只能由依法经过批准的出版单位出版；设立出版单位依法需要有符合国务院出版行政主管部门认定的主办单位及其主管机关，有 30 万元以上的注册资本，有符合国家规定的资格条件的编辑出版专业人员，等等。设立出版单位或者出版单位变更名称、主办单位或者其主管机关、业务范围、资本结构，合并或者分立，设立分支机构，出版新的报纸、期刊，或者报纸、期刊变更名称的，向所在地省（自治区、直辖市）出版行政主管部门提出申请；省（自治区、直辖市）出版行政主管部门审核同意后，报国务院出版行政主管部门审批。出版单位的总量控制与年鉴登记制度是政府对我国出版单位的结构布局和整体运行进行的宏观管理，也是国家对出版单位进行管理的一种重要手段。

任何出版物都不得含有《出版管理条例》规定的禁载内容。出版和进口含有违禁内容的出版物，触犯刑律的，依照刑法有关规定，依法追究刑事责任；尚不够刑事处罚的，由出版行政主管部门责令限期停业整顿，没收出版物、违法所得，并处罚款；情节严重的，由原发证机关吊销许可证。

为保证出版物质量，我国还规定了年度出版计划备案制度和重大选题备案制度。按照国务院出版行政主管部门的要求，出版社应在上一年度的第四季度制定出下一年度的出版计划，先报主管部门审核批准，再送省级出版行政主管部门审核同意后报国务院出版行政主管部门备案。除此之外，涉及国家安全、社会安定等方面的内容，对国家的政治、经济、文化、军事等会产生较大影响的选题，也要依据相关规定报国务院出版行政主管部门备案。

出版单位在出版物发行前应当向法定国家机构免费送交出版物样本。样本管理既是政府对出版物监管的一种重要手段，又为出版资源的保护和传承提供了有力保证。

国家对出版专业技术人员实行职业资格制度。目前，初级、中级职业资格通过全国出版专业技术人员职业资格考试取得，高级职业资格通过考试和评审相结合的制度取得。出版专业职业资格证书实行定期登记制度。职业资格登记有效期3年，每3年续展登记一次。在出版单位拟担任责任编辑的人员，应首先进行职业资格登记，然后申请责任编辑注册，取得责任编辑证书。

思考与练习题

1. 出版单位的设立有哪些条件？申办出版单位有哪些程序？
2. 出版单位的变更和终止需要履行哪些手续？
3. 出版单位年检的意义？年检没通过有哪些后果？
4. 我国主要通过哪些手段对出版物进行内容管理？
5. 出版物样本缴送的内容和意义是什么？
6. 国家对出版专业技术人员有哪些方面的管理规定？

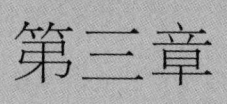

第三章
编辑出版管理法规分述

第一节 图书出版管理
第二节 报刊出版管理
第三节 电子、音像与网络出版管理
第四节 互联网出版管理

出版法规与著作权法论析

内容提要：衡量图书质量的标准；书号实名申领的内容；报纸、期刊出版单位的设立条件；报纸、期刊管理的主要制度；音像出版单位、互联网出版单位的设立条件；音像制品出版、互联网出版管理的主要制度。

重难点：图书质量管理制度；报纸、期刊出版管理相关规定；音像制品、互联网出版管理的相关规定；编辑出版管理法规总论与分类的统筹兼顾。

本章主要对图书、报纸、期刊出版活动以及相应数字出版活动在编辑出版时需要遵守的相关法律规定进行分类介绍。鉴于出版物内容管理、样本缴送相关制度在前一章已有介绍，本章不再赘述。本章所涉及的法律规范性文件主要有：《出版管理条例》《图书出版管理规定》《图书质量管理规定》《书号实名申领管理办法（试行）》《期刊出版管理规定》《报纸出版管理规定》《电子出版物出版管理规定》《音像制品出版管理规定》和《互联网出版管理暂定规定》。

第一节　图书出版管理

本节主要讲述图书出版管理及相关的法律规范性文件，包括图书内容管理、重大选题备案，图书质量管理和书号管理。主要涉及到的法律规范性文件包括《图书质量管理规定》《图书质量保障体系》等。

一、图书出版单位的设立、变更与终止

（一）出版单位的设立

1. 设立条件

根据《图书出版管理规定》，在我国，设立图书出版单位，应当具备下列条件：

（1）有图书出版单位的名称、章程；

（2）有符合国务院出版行政主管部门认定条件的主办单位、主管单位；

（3）有确定的图书出版业务范围；

（4）有30万元以上的注册资本；

（5）有适应图书出版需要的组织机构和符合国家规定资格条件的编辑出版专业人员；

（6）有确定的法定代表人或者主要负责人，该法定代表人或者主要负责人必须是在境内长久居住的具有完全行为能力的中国公民；

（7）有与主办单位在同一省级行政区域的固定工作场所；

（8）法律、行政法规规定的其他条件。

设立图书出版单位，除前款所列条件外，还应当符合国家关于图书出版单位总量、结构、布局的规划。

2. 设立程序

中央在京单位设立图书出版单位，由主办单位提出申请，经主管单位审核同意后，由主办单位报国务院出版行政主管部门审批。解放军和武装警察部队系统设立图书出版单位，由主办单位提出申请，经解放军总政治部宣传部新闻出版局审核同意后，报国务院出版行政主管部门审批。其他单位设立图书出版单位，经主管单位审核同意后，由主办单位向所在地省（自治区、直辖市）出版行政主管部门提出申请，省（自治区、直辖市）出版行政主管部门审核同意后，报国务院出版行政主管部门审批。

申请设立图书出版单位的主办单位应当自收到国务院出版行政主管部门批准文件之日起60日内，依法领取图书出版许可证，并到工商行政管理部门办理登记手续。

（二）变更与终止

图书出版单位变更名称、主办单位或者主管单位、业务范围，合并或者分立，改变资本结构，依照新设立图书出版单位的规定重新办理审批、登记手续。其他事项的变更，应当经其主办单位和主管单位审查同意后，向所在地省（自治区、直辖市）出版行政主管部门申请变更登记，由省（自治区、直辖市）出版行政主管部门报国务院出版行政主管部门备案。

图书出版单位终止图书出版的，由主办单位提出申请并经主管单位同意后，由主办单位向所在地省（自治区、直辖市）出版行政主管部门办理注销登记，并由省（自治区、直辖市）出版行政主管部门报国务院出版行政主管部门备案。

二、图书质量管理

出版物质量关乎出版业的繁荣发展，关乎和谐文化建设，关乎广大人民群众的文化权益。为建立健全图书质量管理机制，规范图书出版秩序，促进图书出版业的繁荣和发展，保护消费者的合法权利，依据《产品质量法》和《出版管理条例》，2004年12月新闻出版总署出台了《图书质量管理规定》，对图书质量进行了相应的管理。

依照规定，图书质量包括内容、编校、设计、印制四项，分为合格、不合格两个等级。内容、编校、设计、印刷四项均合格的图书，其质量属于合格。内容、编校、设计、印刷四项中有一项不合格的图书，其质量属于不合格。但出版时间超过十年且无再版或者重印的图书，不适用于《图书质量管理规定》。

就内容质量而言，符合现行《出版管理条例》第25条、26条规定的图书，其内容质量属合格；不符合现行《出版管理条例》第25条、26条规定的图书，其内容质量属不合格。[①]

就编校质量而言，差错率不超过万分之一的图书，其编校质量属合格。差错率超过万分之一的图书，其编校质量属不合格。

就设计质量而言，图书的整体设计和封面（包括封一、封二、封三、封底、勒口、护封、封套、书脊）扉页、插图等书脊中有一项不符合国家有关技术标准和规定的，其设计质量属不合格。

就印刷而言，符合国家出版行业标准《印刷产品质量评价和分等导则》（CY/T2-1999）规定的图书，其印制质量属于合格。不符合国家出版行业标准《印刷产品质量评价和分等导则》（CY/T2-1999）规定的图书，其印制质量属不合格。

---

① 2011年《出版管理条例》修订后，其原来第26、27条关于出版物违禁内容的规定，调整成了第25、26条。

根据《图书质量管理规定》，对出版编校质量不合格图书的出版单位，由省级以上出版行政主管部门予以警告，可以根据情节并处 3 万元以下罚款。经检查属编校质量不合格的图书，差错率在万分之一以上、万分之五以下的，出版单位必须自检查结果公布之日起 30 天内全部收回，改正重印后可以继续发行；差错率在万分之五以上的，出版单位必须自检查结果公布之日起 30 天内全部收回。出版单位违反该规定继续发行编校质量不合格图书的，由省级以上出版行政主管部门按照《产品质量法》第 50 条的规定处理。对于印制质量不合格的图书，出版单位必须及时予以收回、调换。出版单位违反本规定继续发行印制质量不合格图书的，由省级以上出版行政主管部门按照《产品质量法》第 50 条的规定处理。一年内造成三种以上图书不合格或者连续两年造成图书不合格的直接责任者，由省（自治区、直辖市）出版行政主管部门注销其出版专业技术人员职业资格，三年之内不得从事出版编辑工作。

此外，为保证图书质量，新闻出版署 1997 年还专门出台了《图书质量保障体系》，通过建立和实施严格、有效、可操作的前期、中期、后期保障机制，以及相应的预报、引导、监督、奖惩、责任等一系列机制，从各个方面和环节保障我国图书质量。

三、书号管理

书号即合法出版的书籍的统一编号。书号管理是图书出版管理的核心环节。图书要正式出版必须有书号，而且只有正式的出版社，才有资格向国务院出版行政主管部门申领书号。

据了解，我国是世界上最早使用图书统一编号的国家之一。1956 年 2 月，文化部颁发并实施《全国图书统一编号方案》，开始在全国使用统一书号作为图书出版物的标识。该方案实施 30 余年，在我国图书出版发行管理工作中发挥了十分重要的作用。

1982 年，我国正式加入国际 ISBN 组织，在 ISBN 系统中争取到一位数字组号"7"。

1986年1月，中国标准书号国家标准（GB/T 5795）正式颁布，并于1987年1月1日实施。中国标准书号由国际标准书号（ISBN）和图书分类/种次号两部分组成，其中，国际标准书号（ISBN）是中国标准书号的主体，可以独立使用。

2002年1月，我国对中国标准书号国家标准（GB/T 5795—1986）进行了修订，删除了图书分类/种次号部分，中国标准书号等同采用国际标准书号结构。新标准2006年10月获得国家标准化管理委员会正式批准，并于2007年1月1日起实施。

国际标准书号是国际通用的图书或独立的出版物（除定期出版的连续性出版物外）代码。出版社可以通过国际标准书号清晰地辨认所有非期刊书籍。一个国际标准书号只有一个或一份相应的出版物与之对应。标准书号由标识符ISBN和13位数字编码组成。13位数字编码又分为5部分：

——EAN•UCC前缀：国际物品编码（EAN•UCC）系统提供给国际ISBN中心使用的产品标识编码。目前使用的前缀为978，同时预留979前缀。

——组区号：标识国家、地理区域、语言及其他社会集团划分的组织。由国际ISBN中心设置和分配。如前所述，我国组区号为数字"7"。

——出版者号：标识具体的出版者。其长度为2-7位，由中国ISBN中心设置和分配。

——出版序号：标识出版物的出版次序，由出版者管理和分配。用以区别不同内容及不同产品形式的专题出版物。

——校验码：采用模数10加权算法计算得出，其功能在于对中国标准书号的正确与否进行检验。[①]

长期以来，我国书号管理实行的是定额分配制，即：出版社先将选题（虚拟选题占有相当大的比重）和申领额度报送国务院出版行政主管部门，国务院出版行政主管部门审核后再予以分批发放，发放数量和时间的决定权均在国务

---

① 参见书号查询官网（http://www.shuhaochaxun.com/ISBN/2012/1113/165.html），发布日期为：2012年11月13日。

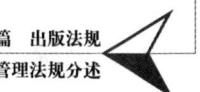

院出版行政主管部门。这种书号配置方式是计划经济的产物，既不符合资源优化整合的原则，又与市场竞争的通行规则相悖，在实践中已暴露出种种弊端：由于受书号配额所限，实力雄厚的出版社被书号捆住了手脚，难以做大做强；由于有书号资源在手，势单力薄又不思进取的出版社本该被淘汰，却可以靠卖书号苟且偷生；由于有些出版社既无图书策划发行的能力，也不尽三审三校之责，更没有任何意义上的监管，于是，以买卖书号为生的"空壳社"造就了图书监管的"盲区"，一些暴力、色情等问题图书漏网面世。而且，由于书号的买卖，自然免不了桌上或桌下的交易，使之成为滋生腐败蛀虫的温床。

为了加强书号管理，1997年1月，新闻出版署颁布了《关于严格禁止买卖书号、刊号、版号等问题的若干规定》。2009年4月，新闻出版总署决定改革书号发放制度，采取实名申领方式。也就是说，出版社在完成书稿三审之后，方可进入系统进行申报。该系统要求填报确定的书名、作者等信息，使书号与具体的图书实现一一对应，切实做到一书一号，见书给号。采取书号实名申领，有利于从源头上杜绝问题书的出现，做到关口前移，消除图书监管盲区；也有利于品质优良、实力雄厚的出版社放开手脚，充分发挥其策划能力强、编审力量强、发行实力强等优势，迅速做大做强，在激烈的市场竞争中有所作为，增强我国的出版竞争力和文化软实力。

【相关案例】

案例1

1989年3月，上海某出版社与山西某书刊社合作，出版发行了一种名叫《性风俗》的图书。该书由山西另一出版社编辑任某（书中化名柯勒）以及山西某书刊社校对员王某（书中化名桑姬）编写、提供稿件，其中，80%以上的内容均抄袭自台湾地区"国家出版社"1980年出版的《世界风俗丛书·性篇》。

在图书编辑过程中，虽然时任上海某出版社总编辑的江某、副总编辑郝某均提出要删节直接涉及"性"的内容，但都严重忽视了书中侮辱伊斯兰教、伤害穆斯林感情、违反党和国家宗教政策、民族政策的内容。

该书出版发行后，引起不少地区穆斯林的强烈愤慨与不满。兰州、西宁、乌鲁木齐、北京等地出现了穆斯林群众的游行示威抗议活动。

5月6日，新闻出版署以违背党和国家宗教政策及有关出版管理法规为由，责令该书立即停止销售；成书及纸型立即销毁，不准重印；责令出版《性风俗》一书的上海某出版社停业整顿，并予以经济处罚；对《性风俗》一书的作者（系出版单位工作人员）、责任编辑和发行此书的有关人员停职检查。联合出版该书的山西某书刊社也被山西省政府责令停业整顿。

此后，相关人员被依法追究法律责任：该书责任编辑、上海某出版社编辑高某因犯玩忽职守罪，被上海市中级人民法院判处有期徒刑1年，缓刑1年；该书作者之一任某因犯诽谤罪，被太原市中级人民法院判处有期徒刑1年6个月；负责该书出版的山西某书刊社经理毕某被太原市劳动教养管理委员会决定给予劳动教养1年；该书另一作者王某被处以行政记过处分。

此次事件在当年引起极大轰动，在我国出版法治史上具有深远的影响和意义。

案例2

2003年6月，某女将其与多个男人的交往日记——《遗情书》公布在网上，一时间广为流传。2003年9月，某计算机公司向某出版社推荐了《遗情书》书稿。该社责任编辑认为作者文笔不错，书稿有一定的文学水平。该社社长、总编辑出于"可读性""热卖点"考虑，认为此书出版后会产生一定的轰动效应，能给出版社带来一定的经济效益。2003年10月，该社在对原书稿编辑加工、重点对性爱描写部分进行删节处理后，正式出版了《遗情书》一书。

《遗情书》一经出版面市，即因内容格调低下，宣扬堕落腐朽的生活方式和价值观，在社会上引起强烈反映，造成了极坏的社会影响。

2004年4月，新闻出版总署依法对该社作出如下处理：

（1）对该出版社进行全面整顿和整改；

（2）对出版《遗情书》一书负有直接领导责任的社长张某就地降职，由社长降为副社长，并给予《遗情书》的有关责任人彭某、邓某以行政警告处分；

（3）继续回收、销毁《遗情书》，不得再版；

（4）对该出版社出版《遗情书》的处理情况向全国通报批评。

案例3

2005年年初，中宣部出版局和新闻出版总署图书出版管理司组成联合调查组对买卖书号问题进行调查时发现：近几年来，某出版社的内部管理混乱，并与文化公司违规合作，建立社外编辑室，买卖书号的情况比较严重。

该出版社的主管部门对该社问题十分重视，提出了相关处理意见：责令其撤销了社外编辑室，坚决杜绝社内编辑室"编、印、发"一条龙的运作方式，将原来合并办公的办公室和总编室分开，进一步健全了总编室书号、书稿管理制度。

为了严肃出版纪律，新闻出版总署对该出版社又作出如下处理：

（1）在全国图书出版行业内，对该社买卖书号的问题进行通报批评；

（2）核减该社2005年书号80个；

（3）要求其主管单位继续查清该出版社存在的问题，并进一步加大整改力度。

案例4

2004年，新闻出版总署接到读者举报，反映青海某出版社出版的《唐诗三百首》一书，有非唐诗二十余种，文不对题，且存在严重编校质量问题。

经核实，读者反映情况属实。由该社出版的所谓《唐诗三百首》，收录了213首古典诗歌，其中有23首不是唐诗，编者甚至将汉乐府及龚自珍、朱熹、李清照等人物的诗词也算成了唐诗，极为荒谬。同时，该书差错率达到了万分之十六，为不合格产品。

2004年9月，新闻出版总署依照《出版管理条例》，对该社进行了行政处罚，要求该社全部收回已经发出的《唐诗三百首》一书，连同现存图书作报废处理；责成该社在《中国新闻出版报》等有关媒体向读者正式道歉；同时要求对该社有关编辑室进行内部整顿。

第二节　报刊出版管理

本节主要讲述期刊出版管理与报纸出版管理，主要涉及《出版管理条例》《期刊出版管理规定》与《报纸出版管理规定》。

一、期刊出版管理

期刊是记载和推动社会文化变迁的重要载体。在发达国家，期刊是一种影响人们生活乃至思想观念的主流媒体，在社会生活中的影响力甚至超过电视和报纸。1977年，我国期刊只有628种；而截至2007年4月底，我国期刊总数已达到9468种。期刊出版行业发展繁荣的同时，也对管理提出了严峻的挑战。

我国一直比较重视期刊出版业的管理。1988年，刚成立不久的新闻出版署颁布了《期刊管理暂行规定》（以下简称《暂行》），并于次年颁布了《〈期刊管理暂行规定〉行政处罚实施办法》。2005年9月30日，《期刊出版管理规定》颁布，并于2005年12月1日起实施。这对于维护期刊出版秩序，推动我国期刊出版业健康发展发挥了重要作用。

（一）期刊的设立、变更与终止

1. 设立条件

根据《期刊出版管理规定》的规定，在我国，创办期刊、设立期刊出版单位，应当具备下列条件：

（1）有确定的、不与已有期刊重复的名称；

（2）有期刊出版单位的名称、章程；

（3）有符合国务院出版行政主管部门认定条件的主管、主办单位；

（4）有确定的期刊出版业务范围；

（5）有30万元以上的注册资本；

（6）有适应期刊出版活动需要的组织机构和符合国家规定资格条件的编辑专业人员；

（7）有与主办单位在同一行政区域的固定的工作场所；

（8）有确定的法定代表人或者主要负责人，该法定代表人或者主要负责人必须是在境内长久居住的中国公民；

（9）法律、行政法规规定的其他条件。

除上述条件外，在我国创办期刊、设立期刊出版单位，还必须符合国家对期刊及期刊出版单位总量、结构、布局的总体规划。

2. 设立程序

中央在京单位创办期刊并设立期刊出版单位，经主管单位审核同意后，由主办单位报国务院出版行政主管部门审批。解放军和武装警察部队系统创办期刊并设立期刊出版单位，由解放军总政治部宣传部新闻出版局审核同意后报国务院出版行政主管部门审批。其他单位创办期刊并设立期刊出版单位，经主管单位审核同意后，由主办单位向所在地省（自治区、直辖市）出版行政主管部门提出申请，省（自治区、直辖市）出版行政主管部门审核同意后，报国务院出版行政主管部门审批。

两个以上主办单位合办期刊，须确定一个主要主办单位，由主要主办单位提出申请。期刊的主要主办单位应为其主管单位的隶属单位。期刊出版单位和主要主办单位须在同一行政区域。

中央期刊出版单位组建期刊集团，由国务院出版行政主管部门批准；地方期刊出版单位组建期刊集团，向所在地省（自治区、直辖市）出版行政主管部门提出申请，经审核同意后，报国务院出版行政主管部门批准。

3. 变更和终止

期刊出版单位变更名称、主办单位或主管单位、登记地、业务范围（包括办刊宗旨、文种）、刊期的，合并或者分立、改变资本结构，出版新的期刊，按照期刊出版单位申办规定办理审批、登记手续。期刊变更刊期，国务院出版行政主管部门可以委托省（自治区、直辖市）出版行政主管部门审批。期刊出版单位变更期刊开本、法定代表人或者主要负责人、在同一登记地内变更地址，经其主办单位审核同意后，由期刊出版单位在15日内向所在地省（自治区、直辖市）出版行政主管部门备案。

期刊休刊，期刊出版单位须向所在地省（自治区、直辖市）出版行政主管部门备案并说明休刊理由和期限。期刊休刊时间不得超过一年。休刊超过一年的，由国务院出版行政主管部门撤销《期刊出版许可证》，所在地省（自治区、直辖市）出版行政主管部门注销登记。

期刊出版单位终止期刊出版活动的，经主管单位同意后，由其主办单位向所在地省（自治区、直辖市）出版行政主管部门办理注销登记，并由省（自治区、直辖市）出版行政主管部门报国务院出版行政主管部门备案。期刊注销登记，以同一名称设立的期刊出版单位须与期刊同时注销，并到原登记的工商行政管理部门办理注销登记。注销登记的期刊和期刊出版单位不得再以该名称从事出版、经营活动。

（二）期刊的出版管理

期刊出版实行编辑责任制度，期刊不得刊载《出版管理条例》和其他有关法律、法规以及国家规定的禁止内容。

期刊刊载的内容不真实、不公正，致使公民、法人或者其他组织的合法权益受到侵害的，期刊出版单位应当公开更正，消除影响，并依法承担其他民事责任。因为期刊刊载的内容不真实、不公正，致使公民、法人或者其他组织的合法权益受到侵害的，当事人有权要求期刊出版单位更正或者答辩，期刊出版单位应当在其最近出版的一期期刊上予以发表；拒绝发表的，当事人可以向人民法院提出诉讼。期刊刊载涉及国家安全、社会安定等重大选题的内容，须按照重大选题备案管理规定办理备案手续。

公开发行的期刊不得转载、摘编内部发行出版物的内容。

期刊转载、摘编互联网上的内容，必须按照有关规定对其内容进行核实，并在刊发的明显位置标明所下载文件的网址以及下载日期等。

期刊出版单位与境外出版机构开展合作出版项目，须经国务院出版行政主管部门批准。期刊出版质量须符合国家标准和行业标准。

期刊使用语言文字须符合国家有关规定。

期刊须在封底或著作权页上刊载以下版本记录：期刊名称、主管单位、主办单位、出版单位、印刷单位、发行单位、出版日期、总编辑（主编）姓名、发行范围、定价、国内统一连续出版物号、广告经营许可证号等。领取国际标准连续出版物号的期刊须同时刊印国际标准连续出版物号。

期刊须在封面的明显位置刊载期刊名称和年、月、期、卷等顺序编号，不得以总期号代替年、月、期号。期刊封面其他文字标识不得明显于刊名。期刊的外文刊名须是中文刊名的直译。外文期刊封面上必须同时刊印中文刊名；少数民族文种期刊封面上必须同时刊印汉语刊名。

一个国内统一连续出版物号只能对应出版一种期刊，不得用同一国内统一连续出版物号出版不同版本的期刊。出版不同版本的期刊，须按创办新期刊办理审批手续。

期刊可以在正常刊期之外出版增刊。每种期刊每年可以出版两期增刊。增刊内容必须符合正刊的业务范围，开本和发行范围必须与正刊一致；增刊除刊印版本纪录外，还须刊印增刊许可证编号，并在封面刊印正刊名称和注明"增刊"。按照现行《期刊出版管理规定》的规定，期刊出版单位出版增刊，必须由主办单位报所在地省（自治区、直辖市）出版行政主管部门审批。2012年10月国务院出台的《关于第六批取消和调整行政审批项目的决定》取消了增刊出版审批项目。期刊出版单位今后出版增刊，只需报所在地省（自治区、直辖市）出版行政主管部门备案；但这种备案是事前的，强制性的，未履行备案手续、擅自出版增刊的，按非法出版物处理。①

期刊合订本须按原期刊出版顺序装订，不得对期刊内容另行编排，并在其封面明显位置标明期刊名称及"合订本"字样。期刊因内容违法被出版行政主管部门行政处罚的，该期期刊的相关篇目不得收入合订本。被注销登记的期刊，不得制作合订本。

期刊出版单位不得出卖、出租、转让本单位名称及所出版期刊的刊号、名称、版面，不得转借、转让、出租和出卖《期刊出版许可证》。期刊出版

---

① 参见新闻出版总署《关于取消期刊出版增刊审批后续管理问题的通知》（新出厅发〔2012〕3号）。

单位利用其期刊开展广告业务，必须遵守广告法律规定，发布广告须依法查验有关证明文件，核实广告内容，不得刊登有害的、虚假的等违法广告。期刊的广告经营者限于在合法授权范围内开展广告经营、代理业务，不得参与期刊的采访、编辑等出版活动。期刊采编业务与经营业务必须严格分开。禁止以采编报道相威胁，以要求被报道对象做广告、提供赞助、加入理事会等损害被报道对象利益的行为牟取不正当利益。期刊不得刊登任何形式的有偿新闻。

期刊出版单位的新闻采编人员从事新闻采访活动，必须持有国务院出版行政主管部门统一核发的新闻记者证，并遵守《新闻记者证管理办法》等有关规定。具有新闻采编业务的期刊出版单位在登记地以外的地区设立记者站，参照《报社记者站管理办法》审批、管理。其他期刊出版单位一律不得设立记者站。期刊出版单位是否具有新闻采编业务由国务院出版行政主管部门认定。

期刊出版单位不得以不正当竞争行为或者方式开展经营活动，不得利用权力摊派发行期刊。期刊出版单位须遵守国家统计法规，依法向出版行政主管部门报送统计资料。期刊出版单位应配合国家认定的出版物发行数据调查机构进行期刊发行数据调查，提供真实的期刊发行数据。期刊出版单位须在每期期刊出版30日内，分别向国务院出版行政主管部门、中国版本图书馆、国家图书馆以及所在地省（自治区、直辖市）出版行政主管部门缴送样刊3本。

（三）期刊出版的监督管理

按照《期刊出版管理规定》，国务院出版行政主管部门负责全国期刊出版活动的监督管理工作，制定并实施全国期刊出版的总量、结构、布局的规划，建立健全期刊出版质量评估制度、期刊年度核验制度以及期刊出版退出机制等监督管理制度。地方各级出版行政主管部门负责本行政区域内的期刊出版活动的监督管理工作。期刊出版行业的社会团体按照其章程，在出版行政主管部门的指导下，实行自律管理。

期刊出版管理实行期刊出版事后审读制度、期刊出版质量评估制度、期刊年度核验制度和期刊出版从业人员资格管理制度。期刊出版单位应当按照国务院出版行政主管部门的规定，将从事期刊出版活动的情况向出版行政主管部门提出书面报告。

国务院出版行政主管部门负责全国期刊审读工作。地方各级出版行政主管部门负责对本行政区域内出版的期刊进行审读。下级出版行政主管部门要定期向上一级出版行政主管部门提交审读报告。主管单位须对其主管的期刊进行审读，定期向所在地出版行政主管部门报送审读报告。期刊出版单位应建立期刊阅评制度，定期写出阅评报告。出版行政主管部门根据管理工作的需要，可以随时调阅、检查期刊出版单位的阅评报告。

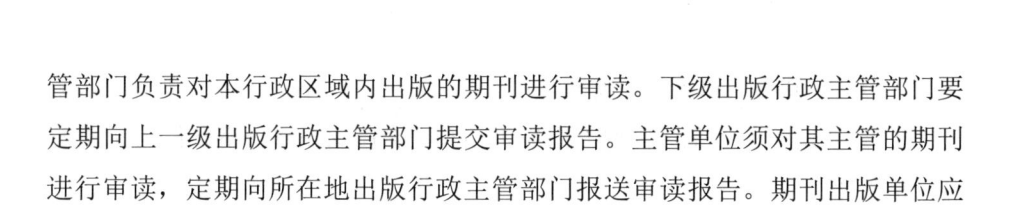

国务院出版行政主管部门制定期刊出版质量综合评估标准体系，对期刊出版质量进行全面评估。经期刊出版质量综合评估，期刊出版质量未达到规定标准或者不能维持正常出版活动的，由国务院出版行政主管部门撤销《期刊出版许可证》，所在地省（自治区、直辖市）出版行政主管部门注销登记。

省（自治区、直辖市）出版行政主管部门负责对本行政区域的期刊实施年度核验。年度核验内容包括期刊出版单位及其所出版期刊登记项目、出版质量、遵纪守法情况等。

二、报纸出版管理

与其他传统媒体相比，报纸具有出版速度快、出版周期短、社会影响面大等特征。只有做好报纸出版管理工作，最大程度地保证报纸质量，才能正确反映民情、引导舆论，更好地服务于经济社会建设大局。为此，新闻出版总署 2005 年专门出台了《报纸出版管理规定》，以此规范报纸出版活动，加强报纸出版管理。

（一）报纸的创办、变更和终止

1. 创办条件

根据《报纸出版管理规定》的规定，在我国，创办报纸、设立报纸出版单位，应当具备下列条件：

（1）有确定的、不与已有报纸重复的名称；

（2）有报纸出版单位的名称、章程；

（3）有符合国务院出版行政主管部门认定条件的主管、主办单位；

（4）有确定的报纸出版业务范围；

（5）有30万元以上的注册资本；

（6）有适应业务范围需要的组织机构和符合国家规定资格条件的新闻采编专业人员；

（7）有与主办单位在同一行政区域的固定的工作场所；

（8）有符合规定的法定代表人或者主要负责人，该法定代表人或者主要负责人必须是在境内长久居住的中国公民；

（9）法律、行政法规规定的其他条件。

除以上条件外，依据《报纸出版管理规定》，还必须符合国家对报纸及报纸出版单位总量、结构、布局的规划。

2. 申办程序

中央在京单位创办报纸并设立报纸出版单位，经主管单位同意后，由主办单位报国务院出版行政主管部门审批。中国人民解放军和中国人民武装警察部队系统创办报纸并设立报纸出版单位，由中国人民解放军总政治部宣传部新闻出版局审核同意后报国务院出版行政主管部门审批。其他单位创办报纸并设立报纸出版单位，经主管单位同意后，由主办单位向所在地省（自治区、直辖市）出版行政主管部门提出申请，省（自治区、直辖市）出版行政主管部门审核同意后，报国务院出版行政主管部门审批。

两个以上主办单位合办报纸，须确定一个主要主办单位，并由主要主办单位提出申请。报纸的主要主办单位应为其主管单位的隶属单位。报纸出版单位和主要主办单位须在同一行政区域。

最后，报纸出版单位还须到工商行政管理部门办理登记手续，依法领取营业执照。需要指出的是，按照非时政类报刊转企改制政策，原来为事业单位的非时政类报刊出版单位，应按照《文化体制改革中经营性文化事业单位转制为企业的规定》（国办发［2008］114号），参照《新闻出版总署、中央机构编制委员会办公室、国家工商行政管理总局关于中央各部门各单位转制出版社办理法人登记有关问题的通知》（新出联［2009］15号）和《关于中央各部门各单位转制出版社办理工商登记等有关问题的通知》（中出改办

〔2010〕106号）文件的有关要求，办理注销事业单位法人登记、企业登记注册手续。截至2012年10月，我国3388种非时政类报刊已有3271种完成转企改制，占总数的96.5%。下一步，将重点推进不具有独立法人资格的报刊编辑部体制改革。①

3. 变更和终止

报纸出版单位变更名称、合并或者分立，改变资本结构，出版新的报纸，依照《报纸出版管理规定》第9条至第13条的规定办理审批、登记手续。报纸变更名称、主办单位、主管单位、刊期、业务范围（包括办报宗旨、文种），依照该规定第9条至第13条的规定办理审批、登记手续。报纸变更刊期，国务院出版行政主管部门可以委托省（自治区、直辖市）出版行政主管部门审批。报纸变更开版，经主办单位审核同意后，由报纸出版单位报所在地省（自治区、直辖市）出版行政主管部门批准。报纸出版单位变更单位地址、法定代表人或者主要负责人、报纸承印单位，经其主办单位审核同意后，由报纸出版单位在15日内向所在地省（自治区、直辖市）出版行政主管部门备案。

报纸休刊连续超过10日的，报纸出版单位须向所在地省（自治区、直辖市）出版行政主管部门办理休刊备案手续，说明休刊理由和休刊期限。报纸休刊时间不得超过180日。报纸休刊超过180日仍不能正常出版的，由国务院出版行政主管部门撤销《报纸出版许可证》，并由所在地省（自治区、直辖市）出版行政主管部门注销登记。

报纸出版单位终止出版活动的，经主管单位同意后，由主办单位向所在地省（自治区、直辖市）出版行政主管部门办理注销登记，并由省（自治区、直辖市）出版行政主管部门报国务院出版行政主管部门备案。报纸注销登记，以同一名称设立的报纸出版单位须与报纸同时注销，并到原登记的工商行政管理部门办理注销登记。注销登记的报纸和报纸出版单位不得再以该名称从事出版、经营活动。中央报纸出版单位组建报业集团，由国务院出版行政主

---

① 全国3271种非时政类报刊完成转企改制 占总数96.5%.http://news.xinhuanet.com/zgjx/2012-10/25/c_131929242.htm.

管部门批准；地方报纸出版单位组建报业集团，向所在地省（自治区、直辖市）出版行政主管部门提出申请，经审核同意后，报国务院出版行政主管部门批准。

（二）报纸的出版

报纸出版实行编辑责任制度，保障报纸刊载内容符合国家法律、法规的规定。报纸不得刊载《出版管理条例》和其他有关法律、法规以及国家规定的禁止内容。

报纸开展新闻报道必须坚持真实、全面、客观、公正的原则，不得刊载虚假、失实报道。报纸刊载虚假、失实报道，致使公民、法人或者其他组织的合法权益受到侵害的，其出版单位应当公开更正，消除影响，并依法承担相应民事责任。报纸刊载虚假、失实报道，致使公民、法人或者其他组织的合法权益受到侵害的，当事人有权要求更正或者答辩，报纸应当予以发表；拒绝发表的，当事人可以向人民法院提出诉讼。报纸因刊载虚假、失实报道而发表的更正或者答辩应自虚假、失实报道发现或者当事人要求之日起，在其最近出版的一期报纸的相同版位上发表。报纸刊载虚假或者失实报道，损害公共利益的，国务院出版行政主管部门或者省（自治区、直辖市）出版行政主管部门可以责令该报纸出版单位更正。

报纸发表或者摘转涉及国家重大政策、民族宗教、外交、军事、保密等内容，应严格遵守有关规定。

报纸转载、摘编互联网上的内容，必须按照有关规定对其内容进行核实，并在刊发的明显位置标明下载文件网址、下载日期等。

报纸发表新闻报道，必须刊载作者的真实姓名。

报纸出版质量须符合国家标准和行业标准。报纸使用语言文字须符合国家有关规定。

报纸出版须与《报纸出版许可证》的登记项目相符，变更登记项目须按规定办理审批或者备案手续。报纸出版时须在每期固定位置标示相应版本记录。

一个国内统一连续出版物号只能对应出版一种报纸，不得用同一国内统一连续出版物号出版不同版本的报纸。出版报纸地方版、少数民族文字版、外文版等不同版本（文种）的报纸，须按创办新报纸办理审批手续。同一种报纸不得以不同开版出版。报纸所有版页须作为一个整体出版发行，各版页不得单独发行。

报纸专版、专刊的内容应与报纸的宗旨、业务范围相一致，专版、专刊的刊头字样不得明显于报纸名称。报纸在正常刊期之外可出版增期。出版增期应按《报纸出版管理规定》变更刊期办理审批手续。增期的内容应与报纸的业务范围相一致；增期的开版、文种、发行范围、印数应与主报一致，并随主报发行。

报纸出版单位因重大事件可出版号外；出版号外须在报头注明"号外"字样，号外连续出版不得超过3天。报纸出版单位须在号外出版后15日内向所在地省（自治区、直辖市）出版行政主管部门备案，并提交所有号外样报。

报纸出版单位不得出卖、出租、转让本单位名称及所出版报纸的刊号、名称、版面，不得转借、转让、出租和出卖《报纸出版许可证》。报纸变更开版，经主办单位审核同意后，由报纸出版单位报所在地省（自治区、直辖市）出版行政主管部门批准。同一种报纸不得以不同开版出版。报纸所有版页须作为一个整体出版发行，各版页不得单独发行。增期的内容应与报纸的业务范围相一致；增期的开版、文种、发行范围、印数应与主报一致，并随主报发行。

报纸刊登广告须在报纸明显位置注明"广告"字样，不得以新闻形式刊登广告。报纸出版单位发布广告应依据法律、行政法规查验有关证明文件，核实广告内容，不得刊登有害的、虚假的等违法广告。报纸的广告经营者限于在合法授权范围内开展广告经营、代理业务，不得参与报纸的采访、编辑等出版活动。报纸出版单位不得在报纸上刊登任何形式的有偿新闻。报纸出版单位及其工作人员不得利用新闻报道牟取不正当利益，不得索取、接受采访报道对象及其利害关系人的财物或者其他利益。报纸采编业务和经营业务必须严格分开。新闻采编业务部门及其工作人员不得从事报纸发行、广告等经营活动；经营部门及其工作人员不得介入新闻采编业务。

报纸出版单位的新闻采编人员从事新闻采访活动，必须持有国务院出版行政主管部门统一核发的新闻记者证，并遵守《新闻记者证管理办法》的有关规定。

报纸出版单位不得以不正当竞争行为或者方式开展经营活动，不得利用权力摊派发行报纸。报纸出版单位须遵守国家统计法规，依法向出版行政主管部门报送统计资料。报纸出版单位应配合国家认定的出版物发行数据调查机构进行报纸发行量数据调查，提供真实的报纸发行数据。

报纸出版单位须按照国家有关规定向国家图书馆、中国版本图书馆和国务院出版行政主管部门以及所在地省（自治区、直辖市）出版行政主管部门缴送报纸样本。

（三）报纸出版的监督管理

报纸出版活动的监督管理实行属地原则。国务院出版行政主管部门负责全国报纸出版活动的监督管理工作，制定并实施全国报纸出版的总量、结构、布局的规划，建立健全报纸出版质量综合评估制度、报纸年度核验制度以及报纸出版退出机制等监督管理制度。省（自治区、直辖市）出版行政主管部门依法负责本行政区域报纸和报纸出版单位的登记、年度核验、质量评估、行政处罚等工作，对本行政区域的报纸出版活动进行监督管理。其他地方出版行政主管部门依法对本行政区域内报纸出版单位及其报纸出版活动进行监督管理。

报纸出版管理实施报纸出版事后审读制度、报纸出版质量评估制度、报纸出版年度核验制度和报纸出版从业人员资格管理制度。报纸出版单位应当按照规定，将从事报纸出版活动的情况向出版行政主管部门提出书面报告。

国务院出版行政主管部门负责全国报纸审读工作。地方各级出版行政主管部门负责对本行政区域内出版的报纸进行审读。下级出版行政主管部门要定期向上一级出版行政主管部门提交审读报告。

主管单位须对其主管的报纸进行审读，定期向所在地出版行政主管部门报送审读报告。报纸出版单位应建立报纸阅评制度，定期写出阅评报告。出版行政主管部门根据管理工作需要，可以随时调阅、检查报纸出版单位的阅评报告。国务院出版行政主管部门制定报纸出版质量综合评估标准体系，对报纸出版质量进行全面评估。经报纸出版质量综合评估，报纸出版质量未达到规定标准或者不能维持正常出版活动的，由国务院出版行政主管部门撤销

《报纸出版许可证》，所在地省（自治区、直辖市）出版行政主管部门注销登记。

省（自治区、直辖市）出版行政主管部门负责对本行政区域的报纸出版单位实施年度核验。年度核验内容包括报纸出版单位及其所出版报纸登记项目、出版质量、遵纪守法情况、新闻记者证和记者站管理等。

【相关案例】

案例 1

某杂志编辑部于 2003 年 1 月在广州成立办事处，代理该杂志的发行和广告，并为杂志组稿。2007 年 9 月，该办事处未经出版管理部门批准，擅自将该杂志更名为《热读》，并改变了办刊宗旨，其代理业务已质变为变卖刊号，编辑部已不能正常履行终审程序，在管理上严重失控，违反了《出版管理条例》和《期刊出版管理规定》等相关法律法规。

2007 年 12 月，贵州省新闻出版局依法对该杂志作出停刊整顿 3 个月的行政处罚决定，责令该杂志编辑部认真整改，相关责任人作出书面检查。

案例 2

2004 年，由某省团委主管主办的《××青年报》，未经报刊管理部门审批，擅自增期出版《环球人物》报纸，单独定价、独立发行，内容偏离青年报办报宗旨。依照报刊管理有关规定，甘肃省新闻出版局曾于 2004 年 8 月勒令其停止出版发行，停刊整顿。新闻出版总署决定从 2005 年起，《××青年报》继续停刊整顿。该报继续整顿期限为 6 个月，如整顿不合格，即按停办报纸处理，省新闻出版局将按报刊管理有关规定，注销其登记，收回刊号。

此外，针对不断有盗用《××青年报》刊号，出版非法报纸并在社会上公开发行、严重扰乱报刊发行市场正常秩序的情况，总署责成该报及其主管单位，在新闻媒体上向社会公告《21 世纪国际报道》《伊甸园》《爱人周刊》《都市娱乐》《时事焦点》《动漫壹周》等系盗用《××青年报》刊号而出版的非法报纸，同时公布举报电话并向全国"扫黄打非"办上报情况，予以查缴。

案例3

2007年6月11日,某报以"特别评论员布东"的名义发表《明锐有资格与速腾较劲吗》,对上海大众汽车公司新车斯柯达明锐的市场前景提出质疑,报道具有较强的感情色彩和倾向性,评论有失客观全面,稿件处理存在明显失当和失误。2007年8月8日、9日、10日,另家报社在未经认真核实的情况下,在其出版报纸上陆续发表《上海通用身陷"油耗门"》等3篇有关上海通用汽车质量问题的报道。

后经调查,该报道失实。

出版行政主管部门对这两家报社分别给予批评,并责成两报社认真整改,进一步完善管理制度、规范采编和经营等方面的行为。

案例4

国家工商总局和新闻出版总署2007年在监测中发现,《××都市报》等四家报刊登违法广告率居高不下。同年9月21日至23日(三天)和9月17日、23日(两期)发布的药品、医疗、保健食品、化妆品、美容服务广告中,这四家报纸的广告违法率分别为77%、80%、100%和100%。主要问题包括:药品、医疗广告未经审查,擅自发布、宣传医院中药制剂或处方药;广告内容宣传有效率、治愈率,使用患者名义证明疗效;以新闻形式发布药品、医疗广告;保健食品广告夸大产品功能,宣传增强性功能功效等。

鉴于以上报纸发布的违法广告性质严重、影响恶劣,国家工商总局决定责成报纸所在地工商行政管理机关依法查处这四家报纸发布的严重违法广告,并依法暂停《××都市报》《××时报》发布药品、医疗、保健食品广告7日;暂停《××旬报》《××报》发布药品、医疗广告30日。新闻出版总署已经责令这4家报纸出版单位进行内部整顿,进一步完善和落实广告审查发布制度。

案例5

2009年1月18日、19日,《××都市报》《××早报》刊登了题为《深海围"鲨"》《猎鲨行动》(《"海口"猎"鲨"》)等有关我舰艇编队索马里护航情况的稿件。其中，《××早报》所登稿件系从《××都市报》购买。以上稿件均为社会自由撰稿人个人杜撰。两报未遵守《关于加强军事新闻宣传管理的通知》相关规定，擅自刊登军事新闻，也未按照《报纸出版管理规定》对稿件严格把关，致使虚假报道见报，并经网络转载、改编后在国内外造成了严重不良影响。

对于以上虚假报道，新闻出版总署要求四川省新闻出版局、山东省新闻出版局对相关媒体和责任人作出处理。2009年2月20日，四川省新闻出版局对《××都市报》给予警告、罚款3万元的行政处罚，责成其进行为期一个月的整顿，并在全省给予通报批评。山东省新闻出版局对《××早报》给予警告、罚款3万元的行政处罚，责成其进行为期一个月的整改，在全省给予通报批评。

之后，《××都市报》《××早报》分别刊发了更正致歉声明，并对相关责任人做出辞退、停职等处理。

新闻出版总署已将这起虚假新闻列入失实报道案例予以通报，并要求相应主管单位对《××都市报》《××早报》加强监管。杜撰该虚假新闻的社会自由撰稿人将被禁止从事新闻采编工作。

第三节 电子、音像与网络出版管理

本节主要讲述电子音像制品出版管理与互联网出版管理，主要涉及到的法律规范性文件包括《出版管理条例》《音像制品管理条例》以及《电子出版物出版管理规定》《音像制品出版管理规定》和《互联网出版管理暂行规定》。

一、电子出版管理

（一）电子出版物出版单位的设立

按照《电子出版物出版管理规定》，在我国，设立电子出版物出版单位，应当具备下列条件：

(1) 有电子出版物出版单位的名称、章程；

(2) 有符合国务院出版行政主管部门认定的主管、主办单位；

(3) 有确定的电子出版物出版业务范围；

(4) 有200万元以上的注册资本；

(5) 有适应业务范围需要的设备和工作场所，其固定工作场所面积不得少于200平方米；

(6) 有适应业务范围需要的组织机构，有2人以上具有中级以上出版专业职业资格；

(7) 法律、行政法规规定的其他条件。

设立电子出版物出版单位，经其主管单位同意后，由主办单位向所在地省（自治区、直辖市）出版行政主管部门提出申请；经省（自治区、直辖市）出版行政主管部门审核同意后，报国务院出版行政主管部门审批。审批通过后，电子出版物出版单位向所在地工商行政管理部门登记，依法领取营业执照。

申请出版连续型电子出版物在程序上与申请设立电子出版物出版单位程序相同，均是主管单位同意－省级出版行政主管部门同意－国务院出版行政主管部门审批；出版审批通过后，电子出版物出版单位向所在地工商行政管理部门登记，依法领取营业执照。

（二）电子出版物的管理

1. 出版管理

电子出版物出版单位实行编辑责任制度，保障电子出版物的内容符合有关法规、规章规定。

电子出版物出版单位应于每年12月1日前将下一年度的出版计划报所在地省（自治区、直辖市）出版行政主管部门，省（自治区、直辖市）出版行政主管部门审核同意后报国务院出版行政主管部门备案。

电子出版物出版实行重大选题备案制度。涉及国家安全、社会安定等方面重大选题，涉及重大革命题材和重大历史题材的选题，应当按照新闻出版总署有关选题备案的规定办理备案手续；未经备案的重大选题，不得出版。

出版电子出版物，必须按规定使用中国标准书号。同一内容，不同载体形态、格式的电子出版物，应当分别使用不同的中国标准书号。出版连续型电子出版物，必须按规定使用国内统一连续出版物号，不得使用中国标准书号出版连续型电子出版物。电子出版物出版单位不得以任何形式向任何单位或者个人转让、出租、出售本单位的名称、电子出版物中国标准书号、国内统一连续出版物号。

电子出版物应当符合国家的技术、质量标准和规范要求。电子出版物出版单位申请出版境外著作权人授权的电子出版物，须向所在地省（自治区、直辖市）出版行政主管部门提出申请；所在地省（自治区、直辖市）出版行政主管部门审核同意后，报国务院出版行政主管部门审批。境外著作权人授权的电子出版物，须在电子出版物载体的印刷标识面或其装帧的显著位置载明引进出版批准文号和著作权授权合同登记证号。已经批准出版的境外著作权人授权的电子出版物，若出版升级版本，须报所在地省（自治区、直辖市）出版行政主管部门审批。

出版境外著作权人授权的电子游戏测试盘及境外互联网游戏作品客户端程序光盘，须报所在地省（自治区、直辖市）出版行政主管部门审批。

电子出版物出版单位与境外机构合作出版电子出版物，须经主管单位同意后，将选题报所在地省（自治区、直辖市）出版行政主管部门审核；省（自治区、直辖市）出版行政主管部门审核同意后，报国务院出版行政主管部门审批。

2. 进口管理

进口电子出版物成品，须由国务院出版行政主管部门批准的电子出版物进口经营单位提出申请；所在地省（自治区、直辖市）出版行政主管部门审核同意后，报国务院出版行政主管部门审批。进口电子出版物的外包装上应贴有标识，载明批准进口文号及用中文注明的出版者名称、地址、著作权人名称、出版日期等有关事项。

3. 非卖品管理

电子出版物非卖品内容限于公益宣传、企事业单位业务宣传、交流、商品介绍等，不得定价，不得销售、变相销售或与其他商品搭配销售。

委托复制电子出版物非卖品，须向委托方或受托方所在地省（自治区、直辖市）出版行政主管部门提出申请，申请书应写明电子出版物非卖品的使用目的、名称、内容、发送对象、复制数量、载体形式等，并附样品。

电子出版物非卖品载体的印刷标识面及其装帧的显著位置应当注明电子出版物非卖品统一编号，编号分为四段：第一段为方括号内的各省（自治区、直辖市）简称，第二段为"电子出版物非卖品"字样，第三段为圆括号内的年度，第四段为顺序编号。

4. 委托复制管理

电子出版物、电子出版物非卖品应当委托经国务院出版行政主管部门批准设立的复制单位复制。委托复制电子出版物和电子出版物非卖品，必须使用复制委托书，并遵守国家关于复制委托书的管理规定。复制委托书由国务院出版行政主管部门统一印制。

委托复制电子出版物、电子出版物非卖品的单位，应当保证开具的复制委托书内容真实、准确、完整，并须将开具的复制委托书直接交送复制单位。

委托复制电子出版物、电子出版物非卖品的单位不得以任何形式向任何单位或者个人转让、出售本单位的复制委托书。委托复制电子出版物的单位，自电子出版物完成复制之日起30日内，须向所在地省（自治区、直辖市）出版行政主管部门上交本单位及复制单位签章的复制委托书第二联及样品。委托复制电子出版物的单位须将电子出版物复制委托书第四联保存两年备查。

5. 年度核验

电子出版物出版单位实行年度核验制度，年度核验每两年进行一次。省（自治区、直辖市）出版行政主管部门负责对本行政区域内的电子出版物出版单位实施年度核验。核验内容包括电子出版物出版单位的登记项目、设立条件、出版经营情况、遵纪守法情况、内部管理情况等。

电子出版物出版单位年度核验程序为：

（1）电子出版物出版单位应于核验年度的1月15日前向所在地省（自治区、直辖市）出版行政主管部门提交年度核验材料。

（2）各省（自治区、直辖市）出版行政主管部门对本行政区域内电子出版物出版单位的设立条件、开展业务及执行法规等情况进行全面审核，并于该年度的2月底前完成年度核验工作；对符合年度核验要求的单位予以登记，并换发《电子出版物出版许可证》。

（3）各省（自治区、直辖市）出版行政主管部门应于核验年度的3月20日前将年度核验情况及有关书面材料报国务院出版行政主管部门备案。

出版连续型电子出版物的单位按照相关规定参加年度核验。

需要指出的是，现行《电子出版物出版管理规定》颁布于2008年，其上位法《出版管理条例》《音像制品管理条例》已于2011年修订。此外，国务院"先证后照"行政审批改革已涉及电子出版物制作、复制单位设立程序。（参见附件国发〔2014〕50号文相应部分）目前《电子出版物出版管理规定》正在系统修订之中。相应管理制度会有一系列调整。

二、音像制品出版管理

音像制品的管理原来分作两块：在进入流通环节之前，包括出版、制作、复制等中前期活动的监管工作归出版行政主管部门；在进入流通环节后，包括进口、批发、零售和出租等的监管工作归文化行政部门。2010年国务院"三定"方案对音像制品管理职能进行了调整，将音像制品监管任务统一调整为由出版行政主管部门承担。2011年3月《国务院关于修改〈音像制品管理条例〉的决定》中明确规定，国务院出版行政主管部门负责全国音像制品的出版、制作、复制、进口和发行的监督管理工作。

（一）音像制品的出版管理

国务院出版行政主管部门负责全国音像制品出版的监督管理工作。县级以上地方人民政府出版行政主管部门负责本行政区域内音像制品出版的监督管理工作。音像出版单位的主管、主办单位应当按照出版法规律、法规和规章，对音像出版单位的出版活动履行管理职责。国家对出版音像制品，实行许可制度；未经许可，任何单位和个人不得从事音像制品的出版活动。

音像制品出版的许可证件和批准文件，不得出租、出借、出售或者以其他任何形式转让。音像出版行业的社会团体按照其章程，在出版行政主管部门的指导下，实行自律管理。

（二）音像出版单位的设立

按照《音像制品出版管理规定》，在我国设立音像出版单位，应当具备下列条件：

（1）有音像出版单位的名称、章程；

（2）有符合国务院出版行政主管部门认定的主管、主办单位；

（3）有确定的业务范围；

（4）有适应业务范围需要的组织机构和取得国家出版专业技术人员资格的编辑人员，其人数不得少于10人，其中从事音像出版业务2年以上并具有中级以上出版专业技术人员职业资格的不得少于5人；

（5）有30万元以上的注册资本；

（6）有适应业务范围需要的设备和工作场所，其固定工作场所面积不得低于200平方米；

（7）满足法律、行政法规规定的其他条件。

此外，还应当符合国家关于音像出版单位总量、布局和结构的规划。

（三）出版管理

音像出版单位应当按照国家标准及其他有关规定标识、使用《中国标准音像制品编码》（以下简称版号）。版号由国务院出版行政主管部门负责管理和调控，由省（自治区、直辖市）出版行政主管部门发放。

音像出版单位不得超出出版许可证确定的业务范围从事音像制品的出版活动。

音像出版单位实行编辑责任制度，保障音像制品刊载的内容合法。

音像出版单位实行年度出版计划备案制度，出版计划的内容应包括选题名称、制作单位、主创人员、类别、载体、内容提要、节目长度、计划出版时间。出版计划报送的程序为：

（1）本年度上一年的 12 月 20 日以前报送本年度出版计划；本年度 3 月 1 日—20 日、9 月 1 日—20 日报送本年度出版调整计划。

（2）出版计划及出版调整计划，须经所在地省（自治区、直辖市）出版行政主管部门审核。

（3）省（自治区、直辖市）出版行政主管部门应当自受理出版计划报送申请之日起 20 日内，向音像出版单位回复审核意见，并报国务院出版行政主管部门备案。

音像出版单位出版涉及国家安全、社会安定等方面的重大选题，应当依照重大选题备案的有关规定报国务院出版行政主管部门备案。未经备案的重大选题，不得出版。

经批准出版的配合本版出版物音像制品，其名称必须与本版出版物一致，并且与本版出版物统一配套销售，不得单独定价销售。

音像出版单位及经批准出版配合本版出版物音像制品的其他出版单位，应在其出版的音像制品及其包装的明显位置，标明出版单位的名称、地址和音像制品的版号、出版时间、责任编辑、著作权人和条形码。出版进口的音像制品，还应当标明进口批准文号。

音像出版单位不得向任何单位或者个人出租、出借、出售或者以其他任何形式转让本单位的名称，不得向任何单位或者个人出售或者以其他形式出售或转让本单位版号。任何单位和个人不得以购买、租用、借用、擅自使用音像出版单位的名称或者以购买、伪造版号等形式从事音像制品出版活动。

音像出版单位不得委托未取得《音像制品制作许可证》的单位制作音像制品。

（四）非卖品与委托复制的管理

1. 非卖品的管理

用于无偿赠送、发放及业务交流的音像制品属于音像非卖品，不得定价，不得销售或变相销售，不得收取任何费用。

委托复制音像非卖品，须向委托方或者受托方所在地省（自治区、直辖市）出版行政主管部门提出申请，其申请书应写明非卖品使用目的、名称、制作单位、主要内容、发送对象、复制数量、节目长度和载体形式等内容，并附样本。省（自治区、直辖市）出版行政主管部门应当自受理申请之日起20日内予以审查。符合规定的，向委托复制单位核发音像制品复制委托书。

音像非卖品必须统一编号。编号为四段：第一段为各省（自治区、直辖市）简称；第二段为"音像非卖品"字样；第三段为年度；第四段为数字编号。音像非卖品应当在其包装和盘（带）显著位置注明其音像非卖品编号。

2. 委托复制的管理

委托复制音像制品，必须使用复制委托书。音像出版单位及其他委托复制单位，必须遵守国家关于复制委托书的管理规定。

复制委托书由国务院出版行政主管部门统一印制。音像出版单位及其他委托复制单位，须确定专人管理复制委托书并建立使用记录。复制委托书使用记录的内容包括开具时间、音像制品及具体节目名称、相对应的版号、管理人员签名。复制委托书使用记录保存期为2年。

音像出版单位及其他委托复制单位，自音像制品完成复制之日起30日内，向所在地省（自治区、直辖市）出版行政主管部门上交由本单位及复制单位签章的复制委托书第二联及音像制品样品。申请出版配合本版出版物音像制品或音像非卖品的单位，自获得批准之日起90日内未能出版的，须向所在地省（自治区、直辖市）出版行政主管部门交回复制委托书。

音像出版单位出版的音像制品、其他出版单位出版的配合本版出版物音像制品、音像非卖品须委托依法设立的复制单位复制。

（五）审核登记

音像出版单位实行审核登记制度，审核登记每两年进行一次。申请审核登记的音像出版单位应提交以下材料：

①《音像出版单位审核登记表》；

②音像制品出版业务情况报告，具体内容应当包括：执行出版管理的法律、法规和规章的情况，出版经营情况，人员、场所、设施情况；

③2年内出版的音像制品登记表；

④出版许可证的复印件。

音像出版单位应于审核登记年度1月15日前向所在地省（自治区、直辖市）出版行政主管部门申请年度审核登记并提交相应材料。各省（自治区、直辖市）出版行政主管部门对本行政区域内申请登记的音像出版单位进行审核，并于同年2月底前完成审核登记工作。

对符合下列所有条件的音像出版单位，省（自治区、直辖市）出版行政主管部门予以登记：

①符合《音像制品出版管理规定》关于音像出版单位设立条件的规定；

②两年内无违反出版管理法律、法规和规章的情形；

③两年内出版音像制品不少于10种。

对不符合上述所列条件的音像出版单位，省（自治区、直辖市）出版行政主管部门予以暂缓登记。暂缓登记的期限为3个月。省（自治区、直辖市）出版行政主管部门应当责令暂缓登记的出版单位在此期限内进行整顿。

在暂缓登记的期限届满前，省（自治区、直辖市）出版行政主管部门应对暂缓登记的出版单位进行审查，对于达到规定条件的，予以登记。对于未达到规定条件的，提出注销登记意见报国务院出版行政主管部门批准。对注销登记的出版单位，由所在地省（自治区、直辖市）出版行政主管部门缴回其出版许可证。各省（自治区、直辖市）出版行政主管部门应于同年3月20日前将审核登记情况及有关材料复印件汇总后报国务院出版行政主管部门备案。

第四节 互联网出版管理

互联网出版是新闻出版中发展最快、最具生机与活力的新生力量。重视互联网出版管理，大力推进网络文化建设，对于全面建成小康社会和构建和谐社会具有重要意义。2002年6月，新闻出版总署联合有关部门出台了《互联网出版管理暂行规定》，专门对互联网出版活动进行规范。

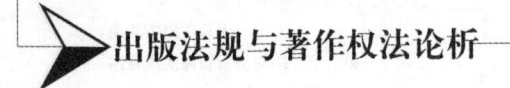

一、互联网出版的概念

对于互联网出版的概念，《互联网出版管理暂行规定》有明确规定，即：互联网信息服务提供者将自己创作或他人创作的作品经过选择和编辑加工，登载在互联网上或者通过互联网发送到用户端，供公众浏览、阅读、使用或者下载的在线传播行为。

仔细考察该定义，不难发现，较之于传统出版的概念，互联网出版少了"批量复制"的要素。这正是在线传播行为的特质所在：除下载有明显的复制过程外，有形复制不是在线传播行为的必经环节，互联网上的不少内容点击到相应网页可以直接浏览、阅读或使用。当然，点击网页的行为也会产生"临时复制（Temporary Copy）"的效果，相应信息会暂时存储在随机储存器（RAM, Random Access Memory），因为计算机关机、重启、后续信息挤兑等原因而消失。

此外，与互联网发行相比，互联网出版直接提供相应作品——即传播相应作品的实质内容。实践中，存在通过展示作品部分内容如目录、摘要或若干作品片段的方式在互联网上发行某线下出版物的情况。只要所展示的内容相对较少，展示的基本目的是为了销售线下出版物，那么，这种行为就是互联网发行。反之，如果不以销售线下出版物为目的，而是直接向受众展示相应出版物全部内容或者汇编作品中相对独立的片段（部分），则应定性为互联网出版。

二、互联网出版业务的申请与审批

从事互联网出版活动，与从事其他出版活动一样，也必须经过批准。未经批准，任何单位或个人不得开展互联网出版活动。

从事互联网出版业务，按照《互联网出版管理暂行规定》的规定，应当具备以下条件：

（1）有确定的出版范围；

（2）有符合法律、法规规定的章程；

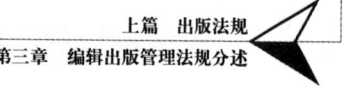

（3）有必要的编辑出版机构和专业人员；

（4）有适应出版业务需要的资金、设备和场所。

除此之外，作为增值电信业务中的互联网信息服务之一，从事互联网出版业务，还应当具备《电信条例》以及《互联网信息服务管理办法》规定的如下条件：

（1）经营者为依法设立的公司；

（2）有为用户提供长期服务的信誉或者能力；

（3）有业务发展计划及相关技术方案；

（4）有健全的网络与信息安全保障措施，包括网站安全保障措施、信息安全保密管理制度、用户信息安全管理制度。

申请从事互联网出版业务，应当由主办者向所在地省（自治区、直辖市）出版行政主管部门提出申请，经省（自治区、直辖市）出版行政主管部门审核同意后，报国务院出版行政主管部门审批。互联网出版业务经批准后，主办者应当持出版行政主管部门的批准文件到省（自治区、直辖市）电信管理机构办理相关手续。

互联网出版机构自登记之日起满180日未开展互联网出版活动的，由原登记的出版行政主管部门注销登记，并向国务院出版行政主管部门备案。同时，向相关省（自治区、直辖市）电信管理机构通报。

三、互联网出版机构的变更与终止

互联网出版机构改变名称、主办者，合并或者分立，应当依据申请从事互联网出版业务的规定办理变更手续，并应持出版行政主管部门的批准文件到省（自治区、直辖市）电信管理机构办理相应的手续。

互联网出版机构终止互联网出版业务，主办者应当自终止互联网出版业务之日起30日内到所在地省（自治区、直辖市）出版行政主管部门办理注销手续，并报国务院出版行政主管部门备案。同时，到相关省（自治区、直辖市）电信管理机构办理互联网信息服务业务经营许可证的变更或注销手续。

四、互联网出版活动的管理

互联网出版机构应当在其网站主页上标明出版行政主管部门批准文号。

互联网出版机构出版涉及国家安全、社会安定等方面的重大选题,应当依照重大选题备案的规定,报国务院出版行政主管部门备案。未经备案的重大选题,不得出版。

互联网出版不得载有以下内容:

(1)反对宪法确定的基本原则的;

(2)危害国家统一、主权和领土完整的;

(3)泄露国家秘密、危害国家安全或者损害国家荣誉和利益的;

(4)煽动民族仇恨、民族歧视,破坏民族团结,或者侵害民族风俗、习惯的;

(5)宣扬邪教、迷信的;

(6)散布谣言,扰乱社会秩序,破坏社会稳定的;

(7)宣扬淫秽、赌博、暴力或者教唆犯罪的;

(8)侮辱或者诽谤他人,侵害他人合法权益的;

(9)危害社会公德或者民族优秀文化传统的;

(10)有法律、行政法规和国家规定禁止的其他内容的。

以未成年人为对象的互联网出版内容不得含有诱发未成年人模仿违反社会公德的行为和违法犯罪的行为的内容,以及恐怖、残酷等妨害未成年人身心健康的内容。

互联网出版机构应当实行编辑责任制度,必须有专门的编辑人员对出版内容进行审查,保障互联网出版内容的合法性。互联网出版机构的编辑人员应当接受上岗前的培训。

互联网出版机构应当记录备份所登载或者发送的作品内容及其时间、互联网地址或者域名,记录备份应当保存60日,并在国家有关部门依法查询时,予以提供。否则,由省(自治区、直辖市)电信管理机构责令改正;情节严重的,责令停业整顿或者暂时关闭网站。

除此之外,为保护权利人的著作权,《互联网出版管理暂行规定》明确规定,从事互联网出版活动，还应当遵守国家有关著作权的法律、法规，应当标明与所登载或者发送作品相关的著作权记录。

【相关案例】

案例1

2004年，吉林某音像出版社未经批准，用音像制品版号违法出版引进版电子游戏出版物《秘密潜入2》光盘，且该社将音像制品版号提供给合作方后，在复制、发行上放弃管理，属"买卖版号"行为。

以上行为违反了《出版管理条例》相关规定，新闻出版总署依法给予该社没收《秘密潜入2》电子游戏出版物光盘及违法所得，并处违法所得4倍罚款的行政处罚。

此外，参与买版号出版《秘密潜入2》电子游戏出版物的北京某科技有限公司也受到北京市新闻出版局没收《秘密潜入2》电子游戏出版物2208套及违法所得，并处违法所得10倍罚款的行政处罚。

案例2

2003年7月，覃某通过ICQ认识一个自称是境外人士，昵称为"William"（威廉）的网民。通过一段时间的交流，覃某得知其在境外专门从事黄色网站经营，在取得"威廉"的信任后，主动提出由"威廉"在境外设立黄色网站并提供黄色淫秽片源，自己作为该网站在中国大陆的唯一代理人，负责维护和更新网站，管理网站留言板，组织刻录和投寄黄色淫秽光盘给订购者。

在与"威廉"达成协议后，覃某伙同邱某等人，从2005年8月开始，购买了电脑及光盘刻录机等设备，在互联网上利用设在境外的号称"亚洲第一色情网站"和"成人碟专卖店"网站开始进行制黄贩黄的违法活动。覃某等人利用上述两个网站发布黄色淫秽信息，网站上常列有黄色淫秽影片近千种，并以每张25—30元供人选购。从2005年8月至2006年7月14日案发被查获，覃某等人利用网络按照订单将所复制的5660张淫秽光盘贩卖到全国各地，并违法获利16 9816元。另外，在2006年7月14日端掉其窝点时，当场还缴获了淫秽母碟2519张，以及已刻录复制好的淫秽光盘81 053张。经市公安局鉴定，均为淫秽光盘。

2007年10月25日，柳州市柳北区人民法院一审宣判，被告人覃某、邱某无视国家法律，以牟利为目的，复制、贩卖淫秽物品，情节特别严重，其行为均已构成复制、贩卖淫秽物品牟利罪，其中首犯覃某被判处有期徒刑12年，并处罚金人民币8万元，邱某被判处有期徒刑11年，并处罚金7万元；邱某某被判处有期徒刑10年，并处罚金6万元。

案例3

2014年4月，某知名互联网公司因涉嫌传播淫秽色情信息被依法吊销《互联网出版许可证》和《信息网络传播视听节目许可证》，涉嫌构成犯罪人员已被移交公安机关立案调查。

据调查核实，该公司在其开办的读书频道中，登载了《全村女人的梦中情人：极品小村医》《霸占全村美妇：山村美娇娘》《恶魔囚爱：佞少军官在身边》《美少妇的不伦之恋：小镇情人》《草根官路青云史：谋权》等20部淫秽色情互联网作品。在拍客等视频节目中，登载了《女子交响乐团》《比基尼美女表演》等4部色情互联网视听节目。这些作品，有的长达500多章，有的点击量达数百万次。同时，执法部门还查证，其门户网站存在未按许可证载明事项从事互联网视听节目服务的违法违规行为。

根据调查情况，4月16日和23日，北京市文化市场行政执法总队向该公司送达了《北京市文化市场行政执法听证告知书》（［2014］2号），并受国家新闻出版广电总局委托向其送达了《北京市文化市场行政执法听证告知书》（［2014］1号、3号），决定吊销该公司《互联网出版许可证》和《信息网络传播视听节目许可证》，依法停止其从事互联网出版和网络传播视听节目的业务，并处以较大数额罚款，涉嫌构成犯罪的部分人员已经移送公安机关立案调查。

本章小结

本章分门别类介绍了图书、报刊、电子、音像、网络出版物的主要管理制度，包括相应出版单位的设立、变更和终止程序，相应出版管理规定等。其中，电子出版物、音像制品的出版活动在上位法方面，除遵循《出版管理条例》外，还须遵循《音像制品管理条例》；网络出版除遵循《出版管理条例》外，还须遵循国务院《互联网信息服务管理办法》。

所有类别出版单位的设立，均须经过前置审批，但互联网出版业务审批条件相对简单，无国务院出版行政主管部门认可的主管、主办单位资格要求。音像制品、电子出版物出版活动除涉及出版单位外，还涉及制作单位和复制单位相关活动，复制、制作单位审批已改为后置审批，即先工商注册登记，再申办相应出版行政许可证。

所有类别出版活动都实行编辑责任制度，涉及国家规定的重大选题要履行备案手续，严禁出版传播含有违禁内容信息的出版物。按照相关制度要求，不同出版物要在特定位置载明相应信息，以图书为例，要按规定使用中国标准书号或者全国统一书号、图书条码、图书在版编目数据，载明图书版本记录事项。

就具体领域而言，图书有严格的出版质量要求，国务院出版行政部门制定了专门的《图书质量管理规定》《图书质量保障体系》；报纸、期刊作为连续性出版物，可以出版增刊、增期，但应按有关要求办理相应手续，且在开本、开版、发行范围等方面与正刊保持一致；报纸因重大事件可以出版号外，但应注明"号外"字样，且连续出版不得超过3天；音像制品、电子出版物管理规定还涉及非卖品的管理，相应产品须标明"非卖品"字样，并统一编号；互联网出版不存在样本缴送问题，但互联网出版机构应当记录备份所登载或者发送的作品内容及其时间、互联网地址或者域名，记录备份应当保存60日，并在国家有关部门依法查询时予以提供。

思考与练习题

1. 重大选题备案制度的范围与程序是什么？
2. 图书质量管理制度主要有哪些内容？
3. 书号管理的作用、意义何在？
4. 报刊出版管理主要有哪些内容？
5. 互联网出版机构的义务主要有哪些？

第四章
出版物印刷复制管理法规

第一节　出版物印刷复制单位的设立
第二节　印刷复制单位经营管理
第三节　出版物印制质量管理

出版法规与著作权法论析

内容提要：出版物印刷复制单位设立的条件；出版物印刷复制单位变更与终止的条件和程序；出版物印刷复制的委托合同制度以及承揽验证、登记制度；印刷复制品保管制度，印刷复制品交付制度，残次品销毁制度；印刷内容的管理规范、数字印刷企业经营活动管理；出版物印制的质量标准。

重难点：出版物委印合同制度以及承揽验证、登记制度；残次品销毁制度以及复制国家秘密载体管理；委托合同制度的内容；出版物印制管理机制。

印刷复制是出版活动的重要环节。加强出版物印刷复制管理，制止非法印刷复制活动，对于保证作者出版者权益和出版物质量、对于促进社会主义精神文明和物质文明建设等都具有重要意义。本章主要介绍出版物印刷复制管理法律法规，本章涉及的法律规范性文件主要包括《印刷业管理条例》《音像制品管理条例》《印刷业经营者资格条件暂行规定》《设立外商投资印刷企业暂行规定》《印刷品承印管理规定》《音像制品复制管理办法》等。

第一节 出版物印刷复制单位的设立

我国实行出版物印刷复制经营许可制度，未经批准，任何单位和个人不得从事出版物印刷复制经营活动。本节主要介绍出版物印刷复制单位设立、变更与终止方面的管理规定。

一、设立出版物印刷复制单位的条件

按照《印刷业经营者资格条件暂行规定》的相关规定，在我国，设立出版物印刷企业，一般应当具备下列条件：

（1）有企业的名称、章程；

（2）有确定的业务范围；

（3）有适应业务需要的固定生产经营场所，厂房建筑面积不少于800平方米；

（4）有能够维持正常生产经营的资金，注册资本不少于200万元人民币；

（5）有必要的出版物印刷设备，具备2台以上最近十年生产的且未列入《淘汰落后生产能力、工艺和产品的目录》的自动对开胶印印刷设备；

（6）有适应业务范围需要的组织机构和人员，法定代表人及主要生产、经营负责人必须取得省级出版行政主管部门颁发的《印刷法规培训合格证书》；

（7）有健全的承印验证、登记、保管、交付、销毁等经营管理、财务管理制度和质量保证体系。

我国在入世时主动对外国资本开放了印刷领域。按照《设立外商投资印刷企业暂行规定》，外商在我国投资设立印刷企业，应该具备如下条件：

（1）申请设立外商投资印刷企业的中、外方投资者应当是能够独立承担民事责任的法人，并具有直接或间接从事印刷经营管理的经验。

（2）外方投资者应当符合下列要求之一：①能够提供国际先进的印刷经营管理模式及经验；②能够提供国际领先水平的印刷技术和设备；③能够提供较为雄厚的资金。

（3）申请设立外商投资印刷企业的形式为有限责任公司。

（4）从事出版物、包装装潢印刷品印刷经营活动的外商投资印刷企业注册资本不得低于1000万元人民币。

（5）从事出版物、其他印刷品印刷经营活动的中外合营印刷企业，合营中方投资者应当控股或占主导地位。其中，从事出版物印刷经营活动的中外合营印刷企业的董事长应当由中方担任，董事会成员中方应当多于外方。

（6）经营期限一般不超过30年。

为促进香港、澳门与内地建立更紧密经贸关系，鼓励香港、澳门服务提供者在内地设立商业企业，对香港、澳门服务提供者在内地设立从事包装装潢印刷品的印刷企业的最低注册资本要求，比照内地企业实行；其他事项仍按照《设立外商投资印刷企业暂行规定》执行。

审批设立外商投资印刷企业，除依照前款规定外，还应当符合国家有关印刷企业总量、结构和布局的规划。

二、出版物印刷复制单位的设立程序

申请设立专营或兼营出版物印刷企业，应当按以下程序办理：

（1）申请：向所在地省（自治区、直辖市）出版行政主管部门提出申请，并报送下列资料：①申请书和可行性研究报告；②企业章程；③企业主管部门的申报意见；④经营场地（所）证明；⑤法定代表人证明；⑥资金（资产）证明。

（2）审批：经所在地省（自治区、直辖市）出版行政主管部门审核批准，取得出版物印制许可证。

（3）登记：持出版物印制许可证向工商行政管理部门申请注册登记。

按照现行《印刷业管理条例》第9条，申请创办印刷企业还需到公安部门申办特种行业审批手续。2002年，《国务院关于取消第一批行政审批项目的决定》（国发〔2002〕24号）取消了这一审批项目，创办印刷企业不再需要特种行业审批。

此外，设立外商投资印刷企业，应先向所在地省级出版行政主管部门提出申请，省级出版行政主管部门自收到规定的全部文件之日起10个工作日内提出初审意见，报送国务院出版行政主管部门审批。

申请人获得国务院出版行政主管部门批准文件后，按照有关法律、法规向所在地省（自治区、直辖市）、计划单列市商务行政部门提出申请。所在地省（自治区、直辖市）、计划单列市商务行政部门自收到规定的全部文件之日起10个工作日内提出初审意见，报送国务院商务主管部门审批。

三、出版物印刷复制单位的审批

出版物印刷复制单位的设立，需要经过严格的审核。一般来说，设立出版物印刷复制单位，由出版单位的主办单位先行向其所在地的省（自治区、直辖市）出版行政主管部门提出申请。省（自治区、直辖市）出版行政主管部门审核通过后，报国务院出版行政主管部门进行审批。国务院出版行政主管部门在受理设立出版单位的申请后，应当在收到申请材料之日起的60日内，作出批准或者不批准的决定。这个决定以书面形式反馈给申请单位所在地的省（自治区、直辖市）出版行政主管部门，由省出版行政主管部门负责通知申请者所述的主办单位。如果国务院出版行政主管部门不予批准，应当说明拒绝的具体理由。

四、其它出版物印刷复制单位的设立

1. 印刷出版物的中外合资经营企业、中外合作经营企业的设立

设立印刷出版物的中外合资经营企业、中外合作经营企业应当按以下程序办理：

合资、合作企业中方应当向所在地省（自治区、直辖市）出版行政主管部门提出申请，并报送下列文件、资料：

（1）申请书和可行性研究报告；

（2）合同和章程；

（3）董事长、副董事长、董事人选名单；

（4）中方主管部门的申报意见；

（5）外商投资者资信证明及身份证明。

经申请者所在地的省级（自治区、直辖市）新闻出版局审核后，报新闻出版总署审批，然后依法办理其他手续。

按照我国现行的相关规定，禁止设立外商独资经营的出版物印刷复制单位。

擅自设立印刷企业或者擅自从事印刷经营活动的，由公安部门、工商行政管理部门依法予以取缔，没收印刷品和违法所得以及进行违法活动的专用工具、设备，违法经营额 1 万元以上的，并处违法经营额 5 倍以上 10 倍以下的罚款；违法经营额不足 1 万元的，并处 1 万元以上 5 万元以下的罚款；构成犯罪的，依法追究刑事责任。

2. 数字印刷企业的设立

数字印刷是将图文信息直接传输到数字印刷机上进行印刷的一种新型印刷方式。数字印刷无需制版，操作相对简单，适合短版印刷，近年来在国内

外发展迅速。为规范数字印刷经营活动，促进数字印刷健康发展，2011年1月，新闻出版总署根据《出版管理条例》《印刷业管理条例》及相关法律法规，出台了《数字印刷管理办法》。该办法自2011年2月1日正式实施，明确了数字印刷经营活动的范围和企业的设立条件，规定了监督管理体制和相应法律责任。

根据该办法，在我国设立数字印刷企业，应当具备下列条件：

（1）有企业的名称、章程；

（2）有确定的业务范围；

（3）有适应业务范围需要的固定生产经营场所，建筑面积不少于50平方米；

（4）有能够维持正常生产经营的资金，注册资本不少于100万元人民币；

（5）有1台以上生产型数字印刷机；

（6）有适应业务范围需要的组织机构和人员；

（7）有关法律、行政法规规定的其他条件。

与设立传统的出版物印刷复制单位一样，审批设立数字印刷企业，除符合上述基本条件外，还应当符合国家有关印刷企业总量、结构和布局的规划。

设立数字印刷企业，应当向所在地的省级出版行政主管部门提出申请，并提交以下申请材料：

（1）申请书。载明申请单位的名称、地址，法定代表人或者主要负责人的姓名、住址，资金来源、数额，资本构成以及申请的主要事项；

（2）企业名称预先核准通知书和章程；

（3）法定验资机构出具的资金信用证明；

（4）可行性研究报告；

（5）经营场所和必备的生产条件证明；

（6）法定代表人或者主要负责人的身份证明和履历证明。

省级出版行政主管部门在受理申请材料后，应在自接到申请之日起的20天内，作出批准或者不批准的决定，并将结果通知申请人。获准设立数字印刷企业的单位，由省级出版行政主管部门颁发《印刷经营许可证》，经营范围栏注明"以数字印刷方式从事出版物、包装装潢印刷品和其他印刷品的印刷"。不批准的，应当说明理由。

省级出版行政主管部门应当自颁发《印刷经营许可证》之日起20天内，将批准文件和《印刷经营许可证》（正、副本）复印件报国务院出版行政主管部门备案。

未经批准，擅自从事数字印刷经营活动的，由公安部门、工商行政管理部门依据法定职权予以取缔。

数字印刷经营企业违反有关规定的，根据《印刷业管理条例》依法给予行政处罚；情节严重的，由原发证机关吊销许可证；构成犯罪的，依法追究刑事责任。

五、出版物的印刷管理

印刷出版物实行印刷合同制度。对出版物每一个印刷品种，出版单位与出版物印刷企业都应当按照国家有关规定签订印刷合同。

书刊印刷国家级定点企业和书刊印刷省级定点企业可承接印刷全国范围内的出版物；出版物印刷许可企业可承接印刷所在地省（自治区、直辖市）行政区内的出版物，经所在地省（自治区、直辖市）出版行政主管部门批准，可承接印刷其他省（自治区、直辖市）行政区内出版物；出版物排版、制版、装订专项许可企业一般只能承接所在地省（自治区、直辖市）行政区内出版物的排版、制版、装订业务，确需承接所在地省（自治区、直辖市）行政区外出版物的排版、制版、装订业务的，必须经所在地和有关的省（自治区、直辖市）出版行政主管部门协商并共同批准。

出版物印刷企业承接印刷出版物必须遵守以下规定：

（1）书刊印刷国家级定点企业和书刊印刷省级定点企业承接所在地出版单位委托印刷的图书、期刊，必须验证并收存出版单位加盖公章的《委托书》；承接出版单位委托印刷的报纸，必须验证出版单位的报纸登记证并收存该出版单位的委托印刷证明；承接出版单位委托印刷的报纸、期刊增版或增刊，除验证登记证及收存委托印刷证明外，还必须验证并收存所在省（自治区、直辖市）出版行政主管部门的批准文件或准印证。

（2）出版物印刷许可企业和出版物排版、制版、装订事项许可企业承接所在地出版单位委托印刷的出版物，须验证并收存所在地省（自治区、直辖市）出版行政主管部门的批准文件及前款规定的手续。

（3）出版物印刷企业承接印刷所在地非出版单位委托印刷的内部资料性出版物，须验证并收存所在地省（自治区、直辖市）出版行政主管部门核发的准印证。

（4）出版物印刷企业跨省（自治区、直辖市）承接印刷出版物，还必须验证并收存出版单位所在地和本印刷企业所在地省（自治区、直辖市）出版行政主管部门的批准文件。

（5）出版物印刷企业承接境外出版物印刷业务的，须持有境外出版单位出具的有关著作权的合法证明文件，并经所在地省（自治区、直辖市）出版行政主管部门批准；印刷的出版物必须全部运输出境，不得在境内发行。

（6）出版物印刷企业从出版单位承接的印刷业务，不得擅自委托给其他印刷企业印刷，不得将出版单位委托印刷的出版物的型版及底片出租、出借、出售或者以其他任何方式转让给其他单位或者个人。

（7）出版物印刷企业不得销售、擅自加印或者接受第三人委托加印受委托印刷的出版物。

（8）出版物印刷企业不得承接未经省（自治区、直辖市）出版行政主管部门批准的非出版单位委托印刷的内部资料性出版物。

第二节　印刷复制单位经营管理

出版物印刷复制单位设立后，可以根据自身的经营理念，在法律许可的范围内开展生产经营活动。同时，结合相关法律和自身的情况，在内部进行必要的管理。

一、委托合同制度

这里应先解释下委托合同的概念。下面的各项制度，也应先做概括说明。

在我国境内印刷出版物的，委托印刷单位和印刷企业应当按照相关规定签订印刷合同。

印刷企业接受出版单位委托印刷图书、期刊的，必须验证并收存出版单位盖章的印刷委托书，并在印刷前报出版单位所在地的省（自治区、直辖市）出版行政主管部门备案；印刷企业接受所在地的省级（自治区、直辖市）以外的出版单位的委托印刷图书、期刊的，印刷委托书还必须事先报印刷企业所在地省（自治区、直辖市）出版行政主管部门备案。印刷委托书由国务院出版行政主管部门规定统一格式，由省（自治区、直辖市）出版行政主管部门统一印制。

印刷企业接受出版单位委托印刷报纸的，必须验证报纸出版许可证；接受出版单位的委托印刷报纸、期刊的增版、增刊的，还必须验证主管的出版行政主管部门批准出版增版、增刊的文件。

印刷企业接受委托印刷内部资料性出版物的，必须验证县级以上出版行政主管部门核发的准印证。

印刷企业接受委托印刷宗教内容的内部资料性出版物的，必须验证省（自治区、直辖市）宗教事务管理部门的批准文件和省（自治区、直辖市）出版行政主管部门核发的准印证。

出版行政主管部门应当自收到印刷内部资料性出版物或者印刷宗教内容的内部资料性出版物的申请之日起30日内作出是否核发准印证的决定，并通知申请人；逾期不作出决定的，视为同意印刷。

印刷企业接受委托印刷境外的出版物的，必须持有关著作权的合法证明文件，经省（自治区、直辖市）出版行政主管部门批准；印刷的境外出版物必须全部运输出境，不得在境内发行、散发。

委托印刷单位必须按照国家有关规定在委托印刷的出版物上刊载出版单

位的名称、地址、书号、刊号或者版号，出版日期或者刊期，接受委托印刷出版物的企业的真实名称和地址，以及其他有关事项。

印刷企业应当自完成出版物的印刷之日起2年内，留存一份接受委托印刷的出版物样本备查。

印刷企业不得盗印出版物，不得销售、擅自加印或者接受第三人委托加印受委托印刷的出版物，不得将接受委托印刷的出版物纸型及印刷底片等出售、出租、出借或者以其他形式转让给其他单位或者个人。

【相关案例】

案例1

2009年，北京某印刷公司因印刷合同纠纷将某报社起诉至北京市朝阳区人民法院。该公司诉称：2007年12月初，该公司开始为该报社印刷《今日民航》杂志。双方约定每期印刷1万册，价格暂定每本6.6元，以后根据印刷成本适当提高，交货后3个月内付款。该报社依约支付了2007年第12期、2008年第1-5期印刷费。该公司将2008年第6-10期的杂志交付给该报社，但该报社至今未支付印刷费用。为此，该公司要求该报社支付印刷费用348 340元及其利息。

该报社辩称：（1）该公司与其不存在印刷承揽关系，其对合同价格、印刷品数量、验收标准、结算方式等毫不知情；（2）该公司提交的图书、期刊印刷委托书不是印刷承揽合同，该公司图书、期刊印刷委托书没有具体签署日期，更没有进行备案；（3）根据印刷行业管理规定，该印刷出版物必须签订印刷合同，该公司没有提供合同，无法证实双方存在权利义务关系；（4）该报社仅仅将其合作方广告代理公司转来的印刷费转给该公司，不能推定该报社与该公司存在合同关系，相反是广告代理公司与该公司之间存在承揽合同关系；（5）该公司为该报社出具发票，不能证明双方存在承揽关系。该公司只能要求与该报社有合作关系的广告代理公司承担违约责任。

北京朝阳法院认定：该报社为该公司出具图书、期刊印刷委托书，委托该公司负责《今日民航》的印刷，该公司完成印刷工作后向该报社开具北京增值税专用发票，该报社支付该公司印刷费，据此双方形成了以杂志印刷为内容的承揽合同关系。该报社虽主张其与广告代理公司约定印刷费用由后者负担，但此项约定系该报社作为杂志主办方与广告代理公司的约定，且该报社未提交有力证据证明该公司与广告代理公司之间存在印刷杂志的承揽关系，故该报社否认其与该公司之间存在承揽合同关系的主张，缺乏依据，不予采信。根据法律规定，双方当事人就价款或者报酬等内容没有约定或约定不明确的，可以按照交易习惯确定双方权利义务。经查，本案双方的交易习惯为该公司完成印刷任务后约3个月向该报社出具北京增值税专用发票，该报社按照发票金额付款，该报社所付印刷费用呈逐渐上涨趋势。现该公司已完成2008年6-10月印刷任务，并向该报社出具2008年6、7月印刷费发票，该报社应予付款。

据此，北京朝阳法院判决该报社给付该印刷费348 340元及其利息。

该报社不服一审法院上述民事判决，向北京市第二中级人民法院提起上诉，请求撤销一审法院判决，驳回该公司的诉讼请求，诉讼费用由该承担。其理由主要是：

1. 一审法院判决认定事实错误，该报社与该公司之间不存在承揽合同关系：（1）根据《印刷业管理条例》《出版物印刷管理规定》的相关规定，出版单位与出版物印刷企业必须签订书面印刷合同；（2）不能仅依据图书、期刊印刷委托书以及该向该报社开具的北京增值税专用发票认定该报社与该之间存在承揽合同关系；

2. 该报社与广告代理公司之间系合作关系，而广告代理公司与该公司之间则存在印刷合同关系，曾有一部分印刷费用是由广告代理公司直接支付给该公司的；

3. 虽然2007年第12期到2008年第5期杂志的印刷费是由该报社直接支付给该公司的，但是这种支付方式不代表双方有承揽合同关系，实际上该报社是广告代理公司的代理人，代理这家广告公司向该公司付款。

北京二中院认为：《印刷业管理条例》第16条明确规定：印刷出版物的，

委托印刷单位和印刷企业应当按照国家有关规定签订印刷合同；同时2001年《出版管理条例》第33条亦明确规定：出版单位不得委托未取得出版物印刷或者复制许可的单位印刷或者复制出版物；在本案中作为印刷企业的该公司在未与委托印刷单位签订印刷合同的情况下印刷出版物，违反了国家相关规定，应承担相应的法律责任；同时作为《今日民航》杂志的主办方，该报社通过与广告代理公司签订协议书开展《今日民航》合作事宜亦违反国家有关规定，应承担相应的法律责任，为此，该公司与该报社对该公司所诉印刷费用的不能追回均有责任。

据此，北京二中院根据《民事诉讼法》相应规定，判决撤销北京朝阳法院一审判决；该报社于二审判决生效后十日内给付该公司印刷费174170元及其利息（自2009年1月8日起至给付之日止，按银行同期贷款利率标准计算）；驳回该其他诉讼请求。一、二审案件受理费由该报社和该公司均摊。

案例2

2009年，北京市门头沟法院审结一起因委托印刷报纸引发的承揽合同纠纷案，法院最终支持了原告方某印刷公司的诉讼请求，判决被告某传媒公司给付欠款170余万元并承担违约责任。

2007年2月，某印刷公司与某传媒公司签订了委托加工合同，约定该印刷公司为该传媒公司印刷某报纸封套和周刊。合同签订后，该印刷公司履行了印刷义务。2008年7月，该传媒公司向该印刷公司出具了还款承诺函，确认欠印刷款近200万元。但该传媒公司在还款20万元后即拒绝还款，故该印刷公司将该传媒公司告上法庭，要求其承担还款义务及违约责任。

庭审中，该传媒公司辩称，其只是代理报刊印制的具体工作而非出版单位，根据《出版管理条例》规定，其没有出版印刷报纸的资格，故委托合同因违反行政法规强制性规定无效，只同意给付欠款，不同意承担违约责任。

法院认为，因违反法律、行政法规的"强制性规定"而导致合同无效的，这"强制性规定"是指效力性强制性规定。《出版管理条例》虽然规定了印刷单位不得接受非出版单位的委托印刷报纸、期刊、图书，但并未规定印刷

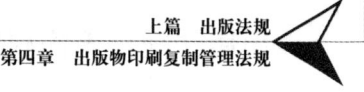

单位接受非出版单位的委托印刷报纸将导致合同无效的法律后果。

本案中，该印刷公司与该传媒公司签订的委托合同系双方真实意思表示，该传媒公司虽然非出版单位，但没有证据证明印刷标的物的报纸封套和周刊为禁止出版物，故双方的委托、受托行为违反的并非效力性强制性规定，委托合同应当有效。该传媒公司未履行合同约定义务及承诺还款义务已构成违约，应当承担违约责任。

二、承揽验证、登记制度

（一）承印验证制度

印刷业经营者接受委托印刷各种印刷品时，应当依照《印刷业管理条例》等法规、规章的规定，验证委印单位及委印人的证明文件，并收存相应的复印件备查。

这里所说的证明文件，包括印刷委托书或者委托印刷证明、准印证、出版许可证、商标注册证、注册商标图样、注册商标使用许可合同、广告经营资格证明、营业执照以及委印人的资格证明等。

如果印刷企业接受委托印刷的是图书或者期刊，需要验证并收存由国务院出版行政主管部门统一格式、由省（自治区、直辖市）出版行政主管部门统一印制并加盖出版单位公章的《图书、期刊印刷委托书》原件。《图书、期刊印刷委托书》须加盖出版单位所在地的省（自治区、直辖市）出版行政主管部门和印刷企业所在地的省（自治区、直辖市）出版行政主管部门的备案专用章。

如果印刷企业接受委托印刷报纸的，需要验证由国务院出版行政主管部门统一制作、由省（自治区、直辖市）出版行政主管部门核发的《报纸出版许可证》，并收存《报纸出版许可证》复印件。

印刷企业接受委托印刷报纸、期刊的增版、增刊的，还须验证并收存国务院出版行政主管部门批准出版增版、增刊的文件。

出版单位委托印刷出版物的排版、制版、印刷（包括重印、加印）、装订各工序不在同一印刷企业的，必须分别向各接受委托印刷企业开具《图书、期刊印刷委托书》。

如果印刷企业接受委托印刷的是内部资料性出版物，需要验证并收存由省（自治区、直辖市）出版行政主管部门统一印制、并由县级以上出版行政主管部门核发的《内部资料性出版物准印证》。印刷企业接受委托印刷的若是宗教内容的内部资料性出版物，须验证并收存由省级（自治区、直辖市）宗教事务管理部门的批准文件和出版行政主管部门核发的《内部资料性出版物准印证》。

如果印刷企业接受委托印刷的是境外出版物，需要验证并收存省（自治区、直辖市）出版行政主管部门的批准文件和有关著作权的合法证明文件；印刷的境外出版物必须全部运输出境，不得在境内发行、散发。

如果印刷企业接受委托印刷的是注册商标标识，需要验证《商标注册证》或者由商标注册人所在地县级工商行政管理部门签章的《商标注册证》复印件，并核查委托人提供的注册商标图样；接受注册商标被许可使用人委托，印刷注册商标标识的，还必须验证注册商标使用许可合同。印刷企业接受委托印刷的若是广告宣传品以及作为产品包装装潢的印刷品，须验证委托印刷单位的营业执照及个人的居民身份证；接受广告经营者的委托印刷广告宣传品的，还必须验证广告经营资格证明。

如果印刷企业接受委托印刷的是境外包装装潢印刷品和其他印刷品，需要验证并收存委托方的委托印刷证明，并事先向其所在地的省（自治区、直辖市）出版行政主管部门备案，经所在地的省（自治区、直辖市）出版行政主管部门加盖备案专用章后，方可承印；印刷的包装装潢印刷品和其他印刷品必须全部运输出境，不得在境内销售。

如果公安部门指定的印刷企业接受委托印刷的是布告、通告、重大活动工作证、通行证、在社会上流通使用的票证，需要验证并收存委印单位主管部门的证明和公安部门核发的准印证明。印刷企业接受委托印刷机关、团体、部队、企业事业单位内部使用的有价票证或者无价票证，印刷有单位名称的介绍信、工作证、会员证、出入证、学位证书、学历证书或者其他学业证书、机动车驾驶证、房屋权属证书等专用证件的，需要验证委印单位的委托印刷证明及个人的居民身份证，并收存委托印刷证明和身份证复印件。

印刷业经营者应当妥善留存验证的各种证明文件2年，以备出版行政主管部门、公安部门查验。这些证明文件包括印刷委托书或者委托印刷证明原件、准印证原件、《出版许可证》复印件、《商标注册证》复印件、注册商标图样原件、注册商标使用许可合同复印件、广告经营资格证明复印件、营业执照复印件、居民身份证复印件等。

承印验证制度要求印刷业经营者在承接印刷各种印刷品时，应当依法验证委印单位及委印人的各种证明文件，并依法收存相应的复印件备查。验证以上证明文件主要是为了保证印刷活动的合法性，防止违法违规活动的发生。如果印刷业经营者在承印各种印刷品时能坚持承印验证制度，在很大程度上可以预防制假、贩假等违法犯罪活动。

（二）承印登记制度

印刷业经营者应当按承印印刷品的种类在《出版物印刷登记簿》《包装装潢印刷品印刷登记簿》《其他印刷品印刷登记簿》《专项排版、制版、装订业务登记簿》《复印、打印业务登记簿》上登记委托印刷单位及委印人的名称、住址，经手人的姓名、身份证号码和联系电话，委托印刷的印刷品的名称、数量、印件原稿（或电子文档）、底片及交货日期、收货人等。

《出版物印刷登记簿》《包装装潢印刷品印刷登记簿》《其他印刷品印刷登记簿》《专项排版、制版、装订业务登记簿》《复印、打印业务登记簿》均为一式三联，由省（自治区、直辖市）出版行政主管部门或者其授权的地（市）级出版行政主管部门组织统一印制。

印刷业经营者应当在每月月底将《印刷登记簿》登记的内容报所在地县级以上出版行政主管部门备案。

规定承印登记制度要求印刷业经营者在承接各种印刷品时，依法在"印刷登记簿"上登记委印人和所委托印刷的印刷品的基本信息，主要是为了印刷监管部门查处非法印刷案件提供信息来源和依据。

三、印刷复制品保管制度

印刷业经营者对承印印件的原稿（或电子文档）、校样、印板、底片、半成品、成品及印刷品的样本应当妥善保管，不得损毁。印刷企业应当自完成出版物的印刷之日起2年内，保存一份接受委托印刷的出版物样本备查。

印刷企业印刷布告、通告、重大活动工作证、通行证、在社会上流通使用的票证，印刷机关、团体、部队、企业事业单位内部使用的有价或者无价票证，印刷有单位名称的介绍信、工作证、会员证、出入证、学位证书、学历证书或者其他学业证书、机动车驾驶证、房屋权属证书等专用证件，不得擅自留存样本、样张；确因业务参考需要保留样本、样张的，应当征得委托印刷单位同意，在所保留印件上加盖"样本""样张"戳记，并妥善保管，不得丢失。印刷业经营者在执行印刷品保管制度时，应当明确保管责任，健全保管制度，严格保管交接手续，做到数字准确，有据可查。

印刷品保管制度要求印刷业经营者对委托印刷的印件的原稿、校样、半成品、成品及印刷品样本等要妥善保管。建立这一制度，一是为了维护委托印刷人的合法权益，二是为了防止各种印刷品在社会上非法散发，确保所印刷的印刷品不流入委托人以外的人手中。

四、印刷复制品交付制度

印刷业经营者必须严格按照印刷委托书或者委托印刷证明规定的印数印刷，不得擅自加印。印刷业经营者每完成一种印刷品的印刷业务后，应当认真清点印刷品数量，登记台账，并根据合同的规定将印刷成品、原稿（或电子文档）、底片、印板、校样等全部交付委托印刷单位或者个人，不得擅自留存。

印刷业经营者应当建立印刷品承印档案，每完成一种印刷品的印刷业务后，应当将印刷合同、承印验证的各种证明文件及相应的复印件、发排单、付印单、样书、样本、样张等相关的资料一并归档留存。

印刷属于加工承揽行为。印刷活动完成后，印刷业经营者应当依法履行印刷品交付手续，除将委托印刷的印刷品样品及成品等全部交付委托单位和个人外，还应根据合同的规定将原稿（或电子文档）、底片、印板、校样等全部交付委托印刷单位或者个人，不得擅自留存。建立这一制度，是为了保护委印人的合法权益，防止印刷品在社会上非法传播。[①]

五、残次品销毁制度

印刷业经营者对印刷活动中产生的残次品，应当按实际数量登记造册，对不能修复并履行交付的，应当予以销毁，并登记销毁印件名称、数量、时间、责任人等。其中，属于国家秘密载体或者特种印刷品的，应当根据国家有关规定及时销毁。

印刷业经营者使用电子方法排版印制或者打印国家秘密载体的，应当严格按照有关法律、法规或者规章的规定办理。

印刷活动残次品销毁制度要求印刷业经营者对印刷活动中产生的残次中，应当予以销毁，并登记销毁印件的名称、数量、时间、责任人等。建立这一制度，是为了避免残次印刷品为不法分子所利用，成为制假、贩假的工具，损害委托人的利益，扰乱社会秩序。

六、其他经营管理规范

除委托合同制度和承揽验证、登记制度、印刷复制品保管制度、印刷复制品交付制度以及残次品销毁制度外，印刷复制单位还需注意以下三个方面的经营管理规范。

（一）印刷内容的管理规范

《印刷业管理条例》第 3 条规定，印刷业经营者必须遵守有关法律、法规和规章，讲求社会效益。禁止印刷含有反动、淫秽、迷信内容和国家明令禁止印刷的其他内容的出版物、包装装潢印刷品和其他印刷品。

现行《出版管理条例》第 40 条规定，印刷或者复制单位不得印刷或者复制、发行有下列情形之一的出版物：

---

① 尹叶：关于《印刷品承印管理规定》的几点说明[J]，中国出版 2003（9）。

(1) 含有该条例规定禁载内容的；

(2) 非法进口的；

(3) 伪造、假冒出版单位名称或者报纸、期刊名称的；

(4) 未署出版单位名称的；

(5) 中学小学教科书未经依法审定的；

(6) 侵犯他人著作权的。

现行《印刷业管理条例》第20规定，委托印刷单位除必须在委托印刷的出版物上刊载出版单位的名称、地址、书号、刊号或者版号以及出版日期或者刊期等出版信息外，还必须刊载接受委托印刷出版物的企业的真实名称和地址以及其他有关事项。

出版物的规格、开本、版式、装帧、校对等必须符合国家标准和规范要求，保证出版物的质量。

出版物使用语言文字必须符合国家法律规定和有关标准、规范。

任何单位和个人不得伪造、假冒出版单位名称或者报纸、期刊名称出版出版物。

中学小学教科书由国务院教育行政主管部门审定；其出版、发行单位应当具有适应教科书出版、发行业务需要的资金、组织机构和人员等条件，并取得国务院出版行政主管部门批准的教科书出版、发行资质。纳入政府采购范围的中学小学教科书，其发行单位按照《政府采购法》的有关规定确定。其他任何单位或者个人不得从事中学小学教科书的出版、发行业务。

（二）数字印刷企业经营活动管理

数字印刷经营企业必须严格遵守国家有关法律法规，接受所在地出版行政主管部门的日常监督管理。

数字印刷经营企业法定代表人或者主要负责人应当定期接受出版行政主管部门组织的业务培训，并取得省级出版行政主管部门颁发的《印刷法规培训合格证书》。

数字印刷经营企业应当建立、健全承印委托、承印验证、承印登记、印刷品保管、印刷品交付、印刷活动残次品销毁等制度。

数字印刷经营企业应当在经营场所醒目位置悬挂《印刷经营许可证》。

通过互联网从事印刷经营活动的，应当在网站首页显著位置公示《印刷经营许可证》。

数字印刷经营企业接受委托印刷出版物的，应当按照《印刷业管理条例》有关规定，验证印刷委托书及其他法定文书。

数字印刷经营企业接受委托印刷包装装潢印刷品和其他印刷品的，应当按照《印刷业管理条例》办理相关手续。

数字印刷连锁经营企业建立了规范、统一的业务管理系统，并在连锁总部的统一组织下接受委托印刷出版物的，由接受委托的连锁总部或者连锁门店验证并留存相关印刷委托书和接受委托印刷的出版物样本备查，其他连锁门店免于办理相关手续。

（三）复制国家秘密载体管理

为确保国家秘密的安全，根据《保守国家秘密法》第17条的规定，印刷、复印等行业复制国家秘密载体，应当遵守相关的法律法规。1990年4月9日，原新闻出版署发布《印刷、复印等行业复制国家秘密载体暂行管理办法》。

印刷单位包括所有从事营业性的排版、制版、印制、装订的印刷企业和个体工商户，以及非营业性的党政军机关、社会团体、企事业单位内部的印刷厂（含所、社）。复制，包含了印制，指用手工、照相、电子或印刷方法仿制原稿的全部工艺过程。

为加强对国家秘密载体复制活动的管理，我国对印刷、复印等行业实行向政府保密工作部门注册备案的制度。

1. 定点复制单位的确定

定点复制单位的审批从严掌握，按照有利保密和便于复制的原则确定。禁止将私营企业、个体工商户和外商投资企业确定为定点复制单位。

定点复制单位必须具备下列条件：

（1）接触国家秘密的人员政治可靠；

（2）存放国家秘密载体的设施安全可靠；

（3）厂房、车间或经营场所周围有良好的安全和保密环境；

（4）备有残、次、废品的销毁设备；

（5）内部保卫、保密制度健全落实；

（6）建立并能够实行严格的工作登记和监督检查制度；

（7）从事营业性复制业务的，应当是经所在地公安机关审查同意，经工商行政管理机关核准登记注册的企业。

定点复制单位的审批工作，由县级以上各级政府的保密工作部门承办。县级以上各级政府的保密工作部门在审查和批准定点复制单位时，应征求所在地县以上公安机关的意见；审批结果应当通报同级公安机关和工商行政管理机关。

定点复制单位一经确定，批准机关应当颁发《国家秘密载体复制许可证》，并告示有关机关、单位。持证单位应当将许可证张挂于明显位置。

2. 国家秘密载体复制业务的委托与承接

委托复制国家秘密载体，必须出具准印手续。遇有下列情况之一者，应当办理并出具《国家秘密载体准印证》。

（1）县、团级及其以下的机关、单位委托非自办定点复制单位复制的，由委印机关、单位的保密工作机构办理《准印证》。

（2）县、团级以下的机关、单位委托复制国家秘密载体，到所在地的县级或地级以上市的区政府的保密工作部门办理《准印证》。

（3）到本机关、单位驻地以外的省（自治区、直辖市）委托复制的，凭本机关、单位保密工作机构开据的介绍信，到拟委托复制的定点复制单位所在地的县级或地级以上市的区政府的保密工作部门办理《准印证》。

到本机关、单位自办的定点复制单位复制国家秘密载体的准印手续，由这些机关、单位的保密工作机构自行确定。县、团级以上的机关、单位与定点复制单位在复制国家秘密载体方面有固定关系的，其准印手续的办理办法，可由委印机关、单位的保密工作机构与承印单位商定，但要保留文字记载。

各机关、单位批准复制国家秘密载体和开据准印手续时，不得违反有关保密规定。

定点复制单位承接复制国家秘密载体的委托时，应当查验准印手续或《准印证》。没有合法准印手续或《准印证》的，不得承接并应当向当地县级以上政府的保密工作部门报告。

未持有《许可证》的印刷、复印等行业的任何单位和个体工商户，都不得承接国家秘密载体的复制业务；遇有这类委托时，除拒绝复制外，还应当向当地县级以上政府的保密工作部门报告。受理的保密工作部门应当及时通报所在地市、县公安机关。

3．管理与监督

定点复制单位复制国家秘密载体时，应当按照下列规定进行管理：

（1）收存委托复制方的准印手续或《准印证》，并进行登记。

（2）排版、制版、印刷和装订等均不得向外委托给非定点复制单位协作完成。

（3）根据复制件的密级和委托方的要求，指定专门人员完成，限制接触范围，禁止无关人员介入。

（4）复制绝密级国家秘密载体时，参与人员由定点复制单位负责人审定，采取严格的保密措施。

（5）临时工不得接触国家秘密。

（6）对接触国家秘密的人员规定保密纪律。

（7）复制完成后，应当将原件和成品连同底片、纸型等移交委托方，定点复制单位不得擅自留存、转让或复制。

（8）印刷行业中的定点复制单位，应当指定专人保管和登记印件的原稿、校样、成品、半成品、印版（指活版和铅版）、纸型和底片等物品，各道工序履行严格的交接手续；印制完成后将所有涉密材料进行清点，除交委托单位外，其余由定点复制单位在其专、兼职保密或保卫工作人员的监督下及时销（拆）毁。

（9）复印等行业的定点复制单位，应当尽量缩短复制时间，对不能当即取走，确需过夜的，须放在安全可靠的文件柜内，并派人值班看守；复制完成后，残次产品应当当场销毁或交委托方带回处理。

（10）使用电子方法排版印制或打印国家秘密载体的，复制完成后其磁盘内的载体内容应当在委托方的监督下删除。

印刷、复印等行业在复制国家秘密载体方面，接受县级以上各级政府的保密工作部门的指导和监督。对领有《许可证》的机要印刷厂印制国家秘密载体方面的管理，由其所在机关、单位的保密工作机构负责指导和监督。

第三节　出版物印制质量管理

一、主要质量标准

按照1992年11月20日实施的《书刊印刷产品质量监督管理暂行办法》，书刊印制、出版、发行单位有了统一的质量标准，违反者将承担相应的产品质量责任。

书刊印刷产品质量是指书刊产品满足有关质量法规、质量标准以及合同规定和要求的特征和特征总和。书刊印刷产品质量按产品设计、原辅材料、加工工艺、产品外观、牢固程度等进行评价。

书刊印制、出版、发行单位必须严格执行下列规定：

（1）不合格的原辅材料、半成品不得投入生产；

（2）不合格的书刊印刷产品不得出厂和销售；

（3）不得印制、销售反动、淫秽及其他属于政府明令禁止的印刷品，不得印制、销售非法出版物。

书刊印制、出版、发行单位应采用国际标准和国外先进标准的步伐，认真贯彻《质量管理和质量保证》系列国家标准，积极制订高于国家标准、行业标准的用于内部控制的质量标准，并严格按质量标准生产，按质量标准检验。

（一）出版物印制方面的质量管理

加强出版物印制的全过程质量管理，从原稿整理、装帧设计、材料供应、印前处理、印刷、印后加工、检验、储运、销售到售后服务等每一个环节都要有质量管理制度，建立质量保证体系，实行严格的质量责任制和质量否决权。

书稿、校样和产品的质量要求，按照国家有关质量法规和质量标准，委印和承印双方应以合同的形式签订。委印和承印双方对书稿和校样要有质量交接手续，对付印、付型（版）的清样要有委印单位负责人签字，承印单位不准对书稿和付印样擅自改动。

承印单位必须保证产品质量符合质量标准以及合同规定的要求，建立严格的质量责任制和监督考核制度，建立能稳定生产合格产品的质量体系，特别要加强对关键工序和质量不稳定的工序的质量控制，严格执行各项质量标准和质量文件。

承印单位要加强成品、半成品质量检验工作，建立自检、互检和专职人员检验相结合的检验制度。建立健全企业的质量检验机构，配备能坚持原则、办事公正、具有一定印制工艺和技术水平的质量检验人员，严把质量关，对重大质量事故，必须及时通报并追究有关人员的责任。

承印单位要加强管理基础、技术基础工作和现场管理工作，建立起良好的生产环境和文明的生产秩序，尽快使生产现场达到环境整洁、纪律严明、设备完好、物流有序、信息准确的基本要求，保证生产产品的质量。

承印单位要主动听取委印单位、书店和读者对产品质量的意见，主动接受有关书刊印刷产品质量监督检测机构的抽查检测，及时处理质量问题，不断改进质量工作。

发行、委印单位应对承印单位送交的书刊进行质量验收检验，不许接收、发行不合格产品，发现有不符合质量标准的书刊，有权退回印制单位；反之，发行、出版单位应承担责任。

承储、承运部门在书刊产品入库储存或出库时，应严格执行交接验收制度，明确质量责任。对包装不符合标准的产品应予拒收。确属储存、运输、装卸原因造成产品破损，储运部门应承担责任，赔偿经济损失。

产品出厂后，对出现的产品质量故障，分清责任，实行"三包"（包退、包换、包赔)，并做到迅速及时，取得用户和读者的谅解。其中，属于书刊内容、设计、编校等质量问题由出版单位负责，属于印制质量问题由印制单位负责，属于发行过程的损坏由发行单位负责。

（二）出版物印制方面的质量监督

建立健全各级质量监督检测机构，形成网络。新闻出版总署印刷产品质量监督检测中心和省级（自治区、直辖市）书刊印刷产品质量监督检测站共同承担对全国生产和流通领域的书刊印刷产品质量的监督检测等工作。

新闻出版总署印刷产品质量监督检测中心的主要职责是：

（1）承担书刊印刷企业产品质量的监督检测及产品质量的等级鉴别，受理有关质量纠纷的调解和仲裁检测；

（2）指导和协助省级（自治区、直辖市）建立书刊印刷产品质量监督检测站，并与地方质量监督检测站共同协作，密切配合，以加强对印刷产品质量的监督检测工作；

（3）为省级（自治区、直辖市）书刊印刷产品质量监督检测站推广统一的检测方法，协助做好检测仪器的检验、校正等工作；

（4）承担印刷纸张、油墨、版材等原材料的质量分析、检测工作。协助相关行业制订标准；

（5）承担有关印刷产品国家标准和行业标准的制定、修订工作，协助印刷标准化技术委员会宣传、贯彻印刷标准和有关法规；

（6）组织宣传质量监督和质量管理经验，为印刷企业提高产品质量及工艺水平，做好指导、咨询和服务工作；

（7）开展提高印刷产品质量的工艺分析和研究工作，逐步将目测等检验方法转为用仪器检测和目测结合评价印刷品。

凡抽检成品合格率达不到规定标准的，企业主管部门和新闻出版管理部门要采取严格的整改和处罚措施，具体有以下办法：

（1）对抽检成品合格率达不到规定标准的，应进行通报批评，问题严重的，要发"黄牌"警告，有关主管部门（各省（自治区、直辖市）出版行政主管部门或企业主管部门）应按产品质量问题严重程度，实施边生产边整改、限产整改或停产整改等方式，限期完成整改任务。

（2）企业整改后，应进行突击性复查，复查成品合格率仍达不到规定标准者，要吊销书报刊印刷许可证。

（3）对因产品质量问题造成重大经济损失，触犯刑律的，依法追究刑事责任。

（4）对不具备书刊印制条件，基础管理差，不能保证书刊产品印制质量的企业，要吊销书刊印制许可证。

（5）对假冒、伪造出版社、印刷厂的书刊印刷产品，按非法出版印刷活动，根据国家有关规定予以查处。

二、印制质量管理机制

出版物被誉为"文化大厦"，我们自古就非常重视出版物的质量管理，很早出现的校雠学，就是为保证出版物质量应运而生的。出版物印制质量管理机制，按照《图书质量保障体系》的要求，一般应包括预报机制、引导机制、约束机制和监督机制四项内容。

（一）预报机制

出版物的印制，从选题、策划、组稿到编辑、出版和发行，需要一定的周期。任何一个环节存在纰漏，都可能造成质量问题。

在出版物中，图书和期刊的出版周期较长，提高印制质量，要确保前期准备工作做得到位、扎实。这个阶段的管理，发现可能危及出版物印制质量的漏洞，可以及时纠正，以避免造成不良后果。

通过出版物的预报机制，可以让不同的部门参与出版物的质量把关，进而最大限度提高出版物印制质量。

（二）引导机制

新闻出版行业属于上层建筑，出版物的生产具有明显的意识形态特征。出版物的印制，除了选题内容的预先申报，还应注意把握舆论导向，保证出版物坚持"双百"方针，保证出版物内容的健康。

出版在这方面，出版行政主管部门应加强对出版物舆论导向的引导工作。印制质量管理的引导机制，体现为三个基础性的制度。

1. 出版通气会制度

中宣部和新闻出版总署定期召开出版通气会，由各部委、各省出版局、各省宣传部负责人参加，及时通报新情况，提出指导意见。印刷复制单位应遵照指导意见开展工作。

2. 坚持出版法规强化培训制度

中宣部和原新闻出版署定期召集各印刷复制单位负责人，举办强化学习班，学习法规、研究问题、制定整改措施。

3. 坚持制定和实施中长期出版规划制度

新闻出版总署主要制订五年期重点图书规划、重要门类的选题规划及国家重点出版工程的制定工作；各省出版局负责制订本省的出版规划。

新闻出版总署一般于每年末对下一年度选题计划的指导思想提出原则意见，省级新闻出版局可结合本地实际，提出具体实施意见。

（三）约束机制

出版物印制质量管理，需要有一定的具体约束措施，这包括对出版复制单位年检登记制度、出版物的跨省印制审批制度和出版物售前送审制度。

1. 坚持出版复制单位年检登记制度

出版复制单位年检实行"一年一自检，两年一统检"。每年出版复制单位结合总结经验，自我检查；每两年由新闻出版总署组织全国出版社统一检查。统一年检是在学习和总结的基础上，先由出版复制单位进行自查，提出改进工作的措施，写出总结报告，经主管部门审核并提出意见后，报新闻出版总署核验批准。批准合格的方可办理换证登记手续，不合格的暂缓登记。暂缓期后仍不达标取消出版复制单位登记资格和出版者前缀号。

2. 坚持出版物跨省印制审批制度

跨省印制的出版物，由出版社持《印制委托书》到所在的省新闻出版局办理出境印制手续，再到承印厂所在的省出版局办理进省印制手续。"委托书"由两省出版局分别审核批准。

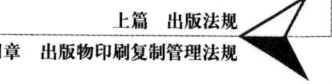

3. 坚持出版物售前送审制度

进场（摊点）销售的图书须报经当地图书市场管理部门审核，未经批准不得批发、零售；擅自进货销售者给以处罚。

（四）监督机制

出版物印制质量管理，离不开多种形式的动态监督，以避免出版物在印制过程中出现人为因素的明显差错。这就需要通过必要的制度来保障。出版物印制质量管理的监督机制，包括了随机抽样审读制度、定期综合分析制度和出版物编校、印装质量检查制度。

1. 坚持随机抽样审读制度

各级出版行政主管部门对所辖地区出版社出版的图书，以及市场上销售的图书内容进行随机抽样审读，对有问题的图书要及时处理并向上报告。

2. 坚持出版物定期综合分析制度

省级出版局对本地区出版社所出图书进行跟踪了解，每半年对已出版的图书作一次综合性分析，包括重点书审读情况、出书结构、特点、趋势、问题等，并写出书面报告，提交给新闻出版总署。

3. 坚持出版物编校、印装质量检查制度

印刷复制单位和主管部门每年至少分别进行两次出版物编校、印装质量检查。各级新闻出版部门应每年不定期对部分出版物进行抽样检查，对不合格的出版物或不合格出版物超过规定标准的印刷复制单位，按有关规定进行处罚。

本章小结

在我国，提出设立出版物印刷复制单位，应当有出版单位的名称、章程、有符合国务院出版行政主管部门认定的主办单位及其主管机关、有确定的业务范围、有 30 万元以上的注册资本和固定的工作场所等。

出版物印刷复制单位在经营期间，因为某些原因需要变更企业名称、地点、或者主办单位，或者单位停产，需要关闭，应当向出版行政主管部门提出申请。

在我国境内印刷出版物的，委托印刷单位和印刷企业应当按照相关规定签订印刷合同。

印刷企业接受出版单位委托印刷图书、期刊的，必须验证并收存出版单位盖章的印刷委托书，并在印刷前报出版单位所在地的省级出版行政主管部门备案。

出版物印刷复制市场健康有序的发展，离不开印刷业经营者按照印刷品管理制度开展印刷经营行为。印刷复制单位的经营活动，经常涉及五项管理制度：承印验证制度、承印登记制度、印刷品保管制度、印刷品交付制度、印刷活动残次品销毁制度。

承印验证制度要求印刷业经营者在承接印刷各种印刷品时，应当依法验证委印单位及委印人的各种证明文件，并依法收存相应的复印件备查。

规定承印登记制度要求印刷业经营者在承接各种印刷品时，依法在"印刷登记簿"上登记委印人和所委托印刷的印刷品的基本信息。

印刷品保管制度要求印刷业经营者对委托印刷的印件的原稿、校样、半成品、成品及印刷品样本等要妥善保管。

印刷活动残次品销毁制度要求印刷业经营者对印刷活动中产生的残次中，应当于以销毁，并登记销毁印件的名称、数量、时间、责任人等。

出版物印制质量管理，需要加强出版物印制的过程质量管理，从原稿整理、装帧设计，材料供应，印前处理，印刷，印后加工，检验，储运，销售到售后服务等每一个环节都要有质量管理制度，建立质量保证体系，实行严格的质量责任制和质量否决权。

加强印制质量管理．需要靠稳定的制度——即管理机制来保障。出版物印制质量管理机制，一般应包括预报机制、引导机制、约束机制和监督机制四项内容。

思考与练习题

1. 在我国，设立印刷复制单位需要什么条件？
2. 我国为什么要对出版物印刷复制行业实现委托合同制度？
3. 请概述印刷复制单位经营管理的五项基本制度。

第五章
出版物市场管理法规

第一节　发行单位的设立
第二节　出版物市场管理
第三节　出版物进口管理

出版法规与著作权法论析

内容提要：各类出版物发行单位设立的条件和程序；禁止发行的出版物范围；出版物网络交易管理制度；我国出版物进口管理制度；订户订购进口出版物管理机制。

重难点：禁止发行的出版物范围；出版物网络交易管理制度。

市场是社会发展到一定阶段的产物。古代的印刷物（如书籍）发行，主要靠印刷者小范围内营销。随着机器印刷的普及，出版物市场规模扩大，需要对出版物市场进行协调和管理。在互联网时代，出版物的种类和出版物营销手段同时增多，出版物市场管理难度大大增加。从发行单位的设立，到常规的出版物市场管理，到传统出版物的进出口管理，再到网上出版物市场与进出口的管理，都必须依法进行或纳入法治化轨道。2003年7月24日，新闻出版总署发布《出版物市场管理规定》，这是我国出版物市场行政管理的主要法律依据。2011年，新闻出版总署对《出版物市场管理规定》进行了修订，进一步规范了出版物市场及有关活动的管理。

第一节 发行单位的设立

出版物发行单位是出版物市场的基本单位。出版物发行单位主要由设立出版物总发行单位、出版物批发单位、出版物零售单位、出版物出租单位、出版物连锁经营单位构成。长期以来，发行业作为出版产业链中最末端的环节和市场竞争的直接参与者，成为出版发行体制改革的切入点和突破口，处于文化体制改革的最前沿。2010年以后，国务院行政审批改革取消了出版物总发行业务、连锁经营业务的行政许可，变批发和零售业务前置审批为后置审批，又对出版发行管理制度进行了一系列改革。

一、出版物发行单位的设立

（一）出版物总发行单位的设立

按照2011年《出版物市场管理规定》，设立出版物总发行企业或者其他单位从事出版物总发行业务，应当具备经营场所的营业面积不少于1000平方米、注册资本不少于2000万元等条件；申请设立出版物总发行企业或者其他单位申请从事出版物总发行业务，须向所在地的省（自治区、直辖市）出版行政主管部门提交申请材料，经其审核后，报国务院出版行政主管部门审批。出版单位对本版出版物具有总发行权，出版单位不得向无出版物总发行权的单位转让或者变相转让出版物总发行权。

2014年1月28日，《国务院关于取消和下放一批行政审批项目的决定》（国发[2014]5号）取消了出版物总发行单位设立及从事出版物总发行业务单位变更《出版物经营许可证》登记事项，或者兼并、合并、分立的审批。自该文件印发之日起，国务院出版行政主管部门不再审批出版物总发行资质及相应变更事项。原总发行业务《出版物经营许可证》于2014年6月30日统一作废。此前，仅有从事总发行业务《出版物经营许可证》的企业，可前往省级出版行政主管部门换领从事批发业务的《出版物经营许可证》。

与此同时，各级出版行政主管部门要完善出版物市场日常巡查制度，加强对出版物发行活动的事中、事后监管，会同文化市场执法机构加大监督检查力度，依法查处违法违规经营活动。

（二）出版物批发单位的设立

1. 设立条件

设立出版物批发企业或者其他单位从事出版物批发业务，应当具备下列条件：

（1）有确定的企业名称和经营范围；

（2）有与出版物批发业务相适应的组织机构和发行人员，至少一名负责人应当具有中级以上出版物发行员职业资格或者国务院出版行政主管部门认可的与出版物发行专业相关的中级以上专业技术资格；

（3）有与出版物批发业务相适应的设备和固定的经营场所，其中进入出版物批发市场的单店营业面积不少于50平方米，独立设置经营场所的营业面积不少于200平方米；

（4）注册资本不少于 500 万元；

（5）具备健全的管理制度并具有符合行业标准的信息管理系统；

（6）最近三年内未受到出版行政主管部门行政处罚，无其他严重违法记录。

（7）除出版物发行企业依法设立的从事批发业务的分公司外，批发单位应为公司制法人。

2. 设立程序

申请设立出版物批发企业或者其他单位申请从事出版物批发业务，须向所在地地市级出版行政主管部门提交如申请材料：

（1）申请书，载明单位基本情况及申请事项；

（2）企业章程；

（3）注册资本信用证明；

（4）经营场所的情况及使用权证明；

（5）法定代表人及主要负责人的身份证明；

（6）负责人的发行员职业资格证书或其他专业技术资格证明材料；

（7）企业信息管理系统情况的证明材料；

（8）其他需要的证明材料。

地市级出版行政主管部门审核后报省（自治区、直辖市）出版行政主管部门审批。省（自治区、直辖市）出版行政主管部门自受理申请之日起 20 个工作日内作出批准或者不予批准的决定，并书面告知申请人。批准的，由省（自治区、直辖市）出版行政主管部门颁发《出版物经营许可证》，并报国务院出版行政主管部门备案。不予批准的，应当书面说明理由。

需要注意的是，《出版物市场管理规定》规定，申请人持《出版物经营许可证》到工商行政管理部门依法办理相关手续，即先行政审批，后工商登记。按照前述"先照后证"的行政审批改革精神，《国务院关于取消和调整一批项目等事项的决定》（国发〔2014〕50 号）规定，将从事出版物批发和零售业务的许可改为后置审批。与此项改革相配套，出版行政主管部门也应加强"事中监管"和"事后监管"。对于办完工商注册登记后不依法履行行政审批申报程序，或者虽作申报但不符合条件未获得批准，仍擅自从事出版物批发和零售业务的，依法进行监管和惩处。

（三）出版物零售单位的设立

1. 设立条件

设立出版物零售企业或者其他单位、个人从事出版物零售业务，应当具备下列条件：

（1）有确定的名称和经营范围；

（2）至少一名负责人应当具有初级以上出版物发行员职业资格或者国务院出版行政主管部门认可的与出版物发行专业相关的初级以上专业技术资格；

（3）有固定的经营场所。

2. 设立程序

申请设立出版物零售企业或者其他单位、个人申请从事出版物零售业务，须向所在地的县级出版行政主管部门提交申请材料。

县级出版行政主管部门应当自受理申请之日起 20 个工作日内作出批准或者不予批准的决定，并书面告知申请人。申请获得批准后，由县级人民政府出版行政主管部门颁发《出版物经营许可证》，并同时报上一级出版行政主管部门备案，其中营业面积在 5000 平方米以上的应同时报省（自治区、直辖市）出版行政主管部门备案。申请未予批准的，审批部门应当给出书面的不予批准理由。

《出版物市场管理规定》第 11 条第 2 款规定，申请人持《出版物经营许可证》到工商行政管理部门依法办理相关手续。如上所述，从事出版物零售业务的许可已改为后置审批。

申请出版物零售单位的申请材料，包括下列书面材料：

（1）申请书，载明单位基本情况及申请事项；

（2）经营场所的使用权证明；

（3）经营者的身份证明和发行员职业资格证书或其他专业技术资格证明材料。

（四）出版物出租单位的设立

我国对出版物出租单位设立的管理采用的是备案制而不是审批制。按照《出版物市场管理规定》，在我国，设立出版物出租单位无需出版行政主管部门的前置审批，但是应当到出版行政主管部门备案。具体要求是：在取得工商营业执照后15日内，持营业执照复印件及经营地址、法定代表人或者主要负责人情况等材料，到当地县级出版行政主管部门备案。

（五）出版物连锁经营单位的设立

设立出版物连锁经营企业或者其他连锁经营企业从事出版物连锁经营业务，按照2011年《出版物市场管理规定》，应当具备注册资本不少于300万元（全国性连锁经营不少于1000万元），有10个以上的直营连锁门店、样本店经营面积不少于500平方米等条件。在设立程序上，一般出版物连锁经营单位的设立程序与批发单位设立程序相同，全国性连锁经营单位与总发行单位的设立程序相同。

根据《国务院关于取消和下放一批行政审批项目等事项的决定》（国发[2013]19号文）和《国务院关于取消和下放50项行政审批项目等事项的决定》（国发[2013]27号文）的规定，"设立出版物全国连锁经营单位审批"和"从事出版物全国连锁经营业务的单位变更《出版物经营许可证》登记事项，或者兼并、合并、分立审批"项目已经取消。

之前颁发的出版物全国连锁经营单位《出版物经营许可证》继续有效，但限于按照原许可证登记事项开展经营活动，国务院出版行政主管部门不再受理有关连锁经营单位变更登记事项申请；原核发的《出版物经营许可证》于有效期满后自动失效。

出版物全国连锁经营单位符合出版物总发行单位设立条件的，可依法申请出版物总发行资质（2014年总发行业务行政许可也已取消）；不符合出版物总发行单位条件的，可依法申请核发批发、零售资质的《出版物经营许可证》。

二、外商投资企业管理

按照入世承诺和国内相关规定，我国允许外商在中国境内投资出版物发行企业。2011年《出版物市场管理规定》修订之前，我国在出版物发行领域，对内资企业和外资企业实行分别管理，外资企业仅限于分销。相应的外资管理规定主要为《外商投资图书、报纸、期刊分销企业管理办法》和《中外合作音像制品分销企业管理办法》。2011年新《规定》出台后，对内外资出版物发行企业统一管理，相应外资出版物分销企业管理办法也同时废止，外资出版物发行企业亦可申请总发行资质。

就设立条件而言，外商在我国投资设立图书、报纸、期刊、电子出版物发行企业没有特别要求，但有一定限制：从事图书、报纸、期刊连锁经营业务，连锁门店超过30家的，不允许外资控股；外国投资者不得以变相参股方式违反上述有关30家连锁门店的限制。外商投资设立音像制品发行企业的企业形式仅限于中外合作经营企业。

就设立程序而言，外商在我国投资设立出版物发行企业，在依法获得我国相应出版行政主管部门批准文件后，还必须按照有关法律法规向商务主管部门提出申请，办理外商投资审批手续。在获得批准后90天内持批准文件和《外商投资企业批准证书》到原批准的出版行政主管部门领取《出版物经营许可证》。之后，再持《出版物经营许可证》和《外商投资企业批准证书》向所在地工商行政管理部门依法领取营业执照。

第二节 出版物市场管理

一、传统出版物市场管理

（一）出版物批发市场的设立

2004年《出版物市场管理规定》规定了出版物批发市场业务的行政许可事项，许可条件包括营业面积不少于5000平方米、进入批发市场的经营单位必须是具有出版物批发权的出版物发行企业等。2011年《出版物市场管理规定》修订时，根据国发〔2004〕16号文件行政审批事项改革规定取消了这一内容。

（二）传统出版物市场禁止交易的商品

根据《出版物市场管理规定》，任何组织和个人不得发行下列出版物：

（1）含有《出版管理条例》禁止内容的违禁出版物；

（2）各种非法出版物，包括未经批准擅自出版、印刷或者复制的出版物，伪造、假冒出版单位或者报刊名称出版的出版物，非法进口的出版物；

（3）侵犯他人著作权或者专有出著作权的出版物；

（4）出版行政主管部门明令禁止出版、印刷或者复制、发行的出版物。

此外，内部发行的出版物不得公开宣传、陈列、展示、销售。内部资料性出版物只能在本系统、本行业或者本单位内部免费分发，任何组织和个人不得发行。

（三）出版物发行业务要求

从事出版物发行业务的单位和个人，必须遵守下列规定：

（1）从依法设立的出版发行单位进货；发行进口出版物的，须从依法设立的出版物进口经营单位进货。

（2）将出版物发行进销货清单等有关非财务票据至少保存两年，以备查验。

（3）不得超出出版行政主管部门核准的经营范围经营。

（4）不得张贴和散发有法律、法规禁止内容的或者有欺诈性文字的征订单、广告和宣传画。

（5）不得擅自更改出版物版权页。

（6）《出版物经营许可证》应在经营场所明显处张挂；利用信息网络从事出版物发行业务的，应在其网站主页面或者从事经营活动的网页醒目位置公开《出版物经营许可证》和营业执照登载的有关信息或链接标识。

（7）不得涂改、变造、出租、出借、出售或者以其他任何形式转让《出版物经营许可证》和批准文件。

二、网络交易管理

（一）出版物网络发行企业的设立

1. 设立条件

申请设立通过互联网等信息网络从事出版物发行业务的企业或者其他单位，从事出版物发行的网络批发业务，应当具备下列条件：

（1）有确定的企业名称和经营范围；

（2）有与出版物批发业务相适应的发行人员，法定代表人或者主要负责人应当具有中级以上出版物发行员职业资格或者国务院出版行政主管部门认可的与出版物发行专业相关的中级以上专业技术资格；

（3）有与出版物批发业务相适应的设备和固定的经营场所，其中进入批发市场的单店营业面积不少于 50 平方米，独立设置经营场所的营业面积不少于 500 平方米；

（4）注册资本不少于 200 万元；

（5）具备相应的计算机管理条件。

2. 设立程序

申请设立出版物批发企业或者其他单位申请从事出版物网络批发业务，须向所在地的地市级出版行政主管部门提交相应的申请材料，地市级出版行政主管部门自受理申请之日起 20 个工作日内提出审核意见，连同申请材料报省（自治区、直辖市）出版行政主管部门审批。

省（自治区、直辖市）出版行政主管部门自受理申请之日起 20 个工作日内做出批准或者不予批准的决定，并书面告知申请人。批准的，由省（自治区、直辖市）出版行政主管部门颁发《出版物经营许可证》，并报国务院出版行政主管部门备案。申请人持《出版物经营许可证》到工商行政管理部门依法领取营业执照。不予批准的，应当说明理由。

申请材料包括下列书面材料：

（1）申请书，载明单位的名称、地址、法定代表人或者主要负责人的姓名、住址、资本来源、资本数额等；

（2）企业章程；

（3）注册资本信用证明；

（4）经营场所的情况及使用权证明；

（5）法定代表人或者主要负责人身份证明；

（6）法定代表人或者主要负责人的职业或者技术资格证书；

（7）相应计算机管理条件的证明材料。

通过互联网等信息网络从事出版物发行业务的单位或者个人，应当依法取得《出版物经营许可证》。外商投资企业除按照规定取得《出版物经营许可证》外，还应按照相关规定办理外商投资审批手续。

已经取得《出版物经营许可证》的出版物发行单位，在批准的经营范围内，通过互联网等信息网络从事出版物发行业务，应自开展网络出版物发行业务15日内到原批准的出版行政主管部门备案。无需另行申请行政审批。

（二）出版物网络交易的监管

利用信息网络从事出版物发行业务的，应在其网站主页面或者从事经营活动的网页醒目位置公开《出版物经营许可证》和营业执照登载的有关信息或链接标识。

建立发行出版物的网络交易平台应向所在地省、自治区、直辖市出版行政主管部门备案，接受出版行政主管部门的指导与监督管理。

提供出版物发行网络交易平台服务的经营者，应当对申请通过网络交易平台从事出版物发行的经营主体身份进行审查，核实经营主体的营业执照、《出版物经营许可证》，并留存证照复印件备查。不得向无证无照、证照不齐的经营者提供网络交易平台服务。

提供出版物发行网络交易平台服务的经营者，发现在网络交易平台内从事各类违法活动的，应当采取有效措施予以制止，并及时向所在地出版行政主管部门报告。

第三节　出版物进口管理

我国出版物进口业务实行专营制度，需要依法设立的出版物进口经营单位经营。未经出版行政主管部门批准，任何单位和个人不得从事出版物进口业务。

一、出版物进口经营单位审批制度

设立出版物进口经营单位，应当具备下列条件：

（1）有出版物进口经营单位的名称、章程；

（2）是国有独资企业并有符合国务院出版行政主管部门认定的主办单位及其主管机关；

（3）有确定的业务范围；

（4）有与出版物进口业务相适应的组织机构和符合国家规定的资格条件的专业人员；

（5）有与出版物进口业务相适应的资金；

（6）有固定的经营场所；

（7）法律、行政法规和国家规定的其他条件。

设立出版物进口经营单位，应当向国务院出版行政主管部门提出申请，经审查批准，取得国务院出版行政主管部门核发的出版物进口经营许可证后，持证到工商行政管理部门依法领取营业执照。

设立出版物进口经营单位，还应当依照对外贸易法律、行政法规的规定办理相应手续。

二、出版物进口经营管理制度

出版物进口经营单位负责对其进口的出版物进行内容审查。省级以上出版行政主管部门可以对出版物进口经营单位进口的出版物直接进行内容审查。出版物进口经营单位无法判断其进口的出版物是否含有国家法规禁止内容的，可以请求省级以上出版行政主管部门进行内容审查。省级以上出版行政主管部门应出版物进口经营单位的请求，对其进口的出版物进行内容审查的，可以按照国务院价格主管部门批准的标准收取费用。

按照我国法规规定，国务院出版行政主管部门有权禁止特定出版物的进口。这里所说的特定出版物，指含有与我国法律精神、原则相违背的内容的出版物。如果违禁进口这类出版物，当事单位要承担相应的法律责任。

出版物进口经营单位应当在进口出版物前将拟进口的出版物目录报省级以上出版行政主管部门备案；省级以上出版行政主管部门发现有禁止进口的或者暂缓进口的出版物的，应当及时通知出版物进口经营单位并通报海关。对通报禁止进口或者暂缓进口的出版物，出版物进口经营单位不得进口，海关不得放行。

出版物进口备案的具体办法由国务院出版行政主管部门制定。

发行进口出版物的，必须从依法设立的出版物进口经营单位进货；其发行进口报纸、期刊的，必须从国务院出版行政主管部门指定的出版物进口经营单位进货。

出版物进口经营单位在境内举办境外出版物展览，必须报经国务院出版行政主管部门批准。未经批准，任何单位和个人不得举办境外出版物展览。展览的境外出版物需要销售的，应当按照国家有关规定办理相关手续。

三、订户订购进口出版物的管理

在我国，为满足国内单位和个人、在华外国机构、外商投资企业外籍人士和港、澳、台人士对进口出版物的阅读需求，允许通过专门的发行机构代理出版物的进出口业务。这里所说的进口出版物，包括了由出版物进口经营单位进口的，在外国以及在我国香港特别行政区、澳门特别行政区和台湾地区出版的图书、报纸（含过期报纸）、期刊（含过期期刊）、电子出版物等。

按照我国相关法规的规定，对进口的出版物分为限定发行范围的和非限定发行范围的两类，出版行政主管部门根据其不同的性质，对其发行实行分类管理。对于进口限定发行范围的报纸、期刊、图书、电子出版物,实行订户订购、分类供应的发行方式,限定发行范围的进口报纸、期刊、图书、电子出版物的种类由国务院出版行政主管部门确定;对于非限定发行范围的进口报纸、期刊,实行自愿订户订购和市场销售相结合的发行方式;对于非限定发行范围的进口图书、电子出版物,实行市场销售的发行方式。

至于那些国内单位可以订购限定发行范围的进口报纸、期刊、图书和电子出版物,这类订户由国务院出版行政主管部门确定。被列入订户名单的单位,方可订购进口报纸、期刊、图书和电子出版物。

订户订购进口出版物,则由出版物进口经营单位经营。其中,订户订购限定发行范围的进口报纸、期刊、图书、电子出版物的业务,按照规定,必须是由国务院出版行政主管部门指定的出版物进口经营单位开展经营业务。没有取得新闻出版的批准,任何单位和个人不得从事订户订购进口出版物的经营活动。如果出版物进口经营单位委托非出版物进口经营单位代理征订或者代理配送进口出版物,按照规定需要报国务院出版行政主管部门同意后,方可办理进口业务。

如果国内单位订户需要订购非限定发行范围的进口报纸、期刊,应由购买单位写出申请书,并持订购申请书到国务院出版行政主管部门批准的报纸、期刊进口经营单位办理订购手续。如果是国内个人订户,则可以通过所在单位办理具体的订购手续。

国内单位订户订购限定发行范围的进口报纸、期刊、图书、电子出版物等,中央单位订户由所属中央各部委审批;地方单位订户经所在地省(自治区、直辖市)出版行政主管部门审核后报送同级党委宣传部审批。国内单位订户订购限定发行范围的进口报纸、期刊、图书、电子出版物等,应制定相应的使用管理办法。凡是获得批准的订户,应持单位订购申请书和有关批准文件,到国务院出版行政主管部门指定的出版物进口经营单位办理订购手续。

如果是在华外国机构、外商投资企业和在华长期工作、学习、生活的外籍人士和港、澳、台人士订购进口报纸、期刊,需要持单位订购申请书或者本人身份证明，到国务院出版行政主管部门批准或者指定的报纸、期刊进口经营单位办理订购手续。

出版物进口经营单位负责对订购限定发行范围的进口报纸、期刊、图书、电子出版物的订户进行审核，并将审核后的订户名单、拟订购进口报纸、期刊、图书、电子出版物的品种和数量报送国务院出版行政主管部门批准。出版物进口经营单位依照批准后的订户名单及进口报纸、期刊、图书、电子出版物的品种和数量供应订户。

凡是未经批准，擅自从事进口出版物的订户订购业务的，按照《出版管理条例》第61条的规定，由出版行政主管部门、工商行政管理部门依照法定职权予以取缔；依照刑法关于非法经营罪的规定，依法追究刑事责任；尚不够刑事处罚的，没收出版物、违法所得和从事违法活动的专用工具、设备，违法经营额1万元以上的，并处违法经营额5倍以上10倍以下的罚款，违法经营额不足1万元，可以处5万元以下的罚款；侵犯他人合法权益的，依法承担民事责任。

对于违反其他规定的行为，由出版行政主管部门责令改正，给予警告；情节严重的，同时处3万元以下的罚款。

有的单位无视国家对境外出版物进口的管理规定，以走私的形式给境外出版物流入我国境内提供方便，管理部门依法进行查处。

【相关案例】

案例1

据媒体披露，2011年11月，山西省某地不少民营医院当街散发杂志，杂志封面乍看起来挺精美，但很多内容淫秽色情，不堪入目。记者调查中发现，一些中年妇女站在路边或者商场门口，手里握着杂志，随时准备塞给路过的市民。这些杂志名曰《两性健康》《男人志》《笑林苑》，等等。不少杂志封面上写着"会员专刊"，有的写着"免费赠阅"以及"搞笑特刊"等字样，但刊号以及广告经营许可证号一概全无。除此之外，杂志故事淫秽低俗，广告色情浮夸。有些杂志封面醒目位置赫然写着《卫生间，我满足了姐夫……》

《我的情人是处男》等低俗标题；杂志里面的图片更为裸露，甚为淫秽；一些色情文章更是不堪入目。

2011年12月1日下午3时，当地有关部门按照全国"扫黄"办指示精神，联合进行了为期一天的打击民营医院非法报刊专项行动。此次检查，共查民营医院5家，收缴无刊号、未经广告经营许可载有淫秽色情和不堪入目的内容的民营医院非法刊物150份，消除了非法广告、淫秽内容在群众中产生不良影响，严厉打击了非法刊物在公众场合散发的气焰，净化了文化市场。

案例2

2011年10月下旬，河南某地文化市场综合执法支队接到某出版社工作人员举报，称该地部分书店出售侵犯该社著作权的盗版出版物。该地文化市场综合执法支队高度重视，迅速组织执法人员对涉及书店进行了突击检查。

经检查，在"商丘学苑图书城""光明书店""子曰书店"这三家书店内，发现涉嫌伪造、假冒高等教育出版社的《2012年全国硕士研究生入学统一考试》和《全国计算机等级考试》等系列丛书二百余本。经上级领导批准，执法人员对涉嫌侵权盗版的图书进行了抽样登记和证据登记保存。

经高等教育出版社鉴定，《2012年全国硕士研究生入学统一考试系列丛书》《全国计算机等级考试系列丛书》《高等数学》等14个品种共计213本图书均系伪造、假冒高等教育出版社的非法出版物。

根据《出版物市场管理规定》，商丘市文化市场综合执法支队对以上涉及侵权盗版的书店给予了没收非法出版物并处罚款的行政处罚。

案例3

2009年9月，黑龙江省某市"扫黄打非"办公室根据群众举报，组织协调公安、新闻出版等部门对一居民小区进行检查，发现大量翻印的港台版出版物及少部分港台版原版出版物。

经查明，该市某大学教师梁某在未经任何审批的情况下，以营利为目的，自2008年9月至2009年9月间,通过互联网大量购进港台版出版物,并以其为母本,在一个体经营复印社非法进行复制,加价后通过淘宝网等网站,采用QQ聊天等联络方式向北京、广州、深圳等30余座城市的读者销售,至案发时涉案非法经营额为33万余元。

该市某区人民法院审理认为,被告人梁某违反国家规定,未经许可非法复制、发行非法出版物,扰乱市场秩序,情节严重,其行为已构成非法经营罪,依法判处被告人梁某有期徒刑6年,并处罚金10万元。

本章小结

出版物市场管理内容,主要包括发行单位的设立、出版物市场管理和出版物进口管理。

在印刷复制单位和出版物市场之间,需要一个中介,这个中介就是发行环节。印刷复制单位是生产性单位,其产品要进入市场,离不开专业的发行单位。出版物发行单位是出版物市场的基本单位。出版物发行单位主要由设立出版物总发行单位、出版物批发单位、出版物零售单位、出版物出租单位、出版物连锁经营单位构成。设立这些类型的单位,需要符合《出版物市场管理规定》所分别要求的条件。

根据我国现行的管理制度,允许外商在中国境内投资出版物发行企业。外国投资者参股或并购内资图书、报纸、期刊分销企业,应符合《外商投资图书、报纸、期刊分销企业管理办法》所分别规定的条件,并应接遵守我国的法律法规,接受行政主管部门的管理。

传统的出版物,主要由纸质的图书、报纸、期刊构成。传统出版物的特质,决定了传统出版物市场具有实体企业的性质。设立出版物批发市场,须符合《出版物市场管理规定》。

我国历来重视出版物的格调,杜绝出版有损于精神文明的出版物。对于禁止出版发行的出版物内容,以及扰乱出版物市场秩序应受到的惩罚,《出版物市场管理规定》有明确规定。

随着电子商务的兴起，出版物批发、零售业务的形式呈现多样化的趋势，除传统的实体企业还，还出现了利用互联网这个平台进行出版物交易的活动。2011年修订的《出版物市场管理规定》，对出版物的网络交易管理，也作出了具体的规定。

在世界进入全球化时代的今天，没有哪个行业不具有国际贸易的性质。从报纸、图书、期刊、电影和其它文化产品，都已经成为国际贸易中不可或缺的元素。从事文化贸易的公司中间，就有从事出版物贸易的进出口公司。

出版物进出口管主要包括理出版物进口经营单位审批制度、出版物进口经营管理制度和订户订购进口出版物的管理。这些业务的管理，应依据我国的《订户订购进口出版物管理办法》进行。

思考与练习题

1. 概述我国设立出版物总发行单位和批发单位所需要的具体条件。
2. 在我国，扰乱出版物市场秩序应接受哪些惩罚？请举例说明。
3. 订阅国外报刊的用户有哪几类？请简要予以介绍。

参考文献

[1] 新闻出版总署法规司. 中华人民共和国新闻出版法律规范性文件选编 [M]. 北京：商务印书馆，2010.

[2] 袁　亮. 出版学概论 [M]. 沈阳：辽海出版社，2000.

[3] 罗紫初. 出版学原理 [M]. 武汉：武汉大学出版社，1999.

[4] 黄先蓉. 出版法规及其应用 [M]. 苏州：苏州大学出版社，2007.

[5] 李新祥. 出版传播学 [M]. 杭州：浙江大学出版社，2007.

[6] 张　涵，苗遂奇. 现代出版学导论 [M]. 北京：中国书籍出版社，2009.

[7] 郭娅莉，孙江华，龚　灏．媒体政策与法规［M］．北京：中国传媒大学出版社，2006．

[8] 王　涛．加入WTO后，中国出版业的法律、法规和政策调整［J］．中国报道，2002（6）．

[9] 张　静，李岱岩．重大选题备案制度：构建在出版自由理论框架内的出版管理制度［J］．中国出版，2010（9上）．

[10] 沈康年．数字出版趋势与需求［J］．印刷杂志，2011（4）．

[11] 晋雅芬．两年内建立报刊出版质量标准体系［N］．中国新闻出版报，2009-01-06（2）．

[12] 马　洁．当代我国出版自由研究［J］．唐都学刊，2011，27（2）．

[13] 关萍萍．我国电子出版业政策发展历程审视［J］．现代视听，2011（5）．

[14] 伍　燕．浅析音像电子出版物质量问题及对策［J］．出版参考，2010（6上）．

[15] 田　丽．新形势下我国出版物市场监管问题与对策研究［J］．出版发行研究，2009（7）．

[16] 王乐攀．论中国出版物市场准入制度的特点及建议［J］．中国市场，2010（26）．

[17] 王　舜．浅析我国出版物市场管理［J］．中国外资，2009（6）．

[18] 廖小勉．谈出版物市场的归口管理与统一执法问题［J］．出版发行研究，2005（2）．

附录

国务院决定调整或明确为后置审批的
新闻出版方面的工商登记前置审批事项目录（国发〔2014〕50号）

1	从事出版物批发业务许可	省级人民政府出版行政主管部门	《出版管理条例》（国务院令第594号）	改为后置审批
2	从事出版物零售业务许可	县级人民政府出版行政主管部门	《出版管理条例》（国务院令第594号）	改为后置审批
3	设立从事包装装潢印刷品和其他印刷品印刷经营活动的企业审批	设区的市级人民政府出版行政主管部门	《印刷业管理条例》（国务院令第315号）《国务院关于第六批取消和调整行政审批项目的决定》（国发〔2012〕52号）	改为后置审批
4	印刷业经营者兼营包装装潢和其他印刷品印刷经营活动审批	设区的市级人民政府出版行政主管部门	《印刷业管理条例》（国务院令第315号）《国务院关于第六批取消和调整行政审批项目的决定》（国发〔2012〕52号）	改为后置审批
5	音像制作单位设立审批	省级人民政府出版行政主管部门	《音像制品管理条例》（国务院令第595号）	改为后置审批
6	电子出版物制作单位设立审批	省级人民政府出版行政主管部门	《音像制品管理条例》（国务院令第595号）	改为后置审批
7	音像复制单位设立审批	省级人民政府出版行政主管部门	《音像制品管理条例》（国务院令第595号）《国务院关于取消和下放50项行政审批项目等事项的决定》（国发〔2013〕27号）	改为后置审批
8	电子出版物复制单位设立审批	省级人民政府出版行政主管部门	《音像制品管理条例》（国务院令第595号）《国务院关于取消和下放50项行政审批项目等事项的决定》（国发〔2013〕27号）	改为后置审批

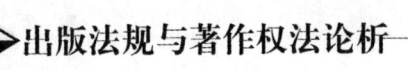

续表

| 9 | 设立可录光盘生产企业审批 | 省级人民政府出版行政主管部门 | 《中央宣传部、新闻出版署、国家计划委员会、对外贸易经济合作部、海关总署、国家工商行政管理局、国家版权局关于进一步加强光盘复制管理的通知》（中宣发〔1996〕7号）《国务院关于第三批取消和调整行政审批项目的决定》（国发〔2004〕16号） | 改为后置审批 |

下篇 著作权法

第一章
著作权法概述

第一节　著作权与著作权法
第二节　著作权制度的起源与发展
第三节　我国著作权制度的历史与现状

出版法规与著作权法论析

内容提要：著作权的概念；著作权基本含义的演变历程；著作权与相关权利的区别；中国著作权制度的历史概况；著作权法的基本原则。

重难点：著作权的一般界定；著作权的广义、狭义理解；著作权的特征；影响著作权产生发展的因素。

著作权与其他知识产权一样，主要是一种私权，具有时间性、地域性、无形性等特征。著作权制度是科技、文化、教育和商品经济发展的产物，其发展大致经历了作为印刷特权时期、著作财产权时期、作者权时期、著作权国际保护阶段等四个阶段。本章主要讲述著作权和著作权法的概念、著作权制度的产生和发展，以及著作权法的基本原则。

第一节 著作权与著作权法

一、著作权的概念

著作权是知识产权的一部分。为了充分认识著作权的内涵与外延，我们有必要首先对知识产权有所了解。

"知识产权"这一术语是英语 Intellectual Property (Right) 的汉译，我国台湾地区称之为"智慧财产权"。严格地说，"知识产权""智慧财产权"都不太准确，因为人们并不是基于单纯的"知识"或"智慧"而拥有知识产权，只有智慧创造成果才是受到知识产权保护的事实依据。甚至可以说，作为知识产权客体之一的商标与智力创造并无必然关系。但"知识产权"及其对应的外语术语已经约定俗成。我国现行法正式使用"知识产权"这一概念是在 1986 年颁布的《民法通则》。

对于什么是"知识产权"，法律以及学理并没有统一的定义。本书认为，所谓知识产权，是指人们就其智力创造的成果和经营活动中的标记、经验、信誉而依法享有的排他性民事权利。在我国，现行法律、法规和其他规定确认、保护的知识产权包括著作权、专利权、商标权、商业秘密权、植物新品种权、集成电路布图设计专有权、商号权等。

著作权是知识产权家族中的核心部分，是最早产生的知识产权类型之一。按照通常的理解，著作权是指作者及其他著作权人对文学、艺术以及科学作品所享有的专有性人身权利和财产权利的总和。

"著作权"在范围上有广义和狭义之分，狭义的著作权即"作者权"，仅指作者对其作品所享有的专有权利。在作者权之外，广义的著作权还包括传播者就其传播作品活动而依法享有的权利，这种权利通常被称为邻接权或有关权，也有人称之为传播者权。我国《著作权法》使用"与著作权有关的权益"这一术语，其中包括表演者、录音录像制作者、广播电视组织以及出版者的权利。

"著作权"亦称"版权"，二者可以替换使用。两个术语均译自日本。从其来源看，"版权"术语的出现早于"著作权"。一般认为，"版权"一词对应于英文copyright，属于英美法的概念，最初仅指与复制有关的权利，其本意是禁止他人未经授权而复制或使用作品。19世纪，日本人据此创造了"版权"一词，后为旧中国立法所沿用。1903年，晚清政府与美国和日本签订的通商条约中最早在法律文件中使用"版权"一词。大陆法系的著作权法则采用"作者权"（Author's Right）的概念（最早源于法国）。他们认为，作品是作者人格的一部分，并且与作者人身相连。所以，大陆法系的著作权法将作品视为人格的延伸和精神的反映，更注重保护作者的人身权利。后来，日本受到法国和德国"天赋人权"思想的影响，创造了"著作权"一词。我国最早使用"著作权"一词的法律文件，是1910年晚清政府颁布的《大清著作权律》。此后北洋政府和国民党政府颁布的相应法律，一直称"著作权法"，今日我国台湾地区也一直沿用下来。改革开放以后，我国内地理论界在起草著作权法时，对于其法律名称究竟叫"著作权法"还是"版权法"一直争论不休，直到1990年通过的《著作权法》第51条明确规定"著作权"与"版权"系同义语，对该问题一百多年的争论才基本结束。

从"版权"到"作者权"再到"著作权"，反映了著作权法在保护对象、保护内容、形式等方面的不同选择，也体现了不同法系的著作权法保护的差异。

但是，在著作权国际化发展的趋势下，两大法系在著作权保护的基本原则与基本制度等方面互相借鉴，逐渐融合，而术语的差别已经没有太大意义。

二、著作权的属性与特征

著作权是一个由法律制度建构的概念。要在出版实践中、在产业背景下准确认识和运用著作权概念和制度，就必须在法律框架下理解、把握著作权的法律属性和特征，也就是，著作权是一种什么样的权利。如前文所述，著作权属于知识产权的一种，所以，在方法论上，我们有必要在认识知识产权的法律属性与地位的基础上认识著作权，然后再区别著作权与他类知识产权，更准确地了解著作权的特征。

大致来说，著作权像其他知识产权一样，属于民事权利的一种；与其他民事权利不同的是，知识产权具有客体的无形性，这决定了知识产权属于无形财产。因此，著作权又表现出法定性、时间性、地域性等特征。另外，与其他知识产权不同，著作权的客体是具有精神性的创作成果——作品，具有客体多样、权利内涵丰富、自动产生、法定限制多样等特征。

（一）著作权是一种特殊的民事权利

权利的属性与其法律地位密切相关，并决定着法律框架的选择。作为知识产权的著作权属于民事权利，这是我们理解著作权的属性及适用法律时必须首先要明确的。

民事权利是公民、法人或其他组织依民法规定而享有并受保护的利益范围与行为（作为或不作为）自由。民事权利属于私权，因而为权利人所专有，并可自由支配；当民事权利受到他人干预、侵犯，权利人可向侵犯者提出抗辩，并可请求司法部门予以保护。

作为私权，民事权利的实质是对私人性利益和自由的保障。同样属于公民、法人或其他组织的权利，政治权利与民事权利不同，前者属于公民、法人或其他组织参与公共事务的权利，民事权利只涉及这些个体的私有利益。由此，民事权利既可由权利人自主拥有、自由行使，也可以任意移转、继承。而政治权利虽属于个体，却因其公共性而不得向他人移转、或由他人继承。

根据权利客体和内容的不同，民事权利可分为人身权和财产权，它们适用不同的法律规则，比如，人身权不可以继承或转让。

既为民事权利的一种，著作权也就具有民事权利共同的特征。但是，著作权属于民事权利家族中的特殊种类，因而享有其独特的法律地位、适用不同的法律规则。这正是著作权法作为一个独立部门法的原因所在。

（二）著作权的客体特征——无形性

在整个民事权利家族中，著作权与其他知识产权的独特性在于，它们通常被称为无形财产权；而无形财产权的实质在于，其客体——作品（著作权客体）、技术（专利权客体）、标识（商标权客体）等具有非物质意义上的无形性。

著作权客体——作品是一种智力成果，它没有形体性。在英文中，用于描述这一特性的概念是"intangible"，可译作"非物性""无体性"或"无形性"。作品像一切事物一样可以区分为内容与形式。所以，准确而言，著作权客体的无形性，是指作品是一种非物质的存在，没有物质性的形体。

认识著作权的无形性，必须把它与物和物权作比较。物权之客体为物，一般而言，物必定有形、有体，如我们所居住的房屋、所使用的板凳桌椅，看得见，摸得着，能够被人所感知和拥有。而著作权客体则是指作品，它不具有物质形态，不占有一定的空间，是"无形"的，客观上无法被人们所感知和实际占有。尽管现实中，人们所接触到的著作权客体的作品都是有形、有体的物体，如实实在在的图书、光盘等。但事实上，这些可感可触的"物体"并非著作权客体即作品本身，而是作品的载体物。当面对一部图书时，我们面对着两个对象：物体和作品。前者是实实在在的可感之物；而后者则是一种抽象形式。作为一种抽象的存在，作品本身无法单独作用于感官，必须寄生、附着于特定物体之上，借物得以表现，从而成为作品。可以说，载体物不是作品，但没有载体物，作品也无法存在。任何人的大脑中都可以创造"作品"，但只有把大脑中的"作品"与特定物体结合，才能产生真正的作品。也只有这种人，才能成为著作权的拥有者。用一个比喻来说，作品与载体物的关系，正如魂魄与身体。

权利客体的无形性是包括著作权在内的所有知识产权区别于财产性物权的本质特性。决定于这种本质特性，整个知识产权制度便具有了独立存在的必要性和可能性。可以说，整个知识产权制度基本原则的确立与规则体系的建构，都直接与其客体无形性相关。

（三）著作权的本体特征

相对于著作权的客体特征，其本体特征是指它作为一种权利的自身特征。

1. 法定性

著作权法定性是指著作权由法律明确授予、确认和保护；法律无规定者，不在著作权保护范围内。既然作品没有形体，具有无限的可复制性以及多种多样的使用方式与形态，著作权的拥有无法就作品划定一个明确界限，也无法达到对作品的有形支配，作品与公共领域之间缺乏明确的界限。因而，著作权的存在与否、具体范围等，只能由法律作出明确规定。

著作权的法定性表现在多个方面。首先，一个国家是否保护著作权，需要由法律明确规定。其次，在法律明确保护著作权的情况下，法律还必须对著作权作品的范围、著作权内容、保护时间以及权利限制等作出明确规定。

比较而言，在规定保护著作权的情况下，各国著作权法均对著作权的内容进行明确细分，包括署名权、发表权、修改权、复制权、发行权等十几项具体的权利。否则，在法律仅一般性地规定著作权保护，而不对其各种具体权利做明确规定的情况下，某些具体的作品使用方式是否属于著作权保护的范围，就可能出现争议，著作权便处于不确定状态；另一方面，如果将一切使用方式均纳入著作权保护的范围内，则会严重限制他人对作品的正常使用，不利于维护和促进社会公共利益。

基于著作权的法定性，可以肯定的是，如果法律没有规定某种使用方式属于著作权保护的范围，则任何人都可以自由使用。比如，我国著作权法禁止盗印他人图书、禁止销售盗印图书，但没有明确禁止消费者购买盗印图书。由此，消费者购买盗版出版物不属于侵犯著作权的行为。

著作权的法定性也决定了这种权利的时间性与地域性，对此下文将予以论述。

2. 时间性

著作权以及其他知识产权的时间性，是指这些权利的客体只在法律规定的期限内受法律保护；超出法定期限后，相应作品、技术等便进入公有领域，任何人都可以无偿使用。这一特点也体现了知识产权保护的相对性。比如：按照我国法律，著作财产权的保护期限为作者有生之年加死后50年，那么，任何个人和组织在该自然人作者死后的第51个年头及其以后时间内，都可以自由使用相应作品。

之所以对知识产权进行时间限制，核心是为了平衡个人专有权利与社会公共利益之间的关系。智力成果的利用与社会的繁荣发展休戚相关，由个别人无期限地垄断相应智力成果的各种权利必然会阻碍社会发展和科技进步。

应该注意的是，著作权的时间性主要适用于作品的财产权。按照我国著作权法以及国际惯例，除了发表权，作品人身权不受时间限制。我国《著作权法》第20条规定，"作者的署名权、修改权、保护作品完整权的保护期不受限制"。其法理上的原因是，人身权与人身相关，不应有时间限制；同时，多数人身权无期限地保护不会妨碍社会公众对作品的使用。不同的是，发表权虽然在性质上属于人身权，但对其保护有一定的时间限制。这是因为，发表权决定着作品是否公之于众，无限期地保护必定影响该作品功能的正常发挥。

3. 地域性

著作权的地域性是指著作权的法律效力只及于特定国家和地区的区域范围。对于任何有体的动产，无论被主人带到哪个国家或地区，都会受到当地法律的保护（除了个别的违禁物品）。对于作品，即使作者能够依照其本国法律享有著作权保护，其著作权的使用一旦超出本国国界，如果没有特别的国际协定，则会归于无效。

著作权地域性的表现主要是：通常，一部作品在其本国是否享有著作权，只能依据作者本国的法律做出判断；一部作品在作者本国享有的著作权，在其他国家无效，除非作者本国与该他国签有著作权保护双边或多边条约；在两个或多个国家签订过著作权保护条约的背景下，同一部作品在其他签约国也只能按照该国法律受到保护，也就是说，在不同的签约国，同一部作品所受到的保护范围和程度是不同的。

可以说，由著作权制度的属性所决定，著作权的地域性是一种法律制度上的必然，具有普遍性意义。不过，现代著作权制度的国际化却在淡化着著作权的地域性。19世纪末期以来，随着科学技术的日益进步和国际贸易的发展扩大，作品越来越多地进入国际市场，促进了各国之间的科学文化交往，而著作权的地域性则不利于维护广大作者、出版者的利益，进而也对国际间的文化交流与合作产生了消极影响。为解决这一问题，国际社会便开始通过签订双边、进而签订多边条约的方式，谋求著作权的国际保护。时至今日，在全球范围内，已经形成了一套行之有效的著作权国际保护制度。例如，《伯尔尼公约》和《世界版权公约》规定，所有缔约国作者的作品，或在某一缔约国内首次出版的作品，在其他任何一个缔约国内，都享有该国法律给予本国作者的同等保护。

但是，国际公约在地理上的作用只是对著作权地域性的超越和弥补，却没有真正消除著作权的地域性。实际上，制定国际公约恰恰是对地域性的肯定：如果著作权没有地域性，公约便是多余。在国内法上，著作权在国际间的保护，是因为国际公约得到了各国承认，从而转化为了国内的法律，这种保护的依据依然是基于著作权法律的地域性效力。所以说，国际公约并没有否定、消除著作权制度的地域性。

（四）知识产权中的特殊类型

另外，还需注意的是，同为知识产权，著作权具有与其他知识产权不同的特殊性，从而也影响着这些部门法律之间的制度差异。

著作权的客体是作品，与其他知识产权客体——如技术、标识等不同，作品是一种表达方式，更多地具有精神性、情感性、审美性特征，它对作者和受众均有着独特的精神价值和审美意义；就其存在方式与构成形态而言，作品具有门类差别、体裁差别、题材差别、功能差别等。相应地，著作权制度与专利、商标等制度属于完全不同的法律门类。综合而言，著作权在这方面的特点主要表现为以下几个方面：

1. 权利客体多样

与专利、商标等工业产权的标的所反映的领域和作用不同，著作权的客体是文学、艺术和科学作品，其表现形式繁多，范围极其广泛。从其思想内容上看，包含文学、艺术、自然科学、社会科学等各个方面；从其外在表现形式来看，更是丰富多彩，有口头、书面、摄影、绘画、雕塑、音乐、曲艺等作品形式，只要能被人感知，均能成为其客体。而工业产权的客体只存在于工商业领域，如专利权只限于"技术发明创造"，商标权的客体也只表现为一定的"文字、图形或其组合"。文学艺术作品可以令人赏心悦目，科学作品则帮助人们认识和理解人与自然，而工业产权则主要是满足人类在物质生产和生活的实用性以及商品流通方面的物质需求。

2. 权利内容丰富

著作权内容和其他知识产权一样，包括人身权和财产权两个方面。然而从立法上看，无论是人身权还是财产权，在著作权中都体现得更加充分，内容也更加丰富。就人身权而言，著作权中的人身权就包括发表权、署名权、修改权和保护作品完整权四项，著作权的财产权则更为丰富，包括播放权、摄影权、演绎权、发行权等十余项内容，从权项数量上来说，远远多于商标权和专利权。

3. 权利产生方式独特

其他知识产权，特别是工业产权的排他性导致其必须由特定的机构、经过特定的法律机制完成必要的技术和法律上的鉴别、审查与授权。所以，通常由政府设立主管部门完成该项工作，并通过法定程序来确定将专利权或工商业标记权授予合法的申请人。如专利权的产生需要经过申请，报专利机关审查批准；商标权的产生，需依照法定程序申请注册。从历史上看，著作权的取得也曾经过"注册保护主义"的立法阶段。但时至今日，世界上绝大多数国家包括我国的著作权法均采取"创作保护主义"的立法原则。著作权通常可以自动产生,即:法律规定,作品一经创作完成,不论是否发表,均取得著作权。这是著作权与其他知识产权的显著区别。

4. 权利限制较多

从法理上说,任何权利都不是绝对的,权利滥用更是为法律所禁止。这一点,在著作权中表现得尤为突出。由于作为著作权客体的作品既是个人(单位)财产,又是一种社会财富,为了国家和社会公共利益,法律对作者的著作专有权利加以直接限制,如著作权法中"合理使用"、"法定许可"和"强制许可"等制度的规定,都是对著作权人专有权利的限制。相对而言,专利权和商标权的限制要少一些。

三、著作权法及其基本原则

著作权法是规定著作权保护、并协调著作权与其他相关权益之关系的法律规范体系。著作权主要是一种私权,因而,著作权法属于民商法律范畴,适用民商法律的一般原则和规则;同时,著作权又是一种特殊的私权,相应地,著作权法便成为民商法律体系之下的特别部门法,并具有独特的原则和规则体系。

著作权法的基本原则是制定、实施著作权法,进行保护著作权时应该遵循的准则。如上所述,著作权法作为民商法律之一种,在遵循民商法律基本原则的同时,还需要确立自身的特殊规则,以达到保护著作权并妥善处理有关法律关系的目的。我国著作权法的基本原则可以概括如下。

(一)保护作者权益原则

保护作者权益原则是指著作权立法应以作者的权利为本位,把维护作者权益置于首要和核心的地位,在处理作者与作品使用者以及社会公众的关系中,首先应从保护作者的权益出发进行具体的制度和条文设计。这是著作权立法的主要宗旨和目的。我国著作权法对作者权益的保护主要体现在以下几个方面:首先,著作权属于作者(《著作权法》第11条第1款);其次,同时保护作者的人身权利和财产权利（《著作权法》第10条）；最后，对侵犯作者著作权的行为予以民事、行政和刑事制裁（《著作权法》第47、48条）。

（二）利益平衡原则

利益平衡原则所强调的是，著作权法要努力协调作者与作品传播者、使用者以及社会公众之间的利益平衡。

作品作为个人智力成果，只有传播于社会，为社会大众服务才能发挥其积极的价值，因此作品既是个人财富，又是社会财富。著作权法制度理应在作品权益分配上实现作者与作品传播者、使用者以及社会公众利益的协调，最终达到促进经济、社会、文化事业持续增长与进步的目的。因此，我国《著作权法》在规定作者权利的同时，也规定了其他著作权人的权益。同时，又对作者的著作权作了一定的限制，如著作权的合理使用、法定许可、邻接权与著作权协调的规定，演绎作品著作权与原作品著作权的协调规定，美术作品著作权与作品原件所有人的所有权的协调规定，还有著作权人行使著作权不得违反宪法和法律、不得损害公共利益等等，都是这一原则的具体体现。

（三）尊重著作权国际保护原则

建立符合国际经济秩序要求的知识产权保护制度，是国际经济一体化形势下国际科学、文化交流与合作的必然要求。作为知识产权法三大支柱之一的著作权法，也应当按照我国所加入的国际条约所承担的国际著作权保护义务，依据条约确定的国际著作权保护的基本原则、范围、要求及国际惯例，加以修改和完善，使国内著作权保护与国际著作权保护的基本准则和要求相符合。我国《著作权法》第2条规定，"中国公民、法人或者其他组织的作品，不论是否发表，依照本法享有著作权。外国人、无国籍人的作品根据其作者所属国或者经常居住地国同中国签订的协议或者共同参加的国际条约享有的著作权，受本法保护。外国人、无国籍人的作品首先在中国境内出版的，依照本法享有著作权。未与中国签订协议或者共同参加国际条约的国家的作者以及无国籍人的作品首次在中国参加的国际条约的成员国出版的，或者在成员国和非成员国同时出版的，受本法保护"。这一规定同1992年我国所加入的《保护文学艺术作品伯尔尼公约》(1886年缔结)中的国民待遇原则和互惠原则相一致。在2001年10月即将加入世界贸易组织之前,我国就按照该组织《与贸易有关的知识产权协定》(简称TRIP协定)关于著作权国际保护的要求对《著作权法》进行了系统修改。

著作权法的这三项基本原则是相互制约、相互补充的,它们作为一个整体体现了著作权法的基本精神。保护著作权的根本目的在于促进文化发展和社会进步。作者的创作活动和作品的产生是科学、文化进步的基础,因此要首先保护作者的权益,激励作者进行科学作品和文学、艺术作品的创作活动。其次,要保护传播者的利益,使作者创作出来的作品能够为社会公众所享用,真正实现作品的社会价值。因此,保护作者权益、传播者权益和保护社会公共利益在根本上是一致的,是相互补充的。但是,在实践中,这三种利益之间又可能会发生冲突,需要相互制约。当相应的著作成果进入国际文化交流之中,上述三者的利益保护也必须纳入国际保护的范围加以考虑,遵守相应的国际条约和国际惯例也就成为必需。因此,以维护作者权益为中心,协调作者与其他著作权人、传播者以及社会公众的利益,遵守著作权国际公约和国际惯例是贯穿著作权法始终的、有机联系的基本原则。

第二节 著作权制度的起源与发展

一、著作权制度产生与发展的四个阶段

现代意义的著作权制度是科学技术、商品经济、民主法治等多种因素发展的产物。其产生与发展大致经历了印刷特权保护时期、著作财产权时期、作者权时期、著作权国际保护时期等四个阶段。

(一)印刷特权保护时期

大量复制作品的出现使作品得以广泛传播,但这须有赖于印刷技术的发展。所以,在印刷术被发明以前,作品是不可能被大量复制的,一般由作者自己保护即可。在封建社会中后期,造纸术、印刷术的普及与应用大大降低

了书籍出版的成本。出版商通过大规模地印刷和出版书籍，从中获得了丰厚的利润。为了维护自己的利益，出版商希望对其出版的书籍享有专有出版权，以制止盗版，便要求政府给予相应的保护。而另一方面，当时的封建政府出于书籍审查、言论控制和获得稳定税收的需要，也愿意与这些出版商合作。于是便出现了对印刷出版者颁发皇权特许令状保护的制度。

在我国，据《旧唐书》（五代后晋时官修）记载：针对民间私印、私卖历法的现象，大和九年（公元 835 年）十二月，唐文宗下令各地，不得私自雕版印刷历书。① 这道命令，是目前所知的中国最早的保护印刷出版专有权的法令。时至宋朝，几乎每位皇帝都颁布过"禁止擅镂"的诏令。如，北宋朝廷为保护《九经》蓝本，曾下令禁止随意印刷此书。如要刻印，需报国子监批准。② 随着活字印刷术的发明和应用，北宋时期就出现了由朝廷颁发特别命令禁止翻版印刷的案例。据记载，在北宋年间（公元 1068 年），为保护《九经》蓝本，朝廷曾下令禁止一般人擅自刻印。宋代的《东都事略》中已有"已申上司不许覆版"字样，"覆版"就是"翻版"，也就是现代语言中的"盗版"。③

随着印刷术和造纸术的西传，欧洲印刷业得以迅速发展。15 世纪末，威尼斯共和国授予印刷商冯·施贝叶在威尼斯印刷出版的专有权，有效期为 5 年。这被认为是西方第一个由统治政权颁发的、保护翻印权的特许令。当时的罗马教皇、法国国王和英国国王都曾向印刷出版商授予专有印刷出版的特权。比如，1556 年，英国女王玛丽一世批准成立了钦定的出版商公司并授予其印刷出版特权。1662 年，英国颁布《许可证法》，规定凡图书出版必须在出版商公司登记并领取印刷许可证；取得许可证者在有效期内均有权禁止他人翻印或进口有关图书。④

但需要注意的是，特许出版权并不是真正的著作权。它是一种封建政府

---

① 参见百度百科（http://baike.baidu.com/view/4022.htm），网站更新时间为：2009 年 8 月 28 日。
② 唐育萍. 依法查办剿窃盗版 始发宋代 盛行晚清 [N]. 法制晚报，2009-08-28（4）.
③ 周林、李明山主编. 中国版权史研究文献 [M]. 北京：中国方正出版社，1999：2-4.
④ 郑成思. 知识产权论 [M]. 北京：法律出版社 1998：29-30.

或君主授予的出版特权,是一种公权力,它保护的是出版商的利益,而非作者的利益。总之,它不是现代意义上的著作权。

(二)著作财产权时期

随着西方资产阶级革命的胜利,资产阶级取代封建统治登上了政治舞台。而能够创作文学艺术作品的知识分子在西方也成为资产阶级的一部分,政治地位得到提高,便开始努力谋求自己的经济利益。政府也日渐认识到只有保障作者的利益才能鼓励和刺激创作活动。

1709年,英国议会通过了以保护作者权为主要目的的《为鼓励知识创作而授予作者及购买者就其已印刷成册的图书在一定时期内之权利法》,即《安娜女王法令》。该法废除了皇家颁发许可证制度,承认作者为著作权主体,以法律普遍赋权的形式确立了作者的各项权利。该法首次规定,作者是第一个应当享有作品的无形产权的人,界定了作者对其作品专有权与印刷出版者或书商依法对其印刷发行图书专有权的范围,并规定了专有权的有效期限。这样就把针对作品主要保护印刷出版者的印刷出版专有特权转向主要保护作者对其作品的专有权利,打破了印刷出版商长期以来对作品商业性使用的不合理的特权垄断,使决定作品印刷出版复制的权利掌握在作者手中,从而标志着现代著作权制度的诞生。

1777年,法国皇帝也颁布了6项印刷出版法规令,承认作者有出版和销售自己作品的权利。美国各州一直沿用英国著作权法,直到1909年才正式颁布统一的联邦著作权法。

《安娜女王法令》被称为世界上第一部现代意义上的著作权法。但该法令规定的作者权的重心在于经济权利,对于作者的著作人身权规定得很不充分。所以这一时期的著作权保护被认为是著作财产权的保护时期。

相对大陆法系而言,以英国法为传统而发展起来的英美普通法系的著作权法律制度,是著作权法的法律体系,该体系将著作权主要作为财产权,而不强调其人身权内容。

(三)作者权时期

18世纪末,欧洲大陆各国的著作权保护制度相继建立。受启蒙思想家对作品的独特观念的影响，欧洲大陆各国的著作权制度在保护作者财产权的同时，更强调保护作者人身权，从而走上了与英美法系国家不同的著作权保护道路。

据此理论，法国在1791年颁布了《表演权法》，承认作品著作权不仅包括出版权，也包括表演权，表演是作品传播的直接形式。1793年，法国又颁布了《作者权法》，确立了作者对其作品所享有的权利，在内容上首先强调作者精神权利受保护，然后才谈得上经济权利。

在法国之后建立著作权制度的大多数大陆法系国家，都沿用了作者权的概念，强调对作者精神权利和经济权利的全面保护。

因而，法国1793年的《作者权法》以强调作者人身权保护为特点，在著作权制度发展史上是一个具有里程碑意义的标志性法律文件。

此后，以法国和德国为代表，大陆法系以作者权法为特点的著作权法体系渐趋成熟。

（四）著作权国际保护时期

随着科学技术的不断进步以及国际文化交流的日益扩大，作品被广泛地跨国利用，而传统的著作权保护具有地域性特点，著作权难以得到其他国家的保护。这对于作者乃至出版商的利益都是极大的损害，而且也危害了国家的利益。于是，国家之间开始寻求对本国作者权益在他国获得保护的途径。

当时最基本的做法是相互给予对方国家的作者以国民待遇。19世纪中叶，一些欧洲国家开始通过双边条约或实际互惠的做法给予外国公民和本国公民同样的著作权保护。

后来，人们逐渐认识到在著作权领域订立多边国际条约的必要性。1858年，在布鲁塞尔举行的文学与艺术作品作家代表会议上，多个与会代表提出了订立著作权保护多边国际条约的意见。经过多次磋商，终于在1886年签订了《保护文学艺术作品伯尔尼公约》（简称《伯尔尼公约》）。当时有10个国家签署了这个公约，目前已有150多个国家成为该公约的成员国。

二战以后，在联合国教科文组织的主持下，1952年在日内瓦签订了《世界版权公约》。随后，在著作权保护领域又有大量的国际条约产生，如1961年的《保护表演者、唱片录制者和广播组织公约》、1971年的《保护唱片录制者防止其唱片被擅自复制的公约》、1974年的《人造卫星播送载有节目信号公约》等。

随着国际经济的全球化发展，已有的著作权国际保护条约已经不能适应国际贸易发展对著作权保护的要求，一些发达国家利用1986年关税和贸易总协定乌拉圭回合谈判的机会增加包括著作权在内的知识产权谈判，以提高国际保护水平，并于1993年达成《与贸易有关的知识产权协议》（TRIPS协议）。此后，1996年在世界知识产权组织主持召开的外交会议上，各国又缔结了《世界知识产权组织著作权条约》和《世界知识产权组织表演与录音制品条约》，这些条约是适应新技术特别是信息技术对提高著作权国际保护水平的要求制定的，表明了著作权国际保护趋势的进一步发展。

二、现代著作权制度的发展趋势

随着科学文化交流的扩大和现代传播技术的进步，著作权法也随之变化，表现出以下发展趋势：

（一）国际著作权保护体系已经形成

从《伯尔尼公约》缔结以来，发展中国家和发达国家就缔结了一系列国际著作权公约，这些公约的缔结和实施，显示出著作权的国际保护体系不断走向完善和深化，也反映了不同国家、不同地区因著作权权益而进行的斗争与妥协。

（二）著作权的保护范围不断扩大

已故著名知识产权专家郑成思先生曾经说过："在知识产权领域的几个单行法中，如果说专利法促进着技术的发展，那么著作权法则一直被技术的发展影响着。"[①] 著作权法一方面是复制传播技术发展到一定阶段的产物；

---

① 郑成思.著作权法[M].北京：中国人民大学出版社，1997：1.

另一方面，随着复制传播技术的不断发展与应用，著作权法所规定的著作权内容、主体、客体均呈不断扩大之势。著作权法起初仅保护复制权等少数权利、文字作品等少数客体；后来随着摄影技术、录音技术的发展，著作权法将表演权、摄影权、广播权等赋予作者，表演者、录音录像制作者、广播电视组织也成为新的保护主体，即邻接权主体，电影作品、录音录像制品等成为新的著作权客体；再后来，随着电子技术、互联网的发展，计算机软件被纳入到著作权客体中，公共传输权、信息网络传播权又被纳入到著作权内容中，技术保护措施成为间接的著作权保护对象。著作权法的这些变化（又称著作权的扩张）正是复制传播技术变革所推动和带动的。著作权法作为规范生产关系的政治上层建筑的一部分，从根本上来说，要顺应生产力、经济基础的发展变化；同时，著作权法的每一次调整和变革，也会对相应的生产力和经济基础——版权作品复制传播技术的发展与应用产生重要影响。

（三）两大法系著作权立法的差异逐渐缩小

随着国际经济新秩序的形成，两大法系国家的著作权法均将其立法宗旨设定为以保护作者权利为中心，兼顾作品使用者和传播者的利益。在此基础上，各国根据国际著作权公约的要求，纷纷修订自己的著作权法，与国际公约特别是《伯尔尼公约》所规定的最低保护标准保持一致。一方面，英美法系国家的著作权法改变了"著作权"中单一的财产权构成，明文规定保护作者的署名权和保护作品的完整权；另一方面，大陆法系国家的著作权法也吸收和借鉴了英美法系相关立法的先进经验。

第三节 我国著作权制度的历史与现状

我国是四大文明古国之一，也是造纸术、印刷术的故乡。在较长的历史时期中，我国经济、文化、科技等非常发达。与此相适应，我国历史上很早就出现了著作权保护的萌芽。但由于各种因素，我国著作权保护始终没有形成土生土长的现代著作权制度，直到20世纪初，源自欧洲的现代著作权制度才在我国逐渐建立。

出版法规与著作权法论析

据考证,我国在大约南朝齐武帝萧赜永明时期(公元483—493年)就有了私人保护著作权的事例:钟嵘(公元约468—约518)《诗品》中有载,"《行路难》是东阳柴廓所造。(齐释)宝月尝憩其家,会廓亡,因窃而有之。廓子赍手本出都,欲讼此事,乃厚赂止之。"柴廓创作的《行路难》被释宝月窃为己有,载于徐陵《玉台新咏》(卷九),题作释宝月,柴廓之子知道后深感不平,怀揣柴廓的手本走出家门,来到京都,想通过法律手段维护其亡父的著作权益。柴廓之子著作权意识的萌芽,及其"欲讼此事"的做法,前所未有。只不过这件事双方私下解决了,并未闹到对簿公堂的地步。[①]

随着活字印刷术的发明与应用,印刷复制变得更加容易,作品传播速度大大加快。著作权保护需求和相应事例随之增加。在前述附有"已申上司 不许覆板"的《东都事略》一书出版后仅五六十年,就有了官方专门保护作者(包括付出智力劳动的编辑者)的案例。宋嘉熙二年(公元1238年)两浙转运司对祝穆"数载辛勤""一生灯窗"所编的《方舆胜览》一书"张榜晓示","禁戢翻刊",对改换名目、节略文字、擅自翻版之人,祝氏有权"陈告追究,毁版施行"。上述史实所载作者权利,不仅包括经济权利(独家翻印),还包括精神权利(维护作品完整),与现代著作权观念十分接近。宋代末期及至元、明、清各代,相似的史实还有很多例子可举。[②]

令人遗憾的是,由于中国古代封建社会是自给自足的小农经济,商品经济不发达,加上不重视成文立法,在少有的成文立法实践中又重刑事立法轻民事立法等种种原因,中国古代的著作权保护萌芽并没有发展成现代意义上的著作权制度。这种状况一直持续到1903年,晚清政府和美国在上海签订《中美续议通商行船条约》。该条约第11条规定,根据国民待遇原则,中美两国互相给予对方国家人民著作权利益的保护。这是我国历史上第一个有关著作权的条约,也是现代著作权制度引入我国的开端。1910年,清政府颁布了中国历史上第一部著作权法——《大清著作权律》。尽管它没来得及真正实施,

---

① 参见张怀瑾.著作权之争溯源[N].今晚报.2007-4-14(17).
② 周林.中国著作权史研究的几条线索[N].著作权.2000(1).

但它首次在我国确立了作者受著作权法保护的法律地位，这在我国著作权立法史上具有深远的意义。此后，1915年和1928年，北洋政府和国民党政府也曾分别颁布过《著作权法》，但由于战乱频仍、社会动荡，这些法律并没有真正实施。

新中国成立后，一度比较重视著作权制度建设。1950年，出版总署《关于改进和发展出版工作的决议》即对书籍稿酬支付办法作出了要求。1958年，文化部曾颁行《关于文学和社会科学书籍稿酬的暂行规定》，但很快就被"一大二公"的计划经济以及各种政治运动所冲淡、打乱。尤其"文化大革命"期间，著作权或说因创作而应得的利益被视为资产阶级名利思想，无论是稿酬还是作者人身权，均无法得到保障。

20世纪70年代末，在改革开放的大潮中，我国开始建立健全包括知识产权法在内的现代法律体系，新中国著作权立法也由此正式拉开帷幕。1980年，国家出版事业管理局发布《关于书籍稿酬的暂行规定》，1984年文化部颁布《图书、期刊著作权保护条例》，对著作权给予了一定的保护。1986年全国人大颁布的《民法通则》开始将著作权等知识产权正式纳入法律保护范围。

1990年9月7日，第七届全国人民代表大会常务委员会通过了新中国历史上第一部《著作权法》（1991年6月1日正式实施），该法的通过标志着我国初步建立了现代著作权制度，具有重大的历史意义。此后，中国又分别于1992年和1993年加入了《保护文学艺术作品伯尔尼公约》和《保护录音制品制作者防止未经授权复制其制品公约》。中国著作权制度开始与国际接轨。

之后，随着我国国民经济的持续高速发展以及复制传播技术尤其数字网络技术的快速发展与不断应用，我国著作权法适用环境出现了巨大变化。与此同时，中国加入了WTO，必须承担TRIPS协议所规定的义务。为了进一步促进我国经济、科技和文化的繁荣发展，并适应我国加入世界贸易组织的进程，2001年，我国对著作权法进行了第一次修订，增加了受保护的作品类型和著作权人的专有权利，调整了"法定许可"的范围，增加了对技术保护措施和权利管理信息的法律保护，从而全面提高了我国著作权保护水平。2005年和

出版法规与著作权法论析

2006年，《著作权集体管理条例》和《信息网络传播权保护条例》的通过，又使得著作权集体管理有法可依，并大大加强了网络环境中的著作权保护的力度。2010年，我国又对《著作权法》进行了第二次修订，主要在著作权法不予保护客体和著作权质押方面进行了修改，明确了著作权质押合同登记的管理机关，有利于提高权利人依法利用权利的意识。但我国《著作权法》上述两次修订均属于小修小补，仍是以1990年《著作权法》为基础的，不能适应当前经济社会的发展要求。目前，我国《著作权法》正在全面修订之中。

本章小结

著作权，是指作者及其他著作权人对文学、艺术、科学作品所享有的专有性人身权利和财产权利的总和。狭义的著作权仅指作者对其作品所享有的专有权利，广义的著作权在此之外还包括出版、传播者在出版、传播活动中做出创造性贡献的相应权利，即邻接权。

按照我国著作权法的规定，"著作权"亦称"版权"，二者可以替换使用。

著作权与商标权、专利权构成了知识产权的核心和基础。著作权作为知识产权的三大传统权利之一，具有知识产权的一般特征，如专有性、时间性、地域性等。但它又不同于其他知识产权，具有许多独特的法律特征，如权利客体更加多样、权利内容丰富、权利产生独特、权利限制较多等。

我国《著作权法》第1条规定："为保护文学、艺术和科学作品作者的著作权，以及与著作权有关的权益，鼓励有益于社会主义精神文明、物质文明建设的作品的创作和传播，促进社会主义文化和科学事业的发展与繁荣，根据宪法制定本法。"这意味着，保护作者权益、协调作者与作品传播者、使用者以及社会公众利益之间的关系，最终达到促进文化和科学事业的发展与繁荣，是著作权立法的宗旨和目标。与此同时，在著作权制度走向国际化、全球化的背景下，尊重著作权国际保护，也是著作权法应该遵循的重要原则。

现代意义上的著作权制度是科学技术、商品经济等多种因素发展的产物。

著作权制度最初起源于近代早期的印刷特权保护，后来经历了著作财产权、作者权、国际保护等不同的阶段。其间，英国、美国以及其他英美法系国家和地区的著作权法更加突出著作权的财产权特征，而法国、德国以及其他具有欧洲大陆法传统的国家和地区则把作者的人格权保护置于重要地位，形成了作者权传统。20世纪以来，随着著作权制度的国际化、全球化发展，随着科学文化交流的扩大和现代传播技术的进步，著作权法律制度表现出新的发展趋势，例如，著作权的保护范围不断扩大、两大法系著作权立法的差异逐渐缩小等。

思考与练习题

1. 如何理解著作权的属性与特征？

2. 著作权制度的历史演变分为哪些阶段？如何理解不同阶段的著作权制度的特征？

3. 结合我国与世界印刷史、出版史的发展，理解著作权制度的起源与发展特点。作为造纸术、印刷术的故乡，为什么我国没有成为现代著作权法的诞生地？

第二章
著作权的客体

第一节　著作权法上的作品界定
第二节　著作权法保护的作品类型
第三节　不适用著作权法保护的作品

内容提要：作品的概念、种类；著作权法上作品的构成要件；著作权客体的排除对象。

重难点：作品的构成要件；不适用著作权法保护的作品种类。

著作权的客体，即具有原创性的作品，是著作权法律关系主体权利、义务指向的对象。著作权法意义上的"作品"依法受著作权保护。著作权因作品而产生、存在，著作权权利的行使必然以作品为核心。所以，理解著作权法意义上的作品，是理解著作权制度的前提。

著作权客体的形成和发展，与社会进步和科技发展密切相关。在印刷传播时代，作品主要是指图书、绘画、雕刻等；影像技术出现以后，作品又有了照片、电影、广播电视节目、音像制品等形式；随着数字、网络技术的发展，作品的范围又扩展至计算机软件、多媒体作品等。因此，著作权法保护的对象即著作权客体也会随之变化。

第一节　著作权法上的作品界定

著作权意义上的作品，与日常生活、文学艺术领域使用的作品基本上指向同样的对象。但是，并非所有的作品都是著作权的客体。著作权意义上的作品，应该符合著作权法律制度的宗旨和精神，符合著作权法所规定的要件。我国《著作权实施条例》第2条规定，"著作权法所称作品，是指文学、艺术和科学领域内具有独创性并能以某种有形形式复制的智力成果"。据此，我们可以分析作为著作权客体的作品的构成要件。

一、属于文学、艺术和科学领域内的智力成果

作为著作权的客体，作品必须是文学、艺术和科学领域内的智力成果。首先，它强调作品来自人的智力创造，是一种主观性产物。自然界的天然成就，如雨花石、山水等，尽管也非常美，但不属于作品。其次，作品属于文学、

艺术和科学领域，它承载着传播文艺和科学的思想的某种信息，或传授知识，或阐述理论，或反映现实，或抒发情感，这些明显有别于那些主要用于满足人们物质需求的创造成果。另外，体育领域中的技巧、动作、阵势排列等，不属于作品范畴。

二、具有独创性

独创性，也称原创性或初创性，是指作品由自然人独立完成并达到一定的个性化程度。独创性包含两方面的含义：首先，在作品的形成过程中，作品是由作者独立创作而产生，非抄袭之作。其次，作品中应当体现出作者的智慧、个性，也就是说要有一定的创新。当然，"独创""创新"与专利法中的"创造性""新颖性"是有区别的。专利法上的"创造性"强调具有实质性的、显著的进步，是以前没有的、全新的或没有达到的更高水平，要求非常严格；而著作权法意义上的"独创""创新"，一般只要求是作者自己完成的，只需与他人不同即可，是否有很高的艺术性、技巧性或阅读与欣赏价值，在所不论。即使和别人的作品类似甚至雷同，只要是独立创作的作品，就可以享受著作权保护。即使是借鉴他人、改编新作，也能形成新的作品，因为其中也有属于自己创作的部分。另外，作品的长短也不是判断独创性的决定性因素，不能因为作品短小就否定它的独创性。

当然对于独创性的理解，各个国家和地区也不尽一致。总体而言，大陆法系国家要求较严，火车时刻表、电话号码簿、法律文件汇编等创作程度较低的成果一般不受著作权法保护；英美法系国家的标准则相对宽松，认为只要付出了劳动，即使创作程度较低，也应受到保护。

三、具有一定的表达形式

表达、表现或表示，是将内在的、抽象的、无法感知的东西外在化、具体化。作品的表达形式是指表达作者思想并能被人感知的外在形式。它要使用人类感官可以感知的材料、工具、手段等。作品总要借助语言、声音、动作、

出版法规与著作权法论析

图画等表现出来，从而形成文学、音乐、舞蹈、美术等不同门类的作品。不同的作品，其具体表达形式各不相同。如，对文字作品而言，表现为文字符号的组和、字词句的排列；对美术作品而言，表现为富有情感的线条、色彩、描绘手法等；对音乐作品而言，则以旋律、节奏、合声等为表现形式；舞蹈作品，则是通过文字和图形表现的连续动作、姿势、表情等。

作品是一种表现，而表现的实现需要借助物质性媒介。作品要借助物质性、外部性的媒介材料固定下来。在创作的过程中，首先是创作者的内心活动，然后是外部行为。从内到外，逐步把表达形式固定下来，成为真实的作品存在，体现为具体的文本、音乐、绘画、雕塑等。

对于作品表达形式与物质载体的关系，英美法系和大陆法系有不同的规定。英美法系强调作品必须以物质载体固定，因而不保护未经固定的口头表达；大陆法系的国家和伯尔尼公约则相反，承认口述作品的著作权，如即席演说、课堂讲授、法庭辩论等也受著作权法的保护。

作品表达形式与作品的载体不能混淆。如果混淆，就不能正确回答毁坏一件美术作品原件的行为是否侵犯了作者的著作权的问题。[①] 著作权法保护的是作品表达形式而非作品的载体。通过互联网阅读作品就容易分辨表达与载体的区别。我们很容易了解网上小说受著作权保护的是那些表达一定构思的文字组合，而不是其载体屏幕本身。

在著作权理论上与作品的"表达""形式"相关的还有两个词语，即"内容"或"思想"，它涉及到著作权法实践中最难解决的理论问题之一。按照著作权法的一般原则，著作权法保护的是"表达形式/expression of idea"，而不保护被表达的"思想/idea"本身，这就是国际著作权理论中常见的"思想／表达两分法"（idea/expression dichotomy）。由于法律实践中的复杂性，这一问题自上世纪80年代引入我国后，就一直在我国著作权法学界长时间地争论着。我们认

---

① 由于被固定在某饭店墙壁上的《赤壁之战》壁画在装修过程中被毁损，作者诉饭店侵犯著作权败诉一案，可说明这一问题。参见《赤壁之战》壁画著作权侵权案判决书，（2003）鄂民三终字第18号。

为，思想表达两分法在排除纯思想的著作权属性的同时，并未肯定纯表达方式的著作权属性。确切地说，著作权法保护的是作为"整体性"表达的作品。无论是纯粹的思想还是纯粹的表达方式（如作品结构），都不能单独成为著作权的客体。

四、具有可复制性

作品可以被复制，即能够通过印刷、复印、拓印、翻拍、录制等手段将同一作品制作多份。复制是作品的特征，也是需要著作权法调整的前提。复制使一件作品成为"一式多份"，"多份"可以是无限多，可以得到超越时空式的传播。这就需要法律的规范。事实上，在工业化时代，传统著作权制度赋予作者的核心权利就是对复制的控制，控制复制往往就是著作权的目的所在；如果不能控制复制，著作权保护就无从实现。

第二节 著作权法保护的作品类型

我国《著作权法》第3条以列举的方式规定了作品的种类，并在其末尾规定了"法律、行政法规规定的其他作品"的兜底条款，以防实践中新的作品形式出现后无法受著作权法保护。最高人民法院《关于审理涉及计算机网络著作权纠纷案件适用法律若干问题的解释》（2006年修订）第2条规定："受著作权法保护的作品，包括《著作权法》第三条规定的各类作品的数字化形式。在网络环境下无法归于《著作权法》第三条列举的作品范围，但在文学、艺术和科学领域内具有独创性并能以某种有形形式复制的其他智力创作成果，人民法院应当予以保护。"根据上述规定，在我国受著作权法保护的作品有以下9类。

一、文字作品

文字作品，即以文字形式表现的作品，包括小说、诗词、散文、论文等。文字形式可以是字、词、数字、符号等，文字的书写方式并不影响文字作品的性质，无论是手写的、印刷的还是计算机屏幕显示的，都不影响作品受著作权法保护。广告语在我国的判例中也被视为文字作品受到保护。如广告语"横跨春夏，直抵秋冬"案、"世界风采东方情"案，被告以广告商务语不属于著作权法保护的文字作品抗辩，未获得法院支持。

二、口述作品

口述作品是指即兴的演说、授课、法庭辩论等以口头语言形式表现的作品。

与文字作品相同，二者都属于借助语言表现的作品。之所以区分为两类，是因为口述作品未经固定，是否并如何受著作权保护，存有争议。我们认为，口述作品应该受到保护，口述人对其口述拥有任何形式的使用权，他可以适当的方式许可或禁止他人听其口述，许可或禁止他人对其口述进行笔录、录音以及发表、传播等。一旦口述被笔录、录音，就变成了文字作品或录音制品。所以说，口述作品与这些作品的保护方式往往很难截然分开。

三、音乐、戏剧、曲艺、舞蹈、杂技艺术作品

音乐作品是指歌曲、交响乐等能够演唱或者演奏的带词或者不带词的作品。歌词部分属于文字作品，但因为歌词与乐曲经常一起被表演使用，所以划入一类，其保护方式与文字作品有所不同。

戏剧作品是指话剧、歌剧、地方戏等供舞台演出的作品。

曲艺作品是指相声、快书、大鼓、评书等以说唱为主要形式表演的作品。

舞蹈作品是指通过连续的动作、姿势、表情等表现思想情感的作品。

杂技艺术作品是指杂技、魔术、马戏等通过形体动作和技巧表现的作品。

上述各种作品都以文字、符号表达，构成乐谱、剧本、舞谱等。但它们又都是供演出使用的。需要指出的是，"音乐作品"不等于"音乐演出"，必须将这些作品与对其的表演使用区分开来。通常情况下，音乐作品等的作者是单一的，而其表演需要多人参与创作，其著作权状态比较复杂。同样道理，还需要将戏剧作品等与电影、电视剧区分开来。

四、美术、建筑作品

美术作品是指绘画、书法、雕塑等以线条、色彩或者其他方式构成的有审美意义的平面或者立体的造型艺术作品。

美术作品可分为纯美术作品和实用艺术作品。著作权法上的美术作品属于纯美术作品。而那些具有实际用途的艺术品通常被称为实用艺术作品。《伯尔尼公约》将实用艺术作品列为保护对象,并将其界定为"具有实用性、艺术性并符合作品构成要件的智力创作成果"。该公约第 7 条第 4 款规定,对实用艺术作品的保护由成员国自定,如果不给予工业产权保护,则至少要给予著作权的保护。我国《著作权法》未明确规定实用艺术作品保护,但为了适应加入有关公约的需要,却通过制定行政法规的方式对外国实用艺术作品给予了著作权保护。国务院 1992 年 9 月 25 日颁布的《实施国际著作权条约的规定》第 6 条规定:"对外国实用艺术作品的保护期为自该作品完成起 25 年。美术作品(包括动画形象设计)用于工业制品的,不适用前款规定。"

建筑作品,是指以建筑物或者构筑物形式表现的有审美意义的作品。

美术与建筑作品具有近似处,都属于视觉艺术。不同点在于,建筑是立体的,还具有实用性,并往往以建筑设计图表现出来。这样,在著作权保护中,建筑作品更具有复杂性:

(1)与美术作品并列的建筑作品的核心是以立体形式存在、具有其独立审美价值的建筑实物,而不包括其平面设计图。也就是说,在我国,建筑作品仅指建筑物本身。如北京的国家大剧院、"鸟巢""水立方"等都是典型的建筑作品;

(2)著作权法所保护的是建筑作品中独立的艺术设计,是一建筑物与其它同类作品的区别之处。而建筑物为满足使用功能而尊重客观规律的非个性设计部分,不能受到著作权保护;

(3)建筑物与其设计图又是密不可分的。仿照一建筑物建造同样的建筑物、使用他人的设计图建造一建筑物都可能构成侵权。但是,将建筑物以平面图的方式表现出来,或构成建筑结构图、或构成美术/摄影作品,不应构成对建筑物的侵权。

五、摄影作品

摄影作品，是指借助器械在感光材料或者其他介质上记录客观物体形象的艺术作品。"感光材料"即传统的胶卷。随着技术的进步，"其他介质"也可记录摄影作品，如数码相机中的数字存贮器。数码照片被拷贝至计算机后，硬盘、光盘等就成为记录照片的介质。

摄影作品近似于美术作品，其中包含着艺术创造成分，如：摄影者对于拍摄对象、角度、光圈、曝光等的个性化选择，对照片的后期处理以产生特殊的影像效果，这些选择和处理是能够达到著作权法中的独创性要求的。但另一方面，由于完全借助现代摄影技术，任何人都可以"创作"出摄影作品来，因此，摄影作品的保护与纯粹美术又有所不同。比如，对同一客观景物，在同一时间、同一地点、同一角度，使用同样的全自动相机，不同的人拍摄效果几乎没有差别，很难看出其中的艺术个性，其相关的著作权关系较难认定。我们认为，此时只需本着"谁持相机、谁有权利"的原则，认定权利的归属。

六、电影类作品

电影类作品，包括电影作品和以类似摄制电影的方法创作的作品，是指摄制在一定介质上，由一系列有伴音或者无伴音的画面组成，并且借助适当装置放映或者以其他方式传播的作品。它融合了文学、音乐、美术、摄影等等艺术形式，是一种综合性的艺术作品。著作权法所保护的这类作品是摄制完成的影片，或具有独立意义的片断，而不是其中的阶段性成果，也不是电影剧本。

电影类作品的复杂性在于它与戏剧作品、戏剧演出、普通录像制品等之间的区别。电影作品不同于戏剧作品，后者仅仅是剧本，而电影作品是综合艺术；电影作品类似于戏剧演出，但又不同。戏剧演出更依赖于剧本，而电影更具有复杂性。电影作品是多主体的合作作品，又是综合了多种艺术成分的复合作品。所以，电影作品的著作权具有独特性和复杂性。

需要讨论的是，何谓"以类似摄制电影的方法创作的作品"？其字面已经比较明确，这种作品的制作目的不是为了像电影作品那样以影院放映的方式使用；但是，其创作方式、作品展示方式、观赏效果等与电影类似。这些作品主要是指电视作品与录像作品，前者以电视剧为代表，后者主要通过录像带、光盘等出售为发行方式。其实，这些作品不仅在制作方式、创作手段上近似甚至相同，其传播方式也在不断融合。比如，很多电影作品也通过电视播放，并制作成光盘录像等出售。

七、图形与模型作品

图形作品，是指为施工、生产绘制的工程设计图、产品设计图，以及反映地理现象、说明事物原理或者结构的地图、示意图等作品。其中：工程设计图是指利用各种线条绘制的、作为建设或施工依据的工程实物基本结构和造型的平面图案，如工厂、矿山、铁路、公路、桥梁等设计图；产品设计图是指以各种线条绘制的、用以说明生产的产品造型及结构的平面图案，如服装设计图、家具设计图等；地图是一种客观反映地理实况、人口分布实况、矿藏实况等，并为人们识别方便而具指示性和艺术性的作品。示意图是指以点、线、几何图形、注记等为表现形式来说明较复杂的事物及其原理、或显示事物的具体形状、轮廓而创作的作品，如人造卫星运行图、分子结构模拟土、动物解剖图等。

模型作品，是指为展示、试验或者观测等用途，根据物体的形状和结构，按照一定比例制成的立体作品。

这些作品的共性在于，它们都有一定的实用性，都要反映一定的客观现象与规律，因而其中的独创性成分较少，著作权保护有一定的复杂性。这类作品虽然可以成为著作权的客体，但在具体认定某一作品的著作权时，应将其中的客观成分与独创因素区分开。

还有一点是应该注意的：著作权法保护这类作品并非其实用性功能，而是因为它具有美感。一般而言，著作权只保护设计图，至于按图制品则不属于著作权的保护范围。比如服装设计图，如果将图纸出版发行，须经著作权人许可；

但是，按照图纸生产时装，不在著作权保护之列。[①] 由此可见，我国现行著作权法对于工程、产品设计的保护仅限于"图形"而未延及工程和产品本身。

八、计算机软件

计算机软件是指计算机程序及其有关文档。计算机程序，是指为了得到某种结果而可以由计算机等具有信息处理能力的装置执行的代码化指令序列，或者可以被自动转换成代码化指令序列的符号化指令序列或者符号化语句序列。同一计算机程序的源程序和目标程序为同一作品。文档，是指用来描述程序的内容、组成、设计、功能规格、开发情况、测试结果及使用方法的文字资料和图表等，如程序设计说明书、流程图、用户手册等。

相对于前述作品，计算机软件具有较大的特殊性，所以《著作权法》规定，其保护办法另行规定，即专门制定《计算机软件保护条例》。本书也另行讨论。

九、民间文学艺术作品

民间文学艺术作品也是著作权客体的另类。《著作权法》规定，"民间文学艺术作品的著作权保护办法由国务院另行规定"。然而，我国《著作权法》自1990年9月通过至今已20多年，"民间文学艺术作品的著作权保护办法"仍然难见踪影。这在某种意义上说明了民间文学艺术作品的特殊性，其法律保护存在很多困难。

其实，如何在著作权法的意义上为民间文学艺术作品定位，国际上也存在较大争议。1982年，世界知识产权组织和联合国教科文组织制定的《保护民间文学表达形式、防止不正当利用及其他侵害行为的国内法示范法条》中规定，民间文学艺术表达形式（expression of folklore），是指由一个国家的一个群体所创造和保持的、包含其传统文化遗产特殊成分的作品，或者由某个人所创作的反映上述提到的群体传统文化内容的作品，以及由传统艺

---

① 关于"姜某某诉新疆路某某时装艺术团纠纷案"的复函 [M]// 国家版权局办公室. 中国著作权实用手册. 北京：中国书籍出版社，2000:465-466.

术遗产的特有因素构成的、由某国的某居民团体（或反映该团体的传统艺术发展的个人）所发展和保持的产品，尤指下列内容：（1）口头表达形式，诸如民间故事、民间诗歌及民间谜语；（2）音乐表达形式，诸如民歌及器乐；（3）活动表达形式，诸如民间舞蹈、民间游戏、民间宗教仪式；（4）有形表达形式，诸如民间艺术品、乐器、建筑艺术形式等。

民间文学艺术的特殊性主要在于：第一，大多数作品通常属于无主体作品，更确切地说，其创作主体往往是不确定的多数人；第二，多数作品可能超过一般作品的著作权保护期限。因此，如何在现有著作权法律框架下保护民间文学艺术作品，确非易事。

第三节 不适用著作权法保护的作品

尽管著作权法保护的对象相当广泛，但是并非所有的作品都受著作权法保护。各国著作权法又规定了排除某些作品受保护的制度。我国《著作权法》第5条对此作了具体规定。

一、官方文件

官方文件是一个较笼统的概括性概念，是指由国家公权力主体发布，需要公众遵守、执行，具有指令功能、规范意义的公共性文件。大体包括：法律、法规，国家机关的决议、决定、命令和其他具有立法、行政、司法性质的文件，以及这些文件的官方正式译文。

官方文件之所以被列入著作权排除对象的范围，在于它具有的公共性功能与地位。就其自身的构成而言，官方文件属于文字作品，完全具备著作权客体的构成与特征，具有独创性，应该享有著作权。但是，官方文件由公权力主体制定并发布，旨在公众贯彻、执行。所以，官方文件自由、快速、全面地传播，既是制定者的初衷，也合乎社会公众的利益；官方文件的制定与发布不以营利为目的，也不存在需要保护的人身权，所以没必要赋予著作保护。相反，如果赋之以著作权保护，将产生诸多不利局面。著作权保护将导致官方文件的有偿使用，这只能妨碍其传播；官方机关将受利益驱动，向全社会推行其文件，难免会以权牟私，造成官方文件浩如烟海，成为公众之累。

有几种情况值得注意：一是有的作品原来是个人创作，后因某种原因、并以某种方式被"充公"，成为官方文件，它就从著作权客体变成了非著作权客体；而是尽管官方文件不受著作权法保护，但个人或出版单位根据某种意图，将官方文件选择、汇编成文件集，仍然会因为构成汇编作品而享有整体著作权。

二、时事新闻

时事新闻，本指最近发生的比较重大的事情，按照《著作权法实施条例》的解释，即通过报纸、期刊、广播电台、电视台等媒体报道的单纯事实消息。

对时事新闻的理解应注意把握这样几方面：（1）关键是"单纯事实消息"。"事实"是报道的客观对象，但对事实的报道可以有多种多样。而作为"消息"，则只为传达客观事实，没有作者的主观性因素，如评论与分析等；加以"单纯"，更强调了事实的单一性、纯粹性。（2）"时事"是指最近发生的国内外大事，它通过各种媒体得以报道、传播。这样，历史事实就不包括在时事新闻范围内，就不属于著作权法的排除对象。

从《伯尔尼公约》开始，时事新闻就一直被排除于著作权法保护的范围之外。《伯尔尼公约》第2条第8款规定，其所提供的保护不得适用于日常新闻或纯属报刊消息性质的社会新闻。

之所以将时事新闻排除在著作权法保护范围之外，原因有两个：第一，新闻应该得到及时、快速、广泛地传播，而著作权保护会阻碍传播；第二，作为单纯事实消息，时事新闻是对客观事件的反映，表达形式比较单一，任何人对同一件事的描述都会是相同的。但是，如果在新闻报道者采取夹叙夹议的方式对时事新闻进行了整理加工，以综述、评论等形式进行报道，此时的报道包含了作者自己的创造性劳动，则应当享有著作权。

三、历法、通用数表、通用表格和公式

历法是指用年、月、日计算时间的方法。主要分为阳历和阴历、阴阳历三种。具体的历法还包括纪年的方法。可见，历法由太阳、月亮和地球的周期性运动规律所决定，是对客观现象的反映。

通用数表普遍使用于数学运算等诸多学科，它包含有数据并反映一定数量关系，如平方根表、对数表、三角函数表等。数表的内容反映的是数学运算规律，形式基本固定，没有进行独立创造的余地。

通用表格作为普遍使用的表格，如会计报表等，同样无需再创造。

公式是用数学符号或文字表示各个数量之间的关系的式子，是客观世界的数学表达，具有普遍性、共同性。公式需要创造性劳动，是"发现"的结果，而非创作，不属于作品。

上述四类既然是对客观规律的真实反映，同时又在现实生活、科学研究中发挥着重要作用，不宜作为著作权的客体加以保护。

【相关案例】

案例 1

李某（晚清末代皇帝溥仪的遗孀）与贾某曾为邻居，两家关系较好，经常往来。贾某曾帮助李某整理溥仪的日记及其他遗留文字，并整理李某的一些口述资料。1979 年至 1980 年，由《人物》杂志社约稿，后登载在人民日报《战地》杂志上的有关整理文章，以"李某"为署名人，同时署名"贾某整理"。

1980 年 6 月，李某改变了与贾某合作创作溥仪后半生传记作品的初衷，同意由王某与其合作，并且将存放在李某住处的溥仪日记、其他文稿，以及出自贾某手笔的整理成果（包括溥仪编年、写作采访线索、溥仪病历摘抄、李某口述回忆资料等共 2 万余字）全部交王某带走。王某获取这些资料后，于同年 10 月完成了《溥仪的后半生》初稿。1981 年初，天津《八小时以外》杂志连载过两期该初稿。连载时王某单独署名。

其后，李、王达成"著作权共有"协议。1988 年 11 月，王某出版了《溥

仪的后半生》一书。该书与1980年10月完成的初稿并无实质性差别。

早在1980年李某改变初衷时,贾某曾要求仍旧参与创作《溥仪后半生》一书,但被拒绝。于是,贾某决心独自创作。他自费采访了三百余人,包括溥仪"后半生"开始的目睹者(即与溥仪一道被特赦、一道从抚顺到北京的人)到"后半生"结束时的目睹者(溥仪去世前时守候在病榻旁的人),查阅了大量档案资料(包括有关的新闻报道等)。其收集、笔录的文字超过千万。1984年,贾某《末代皇帝的后半生》一书初稿完成。其间,贾某按照出版社及其他方面的人士的意见,又作几次修改,于1988年9月向解放军出版社交付定稿,1989年6月正式出版。

1990年11月,李某与王某向北京市西城区人民法院起诉,称贾某的《末代皇帝的后半生》一书,抄袭了《溥仪的后半生》一书达70%以上,侵犯了二人的著作权,要求被告公开赔礼道歉,销毁存书、不要印刷出版,赔偿经济损失等。被告贾某辩称:事实是王某拿走并使用了被告的整理成果,用于《溥仪的后半生》的"创作";《末代皇帝的后半生》是自己独立创作的,根本不存在抄袭李、王一书的问题。

法院经审理认为:

(1)创作历史人物传记作品,在表现特定历史人物活动的客观情况时,不可能凭空杜撰,由此造成原告、被告所著书在记述人物、时间、事件时所反映的客观史实和所用史料部分相同,不能作为抄袭的依据。

(2)被告所著书在创作风格、文学处理等表达形式上,亦体现了自己的特点,表明了其作品的独创性。原告不能证明这些形式属其独自所有。

故原告认为被告所著书抄袭了原告所著书,侵害了原告的著作权,不能成立。

据此,法院判决驳回了原告的诉讼请求。

案例2

美国教育考试服务中心(Educational Testing Service,简称ETS)成立

于1948年，TOEFL考试由其主持开发。1988年至1995年，ETS分别在中国核准注册了746636、771160、176265号"TOEFL"商标，核定使用的范围分别是盒式录音带、考试服务、出版物等。1989年至1999年，ETS将其开发的53套TOEFL考试题在美国版权局进行了著作权登记。在2003年9月之前，TOEFL和GRE等考试的历年试题与复习资料从未在中国大陆授权出版。

国内某英语培训学校专门针对TOEFL、GRE等考试开展培训。其中，有关试题自然是该学校培训资料的重要内容。面对大批准备出国留学的学生的强烈需求，在未经ETS许可的情况下，该学校大量复制了上述考试试题，并将试题以出版物的形式公开销售。此外，在被控侵权的相应出版物的封面上均用醒目地标有"TOEFL""GRE"字样。

ETS认为，该学校的行为侵犯了其著作权及商标权，故起诉要求该学校承担停止侵权、赔偿损失、赔礼道歉等民事责任。

该学校辩称：（1）作为TOEFL、GRE等英语考试培训机构，必然以教学双方获得并使用该考试以往的试题作为教学的条件之一。对ETS而言，不论其对这些试题采取何种保密措施，在众多的应试者参加考试而获知试题内容后，在法律上应没有权利要求禁止特定考试试题信息的流传。（2）该学校是在无法获得原告授权的情形之下，根据学生的数量和要求对以往考试的部分试题进行复制，以用于课堂教学。这种使用应属于我国规定的合理使用，无需获得原告的授权。（3）虽然原告在中国注册了相关的商标，但是，该学校的这种使用，是在"GRE""TOEFL"已经成为某一考试专有名称的情况下，为说明和叙述有关资料而作的使用，与作为商标的使用在目的和实际效果上完全不同。根据中国商标法的有关规定，不应被视为侵犯商标专用权的行为。因此，原告起诉的部分诉讼请求不能成立。

一审法院经审理认为，该学校在未获得ETS许可的情况下，擅自复制ETS享有著作权的TOEFL考试试题，并将试题以出版物的形式通过互联网等渠道公开销售，其行为侵害了ETS的著作权；该学校在与ETS核定使用商品类别相同的商品上使用了ETS的注册商标，构成对ETS注册商标专用权的侵犯。故判令该学校立即停止侵权行为，在《法制日报》上向ETS公开赔礼道歉，并赔偿ETS经济损失人民币500万元及诉讼合理支出人民币52.2万元。

接到一审判决后，该学校不服，提起上诉。

二审法院认为，一审判决在该学校侵犯ETS著作权问题上认定事实清楚、适用法律正确，但关于侵犯商标专用权及赔偿数额的认定和处理有所不当，应予酌情纠正，故判决该学校赔偿经济损失人民币3 740 186.2元及合理诉讼支出人民币2.2万元。

本章小结

理解著作权的客体，是理解著作权制度的前提。著作权的客体即著作权的对象，是具有原创性的作品，构成著作权法意义上的作品，享有著作权保护。

我国《著作权实施条例》第2条规定，"著作权法所称作品，是指文学、艺术和科学领域内具有独创性并能以某种有形形式复制的智力成果"。一部作品要成为著作权的客体，应该具备以下要件：（1）属于文学、艺术和科学领域内智力成果；（2）具有独创性；（3）具有一定的表达形式；（4）具有可复制性。

按照我国《著作权法》第3条的规定，可以成为著作权客体的作品表现为多种样式，具体包括：（1）文字作品；（2）口述作品；（3）音乐、戏剧、曲艺、舞蹈、杂技艺术作品；（3）美术、建筑作品；（5）摄影作品；（6）电影作品和以类似摄制电影的方法创作的作品；（7）工程设计图、产品设计图、地图、示意图等图形作品和模型作品；（8）计算机软件；以及（9）法律、行政法规规定的其他作品。

不过，有些作品如果适用著作权法保护可能不利于其广泛传播和使用，反而有违其创制初衷，为此各国著作权法都规定了排除某些作品受保护的制度。我国《著作权法》第5条规定，该法不保护：（1）法律、法规，国家机关的决议、决定、命令和其他具有立法、行政、司法性质的文件，及其官方正式译文；（2）时事新闻；（3）历法、通用数表、通用表格和公式。受其性质所决定，这些作品应该允许社会公众自由使用，以维护相关的公共利益。

思考与练习题

1. 作为著作权客体的作品应该具备什么样的构成要件？

2. 某出版社要编辑出版一部《中国各省地方法规文本汇编》，是不是要分别经过这些法规制定者的——授权？为什么？

3. 某出版社要编辑出版一部《国际著作权保护公约文本汇编（汉译）》，是不是要分别获得公约制定者、翻译者的——授权？为什么？

4. 报刊上的具有新闻性的文章是否受著作权法保护？为什么？

第三章
著作权的主体

第一节 著作权人
第二节 特殊作品的著作权归属

出版法规与著作权法论析

内容提要：著作权法关于作者以及其他著作权人的有关规定；著作权归属的基本原则；法人作品与职务作品的区别；演绎、汇编和电影类作品中的多重著作权等。

重难点：著作权的原始主体和继受主体；著作权归属的基本原则；不同类型作品著作权的归属。

著作权的主体又称著作权人，即著作权的权利拥有者，是指依法对文学、艺术和科学作品享有著作权，并在著作权法律关系中享有权利、承担义务的单位和个人。通常情况下，创作作品的作者自作品创作完成时自动取得该作品的著作权，但还有一些例外情况，如法人作品、职务作品、影视类作品等的著作权并不归作者，而委托作品的著作权归属还可以通过合同进行约定。

哪些人在何种情况下可以成为著作权人，是本章关注的核心；同时，由于作品创作的复杂性，在一些具体情况下，如何认定著作权的主体，是一个十分重要的问题。只有依法享有著作权的人才能主张著作权的保护、许可并转让特定的著作权，因而，著作权主体与归属是著作权保护的核心，也是著作权法律制度的核心，是立法、司法以及著作权交易等实务的基础。

第一节 著作权人

《著作权法》第9条规定：著作权人包括两大类：（1）作者；（2）其他依照本法享有著作权的公民、法人或者其他组织。按照取得著作权的不同依据，著作权主体可以分为原始主体和继受主体。

一、著作权的原始主体

著作权的原始主体，是指依照法律规定直接享有著作权的人。主要包括以下几种：

（一）作者

《著作权法》第 11 条规定："著作权属于作者，本法另有规定的除外。"可见，作者是当然的、第一位的著作权人。而所谓"作者"，是指创作作品的自然人，包括我国公民以及外国人、无国籍人。

第一，作者需参与了作品的创作活动。而"创作"是指直接产生文学、艺术和科学作品的智力活动。创作这种活动，是设计并完成文学艺术形式的行为，是从构思到表达完成的过程。因此，所谓参与创作，须实际参与作品的实际表达过程。为他人创作进行组织工作，提供咨询意见、物质条件，或者进行其他辅助工作的，均不是创作。编辑出版过程中，为他人作品提供修改意见、或从事图书策划的人员，都不是作者。

第二，作者是自然人。具体从事智力创造活动的只能是自然人。只有人类是可以从事智力创作活动的主体，其他任何生命体、无生命体和社会组织，都不能从事创作活动。所以客观上，只有自然人是惟一的文学、艺术和科学作品的事实作者。这一客观事实，不依人们的主观认识或利益需求而改变。法律规定自然人为作者，是对创作这一客观事实的尊重与肯定。因此，作者作为最直接和最基本的著作权主体，享有最为完整和原始的著作权。

第三，作者可以是一切自然人——无论他在民事上有无民事行为能力，在公法上是否被剥夺了政治权利。没有民事行为能力的未成年人，如儿童画家；被宣布为限制民事行为能力的精神病患者；被判处刑罚的罪犯等，都可以成为作者。创作是一种事实行为，不以完全行为能力为条件，也不能被剥夺。

（二）法定的"作者"

在特定情况下，为了满足某种利益需求，在法律上也可以把自然人以外的其他民事主体视为作者，给他们以作者的法律资格。也就是说，本来是自然人创作的作品，通过法律规定，把作者的身份赋予自然人以外的其他主体。我们可以把这种作者称作"法定作者"。

在著作权法学界，法人或其他它组织能否成为作者，一直是个争议的话题，至今也没有形成绝对统一的观点。反对将法人、组织作为作者的观点认为，创作是智力创造、心灵思维、精神活动，只有自然人才能进行创作，并就作品享有人格精神权利。赞成者认为，法人被拟定了人格，可以自己的意志从事独立活动，当然可以成为作者。其实，反对与赞成者的立足点不同。反对法人作者的观点立足于"创作＝精神创造"，而法人作者的赞成者则着眼于"法人有民事权利与行为能力，并独立承担民事责任"这一前提原则。

《著作权法》第11条第3款规定："由法人或者其他组织主持，代表法人或者其他组织意志创作，并由法人或者其他组织承担责任的作品，法人或者其他组织视为作者。"这种被"视为"作者的"法人或者其他组织"就是"法定作者"。原因在于：第一，这种"作者"不是"自然人"，而是法人或者其他组织，它不能因直接从事创作活动的事实而成为当然的作者；第二，这种"作者"——法人或者其他组织作为一个整体，尤其以自己的思想和意志，主持了创作，作品代表了其意志，它要为此承担责任。因此，从民事法律关系的角度，有必要赋予这种组织以著作权主体的地位。这种作者地位不是因创作事实自然产生，而是由法律特别规定的。第三，将法人或其他组织视为作者，与现代科技高度发展的客观要求相适应。随着科技的发展，有些作品的创作往往个人无法独立完成而需要法人或其他组织负责组织和管理，如某些工程设计图纸作品、影视作品、计算机软件等。

（三）作者的认定

如何从著作权的意义上认定一部作品的作者，有时并非一件容易的事，尤其是在发生权利纠纷时。对此，我国著作权法作出如下规定：

第一，一般原则：创作作品的公民是作者。这是认定作者的实质性原则，或者说是构成作者的实质性条件，它可以适用于任何作品。当发生权利纠纷时，实际参与创作活动是证明作者地位的首要证据。

一般原则的例外：在法人或其他组织被视为作者的情况下，虽然参与创作的是自然人，但该创作由法人或者其他组织主持，代表其意志，并由其承担责任，参与创作的自然人却不是作者。还有委托人通过约定取得著作权的，受托人作为创作者却不能成为作者。

第二，署名原则：如无相反证明，在作品上署名的公民、法人或者其他组织为作者。这是认定作者的形式原则，或者说是构成作者的形式条件。署名原则实际上是一种推定原则。此时，署名人表面上看居于作者的地位，虽然他在事实上不一定是作者，但在无相反证明的情况下，法律就推定其为作者。如此规定，也是为了尊重署名这一事实，也尊重有关当事人的意志，并便于执法实践中的具体认定。不过，既然署名被赋予如此重要的法律地位，署名的方式就显得十分重要。按照惯例，在图书的惯常位置署名，即常见的署名方式，应该成为作者推定的依据。而有些情况下的署名就不具有著作权法律意义的署名：如丛书主编或顾问、稿件审定、策划人等署名，虽然这些姓名也被写在封面或著作权页上。

署名原则的例外：当一作品已有署名时，署名人应该是该作品当然的作者，这是应当优先考虑的。不过，如果他人针对署名提出不同主张，且可以提供相反的证据，署名人就可能被认定不具有作者身份。

二、著作权的继受主体

著作权的继受主体是指基于作品原有著作权的转移而取得著作权的人。包括著作权的继承人、承受人、受赠人和受让人。

（一）继承人、承受人和受遗赠人

1. 公民著作权的继承。《著作权法》第19条第1款规定，公民享有的著作权，在公民死亡之后，其著作财产权在法律规定的保护期内，依照继承法的规定转移。《著作权法实施条例》第15条又规定，作者死亡后，其著作权中的署名权、修改权和保持作品完整权由作者的继承人或受遗赠人保护。无继承人又无人受遗赠的，由著作权行政管理部门保护。

2. 法人或其他组织以及国家著作权的承受。《著作权法》第19条第2款规定，法人或其他组织变更、终止的，其著作财产权在保护期限内，由承受其权利义务的法人或其他组织享有。没有承受其权利义务的法人或者其他组织的，由国家享有。可见，特殊情况下国家也可取得著作权。

3. 著作权的受遗赠人。按照《著作权法》和《继承法》的有关规定,著作权属于公民的,公民死亡后,其享有的著作财产权在保护期内,按照遗赠扶养协议或其他有效的遗赠文书可由受遗赠人获得。《著作权法》第17条规定,作者生前未发表的作品,如果作者未明确表示不发表,作者死亡后50年内,其发表权可由继承人或者受遗赠人行使;没有继承人又无人受遗赠的,由作品原件的所有人行使。

（二）著作权的受让人

著作权的受让人是指依据著作权转让合同取得著作权的人。按照法律规定,受让人只能依合同的明确约定取得全部或部分著作财产权,且在行使受让取得的著作权时不得侵犯转让人的著作人身权和未转让的著作财产权。

第二节 特殊作品的著作权归属

创作作品是著作权取得的一般法律事实,"著作权归属于作者"是著作权归属的一般原则。但著作权法也规定了例外。这些例外是针对作品创作的特殊情况的著作权归属规定,主要有以下几类。

一、演绎作品

（一）演绎作品的概念

演绎作品又被称为"派生作品",是在已有作品的基础上,通过改编、翻译、注释、整理等而产生的新作品。

演绎就是改造、加工等行为。演绎行为必须具有作品所要求的"独创性",才能产生演绎作品。我国著作权法提到的演绎行为包括：（1）改编：改变作品的表现形式或用途,也涉及对作品内容的改变,其结果是改编作品。如长篇小说的缩写、由小说绘制连环画、创作电视剧本等。（2）翻译：从一种语言文字转换为另一种语言文字,如将《哈里·波特》从英文翻译为汉语。（3）注释：以注的形式对作品的字、词、句等进行解释。（4）整理：对内容零散、层次不清得已有作品或材料进行条理、系统的加工。

演绎的基础是在先作品（原作品），有时还包括其他相关材料；演绎的结果是演绎作品，演绎作品是一种独立的新作品。

（二）演绎作品著作权归属及行使

由于演绎作品要以原作品为基础，就使得演绎作品的著作权归属和行使具有了复杂性。应当注意与原作品著作权的关系。对此，我国著作权法做出两方面的规定，第一、演绎作品的著作权由改编、翻译、注释、整理即演绎者享有；第二、演绎者行使著作权时不得侵犯原作品的著作权。

首先，演绎权是著作权中的一项权能，是原作者赖以获得经济利益的一项财产权利。作者既可对其作品自行改编、翻译、注释等，也可授权他人以上述方式使用作品，使被授权人成为演绎者。因此，对他人已有作品进行演绎创作，应当事先征得原作品作者的许可。比如，对于一部外文小说，任何人出于商业用途，只有经过其著作权人许可后才能进行翻译并出版发行；此后，如果有人要根据该译本改编成连环画，既要获得译者的同意，又要经过原作品著作权人的许可。又如，录音录像制作者使用改编、翻译、注释、整理已有作品而产生的作品，应当取得改编、翻译、注释、整理作品的著作权人和原作品著作权人两方面的许可，并支付报酬。当然，许多演绎作品所基于的原作品是不受著作权保护的，过了保护期的作品。例如历代名作、古文。对于这类作品任何人都不享有专有的财产权。因此，任何人都可以对其通过改编、翻译、注释、整理等方式加以使用。

其次，演绎作品时必须保护原作品完整性。他人不管以何种方式演绎已有作品，都必须忠实于原作品的主题、内容。未经作者同意，不得修改作品的内容作者的观点。

最后，在商业性使用演绎作品时，应取得原作品著作权人的同意，在演绎作品中指明原作者姓名，向原作品著作权支付报酬。

二、合作作品

（一）合作作品的概念

合作作品是指两人以上合作创作的作品。合作作品的作者应为两人或两人以上，可以是自然人之间合作，也可以是法人或其他组织之间合作。

构成合作作品，应当具备如此下条件：

1. 合作者都对合作作品投入了创造性劳动。合作作品有多个作者，每个作者都实质性地参与了作品的创作，都对作品的形成做出了实质性贡献。实践中，对他人作品提出修改意见并被吸收，对创作提供了物质资助，帮助查找资料，帮助抄写或校对等，这些对于作品完成都做出了贡献，有时还是决定的贡献（如决定性的资金投入），但都不构成创作，不是作品的合作者。

2. 合作者基于合意而共同创作。合意即意思相合，各合作者在创作中有着共同完成一件作品的目的，并经过相互意思协商甚至分工。不同的是，有人未与他人沟通、协商，对他人的作品或未完成作品进行增补的行为，没有合意，不构成合作，像古代常见的续写。记者就一定的事件或主题采访多人，并写出综述性报道，其中虽包含被采访者的叙述或观点等，却不是创作的合意与合作。

3. 每个合作作品所完成的文学艺术形式，应当达到著作权法所要求的作品标准。也就是说，合作作者所完成的作品，应是作品整体构成的有机组成部分。[①]

（二）合作作品著作权归属及行使

对于合作作品的著作权归属，法律既明确了一般原则，同时还就特定情况作了特殊规定。

1. 合作作品的著作权由合作作者共同享有。这是一般原则。

2. 根据不同类型的合作作品，其著作权的权利分配有所不同。合作作品可以分为两种，可以分割使用的和不可分割使用的作品。每种作品的使用与著作权行使有所不同。

（1）"可以分割的合作作品"是指该作品虽在整体上属于合作作品，但其每一部分的作者可以指认，它们之间并非相互融合、不可分割的关系。因此，每个作者所独立创作的部分的著作权可以单独享有和行使。

---

① 刘春田主编. 知识产权法 [M]. 北京：高等教育出版社，2000：70.

可能存在的问题是，如何处理合作作品整体著作权与可分之各部分著作权之关系。法律的基本规定是，各作者就其单独部分行使著作权时不得侵犯合作作品整体的著作权。换言之，任何作者虽可单独使用其创作的部分，却不能单独使用合作作品整体。比如，歌曲属于词与曲可以分割的合作作品，使用一首歌曲需要同时取得词与曲两方作者的同意。词作者可以单独使用其词，曲作者也可以单独使用其曲。但是，词作者或曲作者不能单独授权他人使用整体的歌曲。

（2）"不可分割的合作作品"是指在合作作品中，所有作者的创作内容相互融合，不可明确指认、分割，因此每个作者的创作内容不能单独使用。在这种情况下，合作作者共同享有合作作品之著作权的情形就与上述作品有所不同。

第一，不可分割的合作作品著作权行使需通过所有作者协商一致，每一个作者都不得单独行使作品著作权，所有作者都同意方能行使此类作品的著作权。

第二，协商一致虽是行使合作作品著作权的最佳状态，但在实践中，作者之间常常会发生分歧，不能协商一致。此情况构成权利冲突，如何解决，确实重要。否则，每个人都不能行使著作权、或者每个人都任意行使著作权，都将损害所有权利人的利益。

为此，应该坚持的原则是，不能协商一致，又无正当理由的，任何一方不得阻止他方行使除转让以外的其他权利，但是所得收益应当合理分配给所有合作作者。①这种情况下，法律不作如此规定，有关权利人的权利将得不到实现，也妨碍了公众对作品的正常使用。②部分权利人如有正当理由，可以阻止其他权利人行使权利。所谓正当理由，应该是对所有共有人都有利，也有利于作品传播的理由。否则，阻止他人行使合作作品著作权的行为不受法律保护。③无论在何种情况下，著作权的转让都需合作者协商一致。但是，应受禁止的是整个著作权的转让、还是部分共有人自己份额的转让？法律没有规定。我们认为，应受禁止的是整个著作权的转让，因为这种转让直接影响到其他人的权利。但是，本着民法的基本原则，任何共有人可以单独转让他自己的权利份额。不过，其他共有人在同样条件下拥有优先受让权。④部分权利人单独行使著作权的，其所得收益应当合理分配给所有合作作者。部分权利人对共有著作权的单独行使虽不是所有权利人的一致行为，但其行使的对象、使用的作品却是大家共有的，收益理应归属所有权利人。所谓"合理分配"，应该是在扣除行使权利所必要的花费外，根据每个权利人共有的份额进行分配。这说明，部分权利人无正当理由而阻止行使著作权的，其对作品的使用权受到限制，但仍保有收益权。

三、职务作品

（一）职务作品的概念

公民为完成法人或者其他组织（以下多称"单位"）工作任务所创作的作品是职务作品。所谓"工作任务"，是指公民在该法人或者组织中应当履行的职责。通常，职务作品是指机关、团体、企业、事业单位的工作人员，为了完成本职工作或单位交给的临时工作任务所创作完成的作品。例如，记者为其所在的报刊社、电台、电视台撰写的文章、拍摄的照片；文艺团体的专业创作人员为完成本职工作创作的电影、电视剧本、曲艺脚本、舞蹈或其他作品；教育部门组织教师编写的教材；等等。构成职务作品的关键在于以下两个方面：

1. 职务关系：围绕职务作品，创作作品的公民与相关组织之间应该存在职务关系，即公民是该组织的员工，其间存在人事关系、劳动关系。至于该职务关系是聘用合同关系、还是国家机关人事关系，无关职务作品的性质。如果公民与某组织之间没有职务关系，前者受后者委托创作作品，只能构成委托作品，而不是职务作品。

2. 工作任务：创作作品的目的是为了完成作者所在单位的工作任务。职务作品创作过程中，有关创作主题、表达形式等往往是根据作者所在单位的工作任务而进行的，并非作者个人决定。按质按期完成作品，是作者的工作职责。因此，凡与职务有关，为完成工作任务而创作的作品均属于职务作品。

（二）职务作品的著作权归属和行使

职务作品的复杂性在于，参与创作的职工与其单位对创作的投入、承担的责任难以量化，各自对著作权的享有也难以简单划一。我国著作权法主要规定了两种权利归属准则。

1. 作者只享有署名权，著作权的其他权利由单位享有，单位可以给予作者奖励。至于是否给予作者奖励，由单位决定，所以这不是授予作者以获奖权。

这只适用于以下两类特殊的职务作品：（1）职务作品创作主要利用了单位的物质技术条件，并由该单位承担责任的工程设计图、产品设计图、地图、计算机软件等职务作品。这些职务作品的创作必须借助于单位的资金、设备、技术资料，并且作品一旦出现错误、造成严重经济损失，一般也只有单位才能承担得起。（2）法律、行政法规规定或者合同约定著作权由法人或者其他组织享有的职务作品。

2. 作者享有著作权，单位享有有限的优先使用权。针对上述两类特殊职务作品以外的所有其他职务作品。所谓单位享有的"有限的优先使用权"，具体表现如下：

（1）单位在其业务范围内，有权优先使用该职务作品。业务范围决定于单位的业务性质。如报社记者撰写的采访稿件，报社享有在其报纸上发表的优先权，但不享有出版图书的优先使用权。

（2）上述优先权意味着排斥权，即在作品完成两年内（自作者向单位交付作品之日起计算），禁止作者许可第三人以与单位使用的相同方式使用该作品。同时，单位排斥权的范围也受到限制，即：它禁止作者许可的使用，应该是与其使用方式相同的使用。此外，单位拥有禁止权也并不意味着它同时拥有许可他人使用权。只有当作者同意许可他人使用时，单位的许可才是有效力的。因此，单位不能单独许可。

（3）职务作品完成两年内，经单位同意，作者许可第三人以与单位使用的相同方式使用作品所获报酬，由作者与单位按约定的比例分配。作品完成两年后，单位可以在其业务范围内继续使用。

四、委托作品

（一）委托作品的概念

委托作品是指依据委托创作合同的约定，由受托人按照委托人的意志和要求而创作的作品。现实生活中，委托他人创作作品的活动大量存在，如委托他人拍摄照片、题词、设计企业标志等。

委托作品的显著特点有三：第一，作品一般是作者按照委托人的思想与要求进行创作的，它往往不反映作者本人的思想，而仅仅是表现作者的创作技巧；第二，作品的原件所有权一般归委托人，而著作权归属可另行约定；第三，它一般不是本单位工作人员为完成本职工作而创作的，而是由本单位以外的人创作完成的。

创作委托作品，需要委托人与受托人签订委托合同，就特定作品的创作达成合意，可以采取书面形式，也可采取口头形式。

（二）委托作品著作权归属及行使

委托作品涉及两个法律主体，相应著作权的归属和使用，容易引起纠纷。对此，我国法律明确规定如下。

1. 委托作品的著作权归属由委托人和受托人通过合同约定。这一规定贯彻了合同自由的民法原则。从著作权实践来看，委托创作的双方法律关系多种多样，委托作品的类型、用途，双方当事人的权利义务等几乎都不一样，法律不可能对其著作权归属作硬性规定。

2. 合同未作明确约定或者没有订立合同的，著作权属于受托人。这是法律对当事人意思自治的补充性规定，以当事人没有明确约定为前提。法律如此规定，也是基于保护作者权益的基本原则，是对"著作权属于作者"这一基本原则的贯彻。这也是由委托创作的法律关系所决定的。在这一委托关系中，合同主要标的是作品，而不是著作权。即接受委托的作者应该按照委托方的要求，在一定时间内向后者提交合乎要求的作品。而著作权则不是委托创作合同必然的标的。因此，只有在当事人明确约定的情况下，著作权才作为委托创作的附加性标的，连同委托作品交由委托人享有和使用。

五、汇编作品

（一）汇编作品的概念

汇编作品，是汇编若干作品、作品的片段或者不构成作品的数据或者其他材料（以下简称作品材料），对其内容的选择或者编排体现独创性的作品。汇编作品构成有以下要件：

1. 需由若干作品、作品的片段或者不构成作品的数据或者其他材料组成。

2. 必须具有独创性，它体现在对其作品材料即组成部分的选择或者编排上。选择是对作品材料的取舍，编排是对所选作品材料的分类、排列和组合，其中体现着汇编者的智力创造。

常见的报纸、期刊以及各种"文集""大全""全集""选集""精选"等都属于汇编作品。比如，杂志是一种汇编作品，杂志的编辑——汇编者根据杂志的宗旨，选择多篇合格稿件，按照一定的顺序、栏目，将它们排列、组合在一起，形成完整的作品。

《××企业名录》选录了成千上万家的企业名称，这些名称不是作品，不享有著作权，任何人都可以自由使用。但是，《××企业名录》本身是否由汇编者享有著作权？争论颇多。再如广播电视节目预告表、邮政编码大全、火车、飞机时刻表之类的"边缘客体"是否享有著作权？我们认为，关键在于，"边缘客体"在选材、编纂方式等方面是否具有独创性。因为，有独创的地方，就有著作权，依照法律明确规定不适用著作权法保护的除外。

（二）汇编作品的著作权归属和行使

著作权法规定，汇编作品的著作权由汇编者享有，但行使著作权时，不得侵犯原作品的著作权。这一规定与上述演绎或合作作品的著作权归属类似。

1. 汇编作品本身具有独创性，具有著作权，由汇编者享有。汇编者可以是自然人或法人，也可以是其他组织，如资料室、编委。实际中，法人和其他组织为编辑人的情形较为常见。汇编作品由汇编人享有著作权，意味着汇编者有权禁止他人使用整体的汇编作品。

2. 作为汇编作品之组成部分的作品或作品片断如属于他人创造，尚未进入公有领域,则由各作者享有其著作权。这在著作权理论上称为"双重著作权"。原作者对作品所享有的著作权,不仅表现为作者有权决定作品的其他使用方式或途径;还表现为,汇编者在编辑活动中除对原作进行有限的文字性修改或删减外,一般无权对原作进行实质性修改。比如,《中国古代诗文选》是一部汇编作品,汇编者就其整体享有著作权;其中所汇编的古代作品已经进入公有领域,不再受著作权保护,可以自由使用。但是,《中国现代诗文选》中收录的作品可能还没有进入公有领域,汇编者应该取得其作者或继承人的同意。

3. 汇编人行使著作权时,不得侵犯原作品的著作权。汇编作品是将已有作品选择、编排、合成,因此,汇编时必须经原著作权人同意,并支付报酬。汇编在汇编作品中的单独作品,有许多是已发表的作品。汇编者将其收入、汇编,是对作品的再次使用。除报刊依据法定许可规定可对发表在其他报刊上的作品直接进行转载、摘编并加以商业化使用外,对汇编作品的非合理使用情形,都必须经过原作品著作人同意。

六、电影类作品

(一)电影类作品的概念

本书"著作权的客体"一章已经指出,所谓"电影类作品",包括电影作品和以类似摄制电影的方法创作的作品。它是指摄制在一定介质上,由一系列有伴音或者无伴音的画面组成,并且借助适当装置放映或者以其他方式传播的作品。由于影视作品是指拍摄完成的"大作",一部影视作品中,至少可能有导演、演员及剪辑师的成果不可分地融进其中,故影视作品是一种兼有合作作品及合成作品特点的特殊作品。

(二)电影类作品著作权归属和行使

由于影视作品较为特殊,在确认其著作权归属的问题上,历来存有争议。各国法律规定亦有所不同。例如,以美国为代表的一些国家规定,影视作品的著作权归制片人所有;法国则规定,电影作品的原始著作权属于参加电影创作的每一个自然人,但是制片人可对影视作品从事商业经营。前苏联和一些东欧国家则认为，整个电影作品的著作权归属于制片人，即电影制片厂、电视台，参加创作的其他人员对其创作的可分的部分，分别享有著作权。

我国著作权法从不同层次对电影作品的著作权归属作了规定。

1. 电影类作品的著作权由制片者享有。这表明，任何人以任何方式使用电影类作品的整体，或者使用其片断，都应经过制片者的许可。如通过电视台播放，制作录像、影碟等发行，选取片断制作广告或制作汇编作品等。之所以作如此规定，在于维护电影类作品使用上的整体性。如果授予电影类作品所有参与者平等的权利，电影类作品的使用有可能受到消极影响，这不仅不利于每一个参与者的利益，也不利于电影类作品的整体传播。

2. 电影类作品中的剧本、音乐等可以单独使用的作品的作者有权单独行使其著作权。如：剧本可以作为文字作品在报刊上发表，音乐可以出歌曲集或在别的作品中再使用。

3. 编剧、导演、摄影、作词、作曲等作者享有署名权，并有权按照与制片者签订的合同获得报酬。编剧等人的精神权利和经济权利应该受到保护，同时，以署名权和获益权保护他们的权利，与制片者著作权的行使并不构成冲突。这些人的署名权一般均依惯例标注于影片之首或结尾部分，其获益权一般通过合同方式解决。

七、原件所有权转移的作品

（一）原件所有权转移的作品的概念

原件所有权转移的作品，是指作为载体物的作品原件根据某种法律事实发生转移，即主体变更，也称"物移作品"[①]。

任何作品都可能出现原件所有权转移现象，作家将其手稿赠送、捐献给博物馆，画家、书法家将其绘画作品出售给他人。我国《著作权法》的表述为"美术等作品原件"，其本意在于：第一，"等"字概括了所有类型的作品；第二，

---

① 《知识产权法律读本》编写组. 知识产权法律读本[M]. 北京：党建读物出版社，2004：258.

美术作品原件发生所有权移转的情形比较常见。除美术作品外，其他作品原件所有权发生移转的，多为名家名作等具有一定价值和意义的作品。

与一般作品相比，美术作品有着较强的特殊性：一方面，它具有较大的直接观赏价值，为大多数人所喜闻乐见；另一方面，美术作品对原件（即承载物：画布、纸张、石料、染料等）具有较大的依附性，使得原件根本无法复制，因为美术作品所依附的物件是无法原样复制、完美再现的。这就使得永远"独此一件"的美术作品不可替代，具有独特的欣赏、收藏价值。在此情况下，美术作品原件的转移具有较大的著作权意义，需要从法律上作出规范。

（二）原件所有权转移的作品的著作权归属与行使

《著作权法》第18条规定，美术等作品原件所有权的转移，不视为作品著作权的转移，但美术作品原件的展览权由原件所有人享有。这一规定适用于任何原件所有权可能转移的作品的著作权归属和行使。

首先，应当清楚作品原件所有权和作品著作权的关系。美术、摄影、雕塑、模型等作品，当它们的原件以出售、赠与等方式转移给作者以外的人后，该持有人对作品原件享有所有权。表现为原件所有人有权对该作品原件占有、使用、收益和处分。这些权利随着作品原件所有权的转移而转移，随着作品原件的消失而消失。但是，该作品的著作权并不随着作品物转移，而是仍然属于作者。只有作者可以行使署名、发表、修改等著作人身权和使用权、获得报酬权等著作财产权。所以著作财产权法强调美术等作品原件所有权的转移，不视为作品著作权转移的规定，划清了有形物权和无形产权的关系。

但是，两种权利在事实上有着难以分割的联系。美术等作品的原件所有人在行使所有权时，往往涉及到一部分著作权。例如，以获得收益为目的将作品原件公开展示。展览权属于著作权，本应由作者享有。但当作品原件转移后，作者行使展览权必须受到原件所有人的制约。同时，如果法律不赋予原件所有人享有展览权，则对作品的传播不利。因此，为了协调作品原件所有权与作品著作权的关系，保证权利正常行使，著作权法将美术作品原件的展览权赋予原件所有人享有。当然，美术作品的著作权人仍然享有对相应复制品的展览权。

八、作者身份不明的作品

作者身份不明的作品，即不知作者为谁，也就是说，按照正常的方式与途径，无法确认作者的真实身份。但作品手稿、美术等作品原件可能被特定人持有。这时，著作权中除了署名权以外都可以由原件持有人行使。一旦作者身份确定后，仍然由作者行使；作者离世的，由其继承人行使。

第一，作者身份不明的，由作品原件的所有人行使除署名权以外的著作权。这是从有利于作品合法有序传播的权宜之计。需要注意的是：（1）著作权由作品原件所有人行使，并非由其所有。虽然在实践中的区别不是太大。此规定的理论基础是，原件所有人在事实上控制着作品的使用。原件所有人可以决定是否发表，可以获得报酬，以自己的名义对侵权者提起诉讼。（2）作品原件所有人不得行使署名权。当作者身份不明的作品有确切署名时，应该按此署名。没有任何署名时，可以注明"佚名"，并可声明"由某某提供"。（3）作品原件所有人可以行使署名权以外的著作权。至于仅限于著作财产权还是包括其他著作人身权？法律既然无明确限制，我们认为，从有利于作品的运用与保护角度，原件所有人可以行使包括除署名权之外的其他所有著作人身权。

第二，一旦作者身份确定，就转而由作者或者其继承人行使著作权。由作者行使其著作权是理所当然的。由继承人行使著作权的情形是，作者身份确定，但已经去世，如果行使的是著作财产权，则应当在法定的著作权保护期内。

【相关案例】

案例1

"二十四史"为中国古代纪传体通史，其系统、完整地记录了清朝以前各个朝代的历史，共计3249卷；《清史稿》由民国初年设立的清史馆按照历代正史的体例编写，分为纪、志、表、传四部分，共536卷。旧版"二十四史"

和《清史稿》，文字不划分段落，没有现代汉语所使用的标点符号，且因各种原因难免在文字上有错讹疏漏。20世纪50年代，中华书局根据毛泽东主席的指示，对"二十四史"和《清史稿》展开全面、系统的整理。中华书局组织了全国百余位文史专家参与这项工作，并主持制定了关于新式标点、分段、校勘的方法和体例。在此基础上，对"二十四史"和《清史稿》进行点校，改正错字，填补遗字，修改注释，加注标点，划分段落，并撰写了内容翔实的校勘记。1978年，整理工作全部完成，"二十四史"和《清史稿》由中华书局陆续出版。之后，中华书局对其进行了修订、再版，对发现的点校中出现的失误进行更正。

2002年9月13日和2003年12月18日，北京中基伟业科技发展中心销售了"《二十五史》光盘"，即"二十五史"全文检索阅读系统和该系统网络版各一套，每套售价分别为1000元和19800元。"二十五史"全文检索阅读系统光盘和木质外包装盒上载明：永川软件公司开发制作，天津电子出版社出版。"二十五史"全文检索阅读系统网络版光盘上载明：永川软件公司，南开大学组合数学研究中心联合推出。木质外包装盒上载明：天津电子出版社出版。"二十五史"全文检索阅读系统和该系统网络版的内容完全相同。

中华书局将其出版的"二十四史"和《清史稿》与"二十五史"全文检索阅读系统进行了比较。结论为：有关学者提出的疑误之处，中华书局尚未再版的，"二十五史"全文检索阅读系统的相关内容与原版本相同；中华书局再版时予以修订的，"二十五史"全文检索阅读系统的相关内容与修订后的内容相同。"二十四史"和《清史稿》中的校勘记部分，"二十五史"全文检索阅读系统和该系统网络版均未载入。

中华书局以上述开发制作、出版和销售行为均未经其授权为由，将天津市索易数据技术有限公司（原天津永川软件开发公司）、天津电子出版社和北京中基伟业科技发展中心诉至法院。

法院经审理认为，中华书局主张权利的"二十四史"和《清史稿》系对相关古籍进行整理而完成的，凝聚了古籍整理人员的创造性劳动，构成著作权法意义上的作品，应当受到著作权法的保护。

本案中，中华书局作为文化部确定的古籍整理出版规划小组当时的办事机构和主要出版单位，在长达20年的时间里，组织百余位专家对近4000卷的古籍进行了整理。在此过程中，人、财、物的管理，人员职责的划分，工作进度的统一安排等方面也均由中华书局主持。除此之外，中华书局制定了一系列的具体创作原则，参与整理的人员均统一依照执行，在正式出版后发现疑误又继续组织人员考证核实并进行修改。因此，"二十四史"和《清史稿》的整理工作体现了中华书局的意志且由中华书局对涉案古籍承担责任。鉴于本案的实际情况，考虑到现行著作权法关于法人作品的规定能够公平合理地确定著作权法实施之前的法律关系，因此可以直接适用现行著作权法。

根据著作权法的规定，未经著作权人许可，通过信息网络向公众传播其作品的，构成侵犯信息网络传播权。索易公司未经中华书局的许可，擅自复制"二十四史"和《清史稿》的部分内容上传至自己的网站，使公众可以在其个人选定的时间和地点获得"二十四史"和《清史稿》的部分内容，侵犯了中华书局的信息网络传播权。

据此，并结合本案的具体情节，法院判决相关被告承担停止侵权、赔礼道歉、赔偿损失等侵权责任。其中，索易公司和天津电子出版社共同赔偿中华书局经济损失125万元，索易公司另行赔偿中华书局经济损失3万元。

案例2

2002年9月，被告孙某被聘为"中小学生阅读教学实验研究"课题组成员，负责中学语文阅读教学综述部分的撰写，该课题组另一成员张某与孙某共同商量了相关文章的框架问题，并以书面形式列出题目和提纲，交与原告徐某据以执笔。

2002年12月，原告徐某将《阅读教学实验研究》一文初稿打印稿交与孙某，张某阅读后在稿件首页写下70余字的修改意见。后该文未被"中小学生阅读教学实验研究"课题组审核通过。

2003年4月，孙某在徐某提交的《阅读教学实验研究》一文另一份打印稿的首页页眉处写下修改意见，请徐某抓紧补充完善。该稿件上的署名为徐某,并注明了徐某的工作单位、职业和邮政编码。此后,《阅读教学实验研究》一文被孙某投稿给《课程·教材·教法》杂志,并于2003年6月发表,发表时的署名为孙某、徐某。

徐某认为:孙某擅自在此文加上其署名,且将其名列在自己姓名之前,在未经自己同意的情况下投稿并发表的行为侵害了自己的署名权,故诉至法院,请求判令孙某:

1. 在《课程·教材·教法》杂志上发表校勘声明,取消孙某在《阅读教学实验研究》一文上的署名;

2. 承担本案诉讼费用。

案例3

中国现代思想家梁漱溟于1988年逝世,其作品的著作权由其子梁培宽、梁培恕继承。1993年5月,梁培宽在北京某书摊上发现了由山西高校联合出版社出版、编者署名"鲁薇娜"的《梁漱溟随想录》一书。该书全部内容均取自梁漱溟先生的作品,其中大部分篇章取自梁漱溟先生所著《朝话》一书。

经查,联合出版社与中外名人研究中心编辑部于1992年4月25日签订了《随想录》一书的出版合同;合同第2条约定,编辑者承担一切因该书侵犯他人著作权而引起的责任。1992年6月,《随想录》一书由联合出版社出版,版权页上的编者署名为鲁薇娜,全书共计20万字,117篇。其中,62篇取自1988年版的《朝话》,3篇取自1940年版的《朝话》,其余的52篇取自梁漱溟的其他作品。

梁培宽诉称:鲁薇娜及联合出版社在编辑出版《随想录》一书时,事先未取得其许可,且该书的编选严重破坏了《朝话》的完整性和思想性,其行为已构成侵犯著作权,故诉至法院,要求判令两被告立即停止《随想录》一书的发行,支付原告著作权使用费5320元,赔偿原告物质及精神损失费2万元,在《新闻出版报》或《法制日报》上刊登声明,向原告赔礼道歉。

鲁薇娜辩称:《随想录》是一部汇编作品,其内容的一部分取自《梁漱溟全集》第四卷,而我负责该卷的编辑工作,对该卷享有著作权。此外,《随想录》一书的大部分篇章取自《朝话》,而《朝话》是由黄孝方编辑的汇编作品,其著作权归黄孝方享有,黄孝方已于1939年6月去世,依据中国著作权法有关规定,《朝话》的著作权保护期限已过,故《随想录》一书并未侵犯原告的著作权。

联合出版社辩称:《随想录》一书的出版工作是严格按照著作权法律规定和出版管理规定办理的。本社与《随想录》一书的编辑者就该书的出版订立了出版合同,该合同第2条明确规定,编辑者保证该书不侵犯他人的著作权和出版权,如有违反,编辑者承担由此引起的一切损失。因此,本社对《随想录》一书引起的著作权纠纷不承担任何法律责任。

本章小结

著作权的主体又称"著作权人",即著作权的权利拥有者。

按照我国著作权法的规定,作者是第一位的著作权人,著作权首先属于作者。不参与实际创作活动的人,不能成为作者和著作权主体。对于由法人或其他组织主持、代表该法人或其他组织的意志进行创作、并由该法人或其他组织承担责任的作品,该法人或其他组织被视为作者。

在无相反证明的情况下,在作品上署名的公民、法人或者其他组织为作者。但是,如果他人针对署名提出不同主张,且可以提供充分的相反证据以推翻署名的真实性,则署名人的作者身份就可以被否定。

作者因创作而取得著作权,属于原始著作权人;在著作权发生继承、受赠、受让或承受时,因此而获得著作权的继承人、受赠人、受让人和承受人便成为该著作权的继受主体。

现实的创作活动是复杂的,作品的形态、作者的情形等也有很大差别。为此,著作权法规定了特殊情形下的著作权归属。主要有——

演绎作品的著作权由演绎者享有;但在行使自己的著作权时,不得侵犯原作品的著作权。

合作作品的著作权由合作作者共同享有。合作作品可以分割使用的,每个作者对各自创作的部分可以单独享有著作权,但任何人不能单独使用合作作品整体。合作作品不可分割使用的,著作权归合作者共同共有,权利行使需通过所有作者协商一致,每一个作者都不得单独行使作品著作权。对于著作权的行使不能协商一致,任何一方不得阻止他方行使除转让以外的其他权利,但是所得收益应当合理分配给所有合作作者。

职务作品的著作权一般由作者享有,但法人或者其他组织有权在其业务范围内优先使用。作品完成两年内,未经单位同意,作者不得许可第三人以与单位使用的相同方式使用该作品。对于下述两类职务作品,作者享有署名权,著作权的其他权利由法人或者其他组织享有,法人或者其他组织可以给予作者奖励:(1)主要是利用法人或者其他组织的物质技术条件创作,并由法人或者其他组织承担责任的工程设计图、产品设计图、地图、计算机软件等职务作品;(2)法律、行政法规规定或者合同约定著作权由法人或者其他组织享有的职务作品。

委托作品的著作权由委托双方约定。未作约定的,著作权属于受托人,即实际的创作人。

汇编作品的著作权由汇编者享有;但作为汇编作品之组成部分的作品或作品片断,仍由各作者享有其著作权。汇编者就汇编作品行使著作权时,须经原作品著作权人的同意。

电影作品和以类似摄制电影的方法创作的作品的著作权整体上由制片者享有。编剧、导演、摄影、作词、作曲等作者对电影类作品享有署名权,并有权按照与制片者签订的合同获得报酬。作品中的剧本、音乐等可以单独使用的作品的作者有权单独行使其著作权。

思考与练习题

1. 详述我国著作权法关于著作权归属的规定，深入理解其背后的基本理念。

2. 分析我国《著作权法》第11条第3款和第16条，结合案例和实际创作，比较这两类著作权归属制度，并对我国著作权法的规定提出评价或修改意见。

3. 领会我国著作权法有关各种特殊类型作品著作权归属的具体规定。

4. 深入理解演绎作品、汇编作品以及电影类作品中的"多重著作权"问题。

第四章
著作权的内容与限制

第一节　著作权的内容
第二节　著作权的限制

内容提要：著作权内容构成；著作人身权和著作财产权的具体权项；著作权权能限制的原因及类型；合理使用、法定许可、强制许可的适用条件。

重难点：著作权的具体权项；合理使用、法定许可、强制许可的概念；合理使用、法定许可、强制许可的适用条件。

著作权的内容，是指著作权人根据法律的规定对其作品有权进行控制、利用、支配的具体行为方式，反映了法律对作者与其所创作的作品之间的具有人格利益和财产利益的联系方式。著作权的内容是著作权法律制度中最核心的部分。我国著作权法规定的著作权的内容包括精神权利和财产权利。

著作权法律制度在保护文学、艺术和科学作品创作者利益的同时，也要促进文化和科学事业的发展与繁荣。为此，在保护著作权的同时，还必须明确对著作权的限制，否则，绝对的著作权保护会损害社会公众对文化、科技创作成果的正常使用，最终影响文化、科技与经济的繁荣与发展。一般而言，著作权的限制或例外制度是在特殊情况下对著作权的一种限制，是保护著作权的例外，目的在于保持著作权人利益与社会公共利益之间的平衡。限制或例外制度主要包括著作权的合理使用、法定许可以及强制许可。

严格说来，著作权的期限不属于著作权保护的限制与例外制度。只因为期限制度也体现了著作权保护的相对性，也称为时间限制。为了叙述上的方便，本书将期限制度与限制制度并为一章。

第一节 著作权的内容

一、人身权利

人身权利，又称精神权利，是作者基于作品依法享有的以人格利益为内容的权利。大陆法系国家称之为著作人格权（或人身权），英美法系国家则称为精神权利，虽然称谓不同，但含义基本一致。我国著作权法则直接称之为人身权。

我国《著作权法》第 10 条明确规定，著作人身权包括发表权、署名权、修改权、保护作品完整权。

（一）发表权

发表权，即决定作品是否公之于众的权利。所谓公之于众，是指以出版发行、广播、上映、口述、演出、展示和网络传播等方式披露作品并使作品处于为公众所知的状态。作品是作者的思想、观念、情感、理想、主张、价值观的反映，是否披露应当由作者抉择。

发表权有以下几个特点：

（1）发表权是一次性权利。无论何种作品发表权只能行使一次。作品完成以后，不管在什么时间、什么地点，作者只要以特定形式将作品公之于众，就是发表了。对已发表的作品，作者的发表权已经使用完毕。作品再度与公众见面，不是发表，而是对作品的再次使用。例如，作者同意出版社出版了自己创作的小说，那么，在此之后其他出版社即使未经许可翻印了该作品，其行为也只是侵犯了作者财产权中的复制权，而不是发表权。因为，作者已经以出版的形式发表其作品，作者的发表权已不复存在。

（2）发表权要同某一种使用方式相结合才能行使。发表总是要以一种特定的方式去公之于众，这种特定的方式就是使用作品的方式。发表的方式很多，将作品交付出版社是发表，交付上演是发表，公开展出也是发表。在此，发表权是与财产权中复制权、表演权、展览权结合在一起行使的。发表意味着以一定方式首次使用作品。因此，侵犯发表权往往同时侵犯了作品第一次使用的财产权。

（3）发表权通常不能转移。发表权专属于作者，法律不允许转移，也不能继承。凡作者明确表示，不准发表的作品，在著作权保护期限内，除作者本人外，其他任何人都不能将该作品发表。作者生前对作品发表与否没有明确意思表示的，推定其同意发表，可由其继承人或受遗赠人在著作财产权保护期内行使。著作权无人继承又无人受遗赠的，由作品原件的合法所有人行使。作者生前已将著作权转让给他人或许可他人使用的，如果作者生前该作品尚未发表的，推定作者已经行使发表权。作者生前自己没有发表作品，但已将作品的原件转让给他人的，由于展览权已随着物权转移，作者的发表权也已行使完毕，法律不禁止作品因行使展览权而发表。

（4）如果作品发表涉及第三人著作权、名誉权、肖像权、隐私权等相关权利的，发表权的行使往往还受到第三人权利的制约。如果侵权作品尚未发表，可能会因第三人申请法院诉前禁令而无法发表；如果正在连载尚未载完，也可能因诉前禁令而无法完成后续部分的发表；已经发表的，依法要承担停止侵权、消除影响、恢复名誉、赔偿损失等相应的不利法律后果。在此，有必要提醒各种作品创作者和广大新闻出版工作者，一定要树立法治观念，提高法律意识，在作品创作和传播过程中，切莫侵犯其他自然人、法人或其他组织的合法权益。

（二）署名权

署名权，是指作者在自己创作的作品及其复制件上标记姓名，表明作者身份的权利。署名权是作者的一项重要权利，它既可保障作者的身份受到尊重，也是维持其他各项著作权能所必需的。我国著作权法规定，如无相反证明，在作品上署名的公民、法人或者其他组织是作者。

署名权包括署名和不署名两方面的权利，作者有权决定是否在作品上署名、以何种方式署名，包括署真名、笔名、艺名、别名等；有权禁止未参加创作的人在作品上署名；有权禁止他人假冒自己的署名去发表作品等。原则上，包括著作权在内的知识产权是私权，是否以及如何署名是作者个体的权利和自由，但如同其他所有权利和自由都会受到一定限制一样，署名权的行使也应当遵循相应的规则：就企事业单位而言，在法人作品、职务作品上的所署名称应当为单位的真实名称——《企业法人登记管理条例》第10条明确规定，企业法人只准使用一个名称；就自然人而言，所署之名一则不能违背社会公序良俗，二则不能违反特定的行政管理秩序，包括不能在学术作品上弄虚作假，三则不能侵犯他人合法权益，包括不能侵犯他人姓名权、名誉权、著作权等。

署名权不得转让，也不存在放弃的问题，其保护期限也不受限制，作者生前对署名权专有，死后署名权也不能继承或遗赠。同时，署名权只适用于可以直接署名的作品，如文字作品、美术作品、影视作品等，而口述作品、杂技作品、舞蹈作品等，则不宜直接在作品上署名，只能采用在作品之外专门介绍的方式或者在作品转化为相应音像制品时表明作者身份。

（三）修改权

修改权是指作者依法所享有的自己或授权他人修改其创作的作品的权利。修改，通常是对已完成的作品形式进行改变的行为，既包括由于作者思想观点和情感倾向的改变而导致的对作品内容和形式的改变，也包括在思想与情感不变的前提下对纯表现形式的改变，还包括局部的或全部的修改。修改作品可以是对已发表作品的修改，也可以是对未发表作品的修改。应该注意的是，修改权的行使也要受到其他因素的制约，例如，修改权不能对抗物权，即美术作品原件出售后，著作权人如想修改作品，则应当征得美术作品原件所有人的同意。当然，美术作品的所有人未经作者或者著作权人同意，也无权对美术作品进行修改，否则也是侵犯修改权的行为。

一般情况下，他人未经授权而擅自修改作品，是侵犯作者修改权的行为。但也有例外，我国著作权法规定，报社、期刊社可对投稿作品作文字性修改、删节，无须征得作者的同意；报刊之间还可以根据法定许可规定，相互摘编已经刊载的作品。但这都不涉及也不应造成对作品基本内容和形式的实质性修改。

（四）保护作品完整权

保护作品完整权，即保护作品不受歪曲、篡改的权利。其中既包括作品的完整性，也包括标题的完整性。所谓歪曲，是指故意改变事物的真相或内容；所谓篡改，是指用作伪的手段对作品进行改动或曲解。作者有权保护其作品的完整性，未经作者许可，他人不得擅自删除、更改作品的内容，或者破坏作品的内容、表现形式和艺术效果，以维护作者的声誉、声望和作品的纯洁性。以对某"钉子户"事件的评论为例，某评论家撰文同时对住户和开发商进行批评，而报社在刊登时完全删除了批评开发商的内容，这种行为改变了评论家在作品中表达的原意，会使读者误认为评论家完全站在开发商的立场上，由此会对评论家的声誉造成损害，即为典型的侵犯保护作品完整权的行为。①

保护作品完整权是修改权的延伸，它不仅禁止对原作品的直接修改，而且禁止他人在改编、注释、翻译、整理等方式使用作品时对作品的歪曲性的改变，破坏作品内容的完整性。但应注意的是，在作品的出版、发表过程中，出版单位编辑对作品所作的技术性处理不能视为对作品保护完整权的侵犯，出版单位对作品内容的调整，也应征得作者（著作权人）本人的同意。

保护作品完整权的保护期不受限制。作者死亡以后，由作者的继承人或受遗赠人行使；如果没有继承人或受遗赠人，则由著作权行政管理部门行使。

二、财产权利

财产权利，又称经济权利，是指著作权人本人或者授权他人以一定方式使用作品而获得物质利益的权利。财产权利在著作权制度中占有举足轻重的地位，无论大陆法系国家还是英美法系国家，均在著作权法中详尽规定了著作财产权。著作财产权的内容，伴随着传播技术的不断发展、利用作品的形式不断增加而不断扩展。

我国《著作权法》第10条规定了著作财产权，包括复制权、发行权、出租权、展览权、表演权、放映权、广播权、信息网络传播权、摄制权、改编权、翻译权、汇编权及应当由著作权人享有的其他权利。

（一）复制权

复制，是对作品最初始、最基本、也是最重要、最普遍的传播利用方式。复制权是指以印刷、复印、拓印、录音、录像、翻录、翻拍等方式将作品制成一份或多份的权利，是著作财产权体系中一项最基本的权利。多数情况下，需要通过复制作品实现向公众传播进而获得经济利益的目的，作者依法享有复制权，就可以控制他人的复制行为，通过许可他人复制作品的方式实现获得报酬权。

---

① 王迁. 知识产权法教程[M]. 北京：中国人民大学出版社，2009：113.

复制的方式有很多种，可以是手工的也可以是机械的，如手绘和印刷；可以是现场即时的，也可以是异地不同步的，如实况转播和事后重播；可以是不改变载体的，也可以是改变载体的，如复印以及将口述作品整理成文字作品等。

理解著作权法上的"复制行为"，应把握两点：

（1）该行为应当在有形物质载体之上再现作品。这是复制行为与其他再现作品行为最根本的区别所在。再现作品的行为如广播、表演、放映等，并不借助于有形物质载体，因此不是著作权法意义上的复制。例如，将他人创作的诗歌记住并以朗诵的方式予以再现就不是复制，因为无论记忆还是朗诵都没有最终在有形物质载体上再现作品。

（2）该行为应当使作品被相对稳定和持久地"固定"在有形物质载体之上，形成作品的有形复制件。对复制的认定不在于其借助了何种方式，而是看客观上是否将作品制成了一份或多份。而要产生复制件，就必须将作品相对稳定持久地固定在有形物质载体之上。例如，印刷厂印刷书籍的行为就是典型的复制行为，通过印刷将作品固定在有形物质载体——纸张上，同时形成作品有形复制件——书籍。

（二）发行权

发行，是指为满足公众对作品的需求，向公众提供作品的原件或复制件的行为。发行权狭义上是指以出售或赠与方式向公众提供作品原件或其复制件的权利，广义还包括出租、出借等权利。我国著作权法采用的是狭义发行权的概念。把发行权作为一项法定权利赋予著作权人，是为了保障权利人传播其作品的权利。由于这是一项法定的绝对的权利，所以它既不以作品受众的合意为前提，也不以受众是否有偿获得该作品为条件。只要提供的方式合法，都属于发行行为，如出售、出租、散发、张贴、赠送等。发行通常与复制是连在一起的，复制的目的是发行，发行是复制的必然结果，所以人们把复制和发行统称为出版。

在我国，发行权的行使应依法进行。如发行法律禁止发行的淫秽、反动作品或非法经营的商店发售书刊和音像制品等，都属于非法发行，要依法追究法律责任。

（三）出租权

出租权主要指有偿许可他人临时使用电影作品、以类似摄制电影的方法创作的作品以及计算机软件的权利。这里应注意两点：一是我国《著作权法》仅规定电影作品和以类似摄制电影的方法创作的作品、计算机软件的著作权人有出租权，而其他作品如图书则没有赋予著作权人该项权利；二是我国《著作权法》规定，计算机软件不是出租的主要标的而是作为被出租物中的一个次要的、附属的物品，则不属于出租行为。例如，出租的是一台装有计算机软件的计算机，计算机是出租的主要标的，其中装载的计算机软件不是出租的主要标的，在这种情况下，该计算机软件就没有出租权，著作权人就不能收取租金。正确理解著作权法意义上的出租权，还必须明确作品与负载作品之有形载体相分离的观念，出租权的标的是作品而不是民法上的有体物。

另外，我国《著作权法》第42条还规定了录音录像制作者对其制作的录音录像制品享有许可他人出租的权利。这意味着作为邻接权人的录音录像制作者也享有出租权。

（四）展览权

展览权，也称公开展览权或展示权，是指将作品原件或复制件向公众展示的权利。展览的目的是为了让不特定的社会公众欣赏，如果仅是供家庭或本单位内部少数人欣赏，则不能算作著作权法意义上的展览。关于展览权的对象，多数国家的著作权法规定限于，美术作品、摄影作品、工艺品以及作为艺术作品或文物展出的手稿、乐谱、书法等作品。我国《著作权法》规定的展览权的对象仅限于美术作品和摄影作品。

展览权和发表权有着重要的联系，展览的作品可以是已发表的作品也可以是未发表的作品。如果对未发表的作品进行展览，则展览权和发表权两种权利同时行使。许可他人展览未发表的作品，应推定展览人同时取得了作品的发表权。

在行使展览权时，应注意美术、摄影等作品的著作权与物权或与公民的人身权有时会发生冲突。当美术、摄影作品整体上的著作权和原件的物权分别属于不同的权利人时，即美术作品的原件所有权转移后，展览权归作品的原件所有权人所有，展览美术作品原件，必须经原件所有人同意。同时，行使作品的展览权应与肖像权、隐私权相协调。如果作品的内容涉及他人的肖像或隐私，则在展览该作品时注意不得侵犯他人的肖像或隐私。著作权人如果未经肖像权人、隐私权人的同意而公开展览相应美术、摄影作品，则构成对相应权利人的人身权利的侵犯。

（五）表演权

表演权，也称公演权、上演权，是指公开表演作品，以及用各种手段公开播送作品的权利。据此，表演包括两种形式：一是现场表演，即演出者运用演技，向现场观众表现作品的行为，包括诗歌、戏剧、音乐、舞蹈、曲艺的表演等；二是机械表演，即以物质载体的形式，如唱片、影片、激光唱片、激光视盘等向公众传播被记录下来的表演的方式。机械表演可以打破时间、地域的限制，再现表演。近年来，随着传播技术的发展，还出现了远距离传送表演以及通过计算机网络，由使用人自由选取和互动传输的方式再现表演。

表演权对于音乐、戏剧、曲艺、舞蹈、杂技等形式作品的著作权人具有重要意义，因为他们主要通过行使表演权来实现财产收益。表演权的行使主要有：授权他人以各种方式公开表演其作品；授权他人表演其作品并将表演通过电台或电视台即时播放或择时播放；授权他人表演其作品并将表演录制成录音录像作品予以复制发行；作品的表演被制成录音录像作品发行后，该复制件的购买人对其进行商业性使用的，如商场、酒店、机场、酒吧、歌舞厅等场所播放背景音乐的行为；将表演的录音录像复制件用来出租的行为。上述方式均应向著作权人支付表演权使用费。

（六）放映权

放映权，是指通过放映机、幻灯机等技术设备公开再现美术、摄影、电影和以类似摄制电影的方法创作的作品等的权利。所谓公开再现，是指个人或家庭以外的放映,这种放映是面向公众的,并且不问是否营利,只要是公开放映,就应属于著作权人的放映权范围之内。放映权是美术、摄影、电影作品和以类似摄制电影的方法创作的作品实现其著作财产权的重要方式。需要注意的是,我国著作权法对放映权的作品作了弹性规定,因此,只要能用来放映的作品都可以享有放映权,而不限于前述几种作品。1990年《著作权法》没有关于放映权的规定。2001年,《著作权法》修改后增加了放映权,可以使美术、摄影作品,尤其是电影和类似摄制电影的方法创作的作品的著作权得到更为充分、有效的保护。

(七)广播权

广播权,也称播放权,是指以无线方式公开广播或者传播作品,以有线传播或转播的方式向公众传播广播作品,以及通过扩音器或者其他传送符号、声音、图像的类似工具向公众传播广播的权利。无线方式广播传播,是指以电磁波作为载体向空间发射传播信号的传播方式。无线广播包括调幅广播、调频广播和电视广播。广播电台、电视台、卫星广播、卫星电视都属于这一类。有线广播传播,包括通过有线广播和有线电视系统传送节目。有线广播通常指饭店、体育场馆、公众娱乐场所安装的有线广播系统。有线电视是指通过同轴电缆分送电视信号的系统,故也称电缆电视。我国自20世纪80年代以来,在一些大型企业、机关、学校及居民小区,普遍安装了有线电视系统。一些城镇也相继建立了有线电视台。通过有线广播和有线电视系统播放受著作权法保护的作品,应当取得著作权人的授权,并支付报酬。

(八)信息网络传播权

信息网络传播权是指以有线或者无线的方式向公众提供作品,使公众可以在其个人选定的时间和地点获得这些作品的权利。该权利是在数字网络环境下,信息技术高速发展的结果。计算机、互联网等高新技术的兴起,增加了作品的创作和传输手段。因此,对作品网上传播的保护成为一个重要问题。网上传播的信息有的属于公共领域,公众可以自由使用,而有的必须经过著作权人的许可并支付一定的报酬才能使用,否则就侵犯了作者的信息网络传播权。

网络环境下的著作权保护问题十分复杂，国务院于2006年5月10日通过并于7月1日施行的《信息网络传播权保护条例》，对信息网络传播权的保护办法作出了具体规定。

（九）摄制权

摄制权，是指以摄制电影或者类似摄制电影的方法将作品固定在载体上的权利。我国著作权法所称的摄制，必须是将作品以摄制的方式首次固定在载体上。如果仅是机械地将表演或景物录制下来，则不涉及摄制权。著作权人可以自行摄制，也可以授权他人进行摄制。由于摄制作品需要大量的物质技术条件，这些条件普通的作者个人往往是难以满足的，因此从实践中看，摄制权一般表现为摄制许可权，即许可他人摄制自己的作品而获得一定的报酬。

（十）改编权

改编权是指以原作品为基础，通过改变作品的表现形式，创作出具有独创性的新作品的权利。改编是一种再创作，不是原创。改编有两种形式，一种是以已有作品为基础，将作品由一种类型改变为另一种类型，如将小说改编为电影剧本；另一种是为适应某种需要，在不改变作品类型的情况下进行的扩写、缩写或改写，如将学术著作改写为科普读物等。改编必须具有两个条件：一是必须对原作进行了具有独创性的改变。也就是说，必须在原作的基础上加入自己的独创性内容；二是必须是在原作上进行的创作，而不是全新的创作行为。如果改编后的作品与原作大相径庭，则属于另一新作，而非对原作品的改编。

需要注意的是，改编权不同于改编者权。改编权是著作权人对原作进行二次创作的权利；而改编者权是改编者经过二次创作后基于新的作品而享有的权利。改编者将作品经再度创作赋予了新的形式，改编者对这种新的形式享有新的著作权。如果他人对新的作品进行三度创作，应当受到原著作权和再创作著作权的双重授权的制约。例如，将电影《雷雨》改编为话剧，既要取得《雷雨》的文学作品著作权人的授权，也要取得电影作品著作权人的授权。

（十一）翻译权

翻译权，是著作权人对自己的作品享有的以其他各种语言文字形式再表现的权利。人类的语言文字多种多样，而作品包含着被翻译成各种语言文字的可能，有多少种语言文字就存在多少个翻译权。著作权人因对其作品的翻译和后续利用可以获得相当的经济收益，因此翻译权是著作权人的一项重要的财产权。

应当注意的是，翻译权与翻译作品或称译本的著作权是两个概念。相对于译本的作品一般称为原著，原著的著作权人享有翻译权。不论著作权人自己行使翻译权自行翻译，还是授权他人翻译，都会产生译本。在这一过程中，翻译人需要付出艰辛的创作，无论是对原作的理解与判断，还是在新作完成过程中的选择、取舍、组合、设计与编排，都是一种独创性的劳动，并最终以新的语言文字赋予原作以新的表现形式。因此，《著作权法》将译本作为独立的著作权保护对象，赋予翻译人对其表现的形式以新的与原作同等的著作权。当然，由于翻译毕竟是对已有作品的再创作，新作中凝聚的是原作与二度创作的双重劳动，在权利上理应也含着原作者与翻译者的双重利益。所以，在保护翻译作者利益的同时，也要保障原作者的著作权。

（十二）汇编权

汇编权，即著作权人将作品或者作品的片段通过选择或者编排，汇集成新作品的权利。汇编权由著作权人基于其受著作权法保护的作品而产生。"汇编权"中"汇编"的对象与"汇编作品"中"汇编"的对象不尽一致：前者为著作权法意义上的作品或者作品的片段；后者除此之外，也可能是不构成著作权作品的数据或其他材料。

汇编作品的著作权由汇编人享有，但汇编作品著作权人在行使其权利时，不得损害原作著作权人的权利。汇编作品中可以单独使用的作品的作者有权单独行使其著作权。

（十三）应当由著作权人享有的其他权利

我国《著作权法》明确列举了上述著作财产权，但一方面，实践中著作权作品的具体使用方式是非常复杂的,用列举的方法不能穷尽著作权人的权利;另一方面,随着社会的不断进步与发展,尤其传播技术的不断发展与应用,新的作品使用方式层出不穷,无论如何也是列举不全的。因此,各国著作权法对作者权利的规定都是开放式的,不限于明文列举的项目。我国 1990 年《著作权法》在概括性规定使用权和获得报酬权两大类财产权利的同时,对使用权作了进一步阐释,即"以复制、表演、播放、展览、发行、摄制电影、电视、录像或者改编、翻译、注释、编辑等方式使用作品的权利"。尽管采用了"等"字,但有关著作财产权的表述的开放性明显不强。2001 年《著作权法》修改时,则明确规定了"应当由著作权人享有的其他权利"这一弹性条款。如果今后出现新的作品的利用方式且与著作权人的权利有关,则这些权利也应当由著作权人享有。

第二节 著作权的限制

一、合理使用

（一）合理使用的内涵

合理使用（fair use）,是在法律规定的情况下使用已发表的作品,可以不经著作权人许可,不向其支付报酬的合法行为。但合理使用应当指明作者姓名、作品名称,并且不得侵犯著作权人依照著作权法享有的其他权利。合理使用的核心是平衡著作权人和社会公共利益的关系,不片面保护著作权人对作品的垄断使用权。

合理使用制度经历了由判例法到成文法演变的过程,最早起源于英国 1740 年 Gyles 诉 Wilcox 判例,后在美国司法实践中渐趋完善,现已成为各国著作权法的一项普遍制度。大陆法系国家一般不直接称为合理使用,而是称为"著作权的限制",意大利和葡萄牙等少数国家则称为"自由使用"。

合理使用一般应该满足下列条件:

1. 合理使用通常只能使用已经发表的作品。未发表的作品不适用合理使用制度。合理使用很可能导致作品内容的公开,有些情况下必然导致作品内容的公开,而未发表作品属于未公开作品,其公开与否需由作者决定。未经作者许可使用、公开其未发表作品,无疑侵犯了其发表权。德国著作权法的要求更为严格,通常以有关作品的出版为条件。作为特例,我国《著作权法》第22条第8项规定:图书馆等为陈列或者保存版本的需要,复制本馆收藏的作品并不要求必须已经发表。

2. 合理使用只限于法律明确规定的特殊情形。特殊使用的情形必须是法律明确规定的,否则应当依法向著作权人支付报酬,一般情况下还要经过著作权人许可。关于法律规定的特殊情形,我国《著作权法》第22条规定了12种合理使用,下文详加叙述。

3. 合理使用应尊重作者的著作人身权。通常情况下,使用他人作品时,应当指明作者的姓名、作品的名称和出处,但由于作品使用方式的特性无法指明的除外;并且不得侵犯著作权人的其他权利,任何情况下都不得擅自修改、篡改或歪曲他人作品。

有关国际公约,如世界贸易组织中的TRIPS协议等,在规定著作权的限制制度时提出了所谓"三步检验法"(three-step test),作为合理使用及其它限制制度的前提条件。按照这一标准,合理使用(1)只能限于某些特例(如法定情形);(2)不得与作品的正常利用相抵触;(3)不得不合理地损害作者利益。对此还可以简称为特例原则、不抵触原则和合理原则。我国著作权法有关合理使用之前提的规定已经包含并超越了这些标准,《著作权法实施条例》第21条明确规定:"依照著作权法有关规定,使用可以不经著作权人许可的已经发表的作品的,不得影响该作品的正常使用,也不得不合理地损害著作权人的合法利益。"

(二)合理使用的具体情形

按照《著作权法》第22条的规定,下列情形构成合理使用:

1. 个人使用

为个人学习、研究或者欣赏,使用他人已经发表的作品。具体包括如下要素：（1）使用主体应该是"个人"即自然人。当然，所谓"个人"并不要求只能是"一个人"，家庭使用也在此列；（2）使用场合具有私人性，即不是公开的；（3）使用目的是为了学习、研究或者欣赏，并且不得营利。准确的理解是，对一作品的使用本身即是学习、研究或欣赏。综合这些因素，将借来的图书部分或全部复印属于合理使用。多数 DVD 光盘都标明"仅限家庭观赏"，如将 DVD 用于公开场所，则不属于合理使用。

2. 适当引用

为介绍、评论某一作品或者说明某一问题，在作品中适当引用他人已经发表的作品。这里，使用的目的是为了说明自己的思想观点或情感而引用；数量上要求引用适当；指明出处、作者姓名。如果在一本书中附录他人文章全文，或者是一篇文章、一本书的大部分是他人作品的重复，均不构成合理使用。后者如《围城》汇校本，声明的目的是对《围城》进行汇校，实际上全文复制《围城》，而汇校部分又不占重要篇幅，实际上构成了对《围城》的变相出版。

3. 新闻报道

为报道时事新闻，在报纸、期刊、广播电台、电视台等媒体中不可避免地再现或者引用已经发表的作品。目的仅限于报道时事新闻；使用不可避免；数量有限。例如，一部新的电影片首映式后、热映期间，电视新闻中可以报道，并可适当再现其中几个镜头或片段。但是，不得对电影内容作详细介绍而大段的播出。

4. 媒体使用政治、经济、宗教问题的时事性文章

报纸、期刊、广播电台、电视台等媒体刊登或播放其他报纸期刊、广播电台、电视台等媒体已经发表的关于政治、经济、宗教问题的时事性文章。但作者声明不许刊登、播放的除外。如下几点值得注意：其一，合理使用的客体范围应严格界定，它们是时事性文章。时事新闻不享有著作权，但这里的客体是文章，享有著作权；因为是时事性文章，著作权受到限制。而且必须是有关政治、经济、宗教问题的文章，其他主题的文章不在此列。原因在于，这

三个领域和公共社会生活密切相关，应促进其传播。其二，作者可以事先声明，以排除合理使用。另外，按照著作权法的列举，这种合理使用适用于报纸、期刊、广播电台、电视台等媒体，"等"可以容纳其他哪些媒体，不无疑问。我们认为，互联网应该包括在内。

5．媒体使用公开演讲

报纸、期刊、广播电台、电视台等媒体刊登或者播放在公众集会上发表的讲话，但作者声明不许刊登、播放的除外。公众集会上发表的讲话属于已经发表的作品，媒体的刊登或者播放可以促进其传播，一般不违背演讲人的意志。不过，即使如此，作者也可以事先声明，以排除该种合理使用。另外，该规定也应适用于互联网（参见《信息网络传播权保护条例》第6条第8项）。

6．教学、科研使用

为学校课堂教学或者科学研究，翻译或者少量复制已经发表的作品，供教学或者科研人员使用，但不得出版发行。此处，最关键的地方在于，作品只能"少量复制"，否则就与作品的正常利用相抵触。至于多大量为"少量"，需要视具体情节而定，但成百上千肯定不算少量，它足以影响著作权人的正常使用和正常经济收益。比如，业余大学未经许可把教员的讲义复制发行，卖给学生，即使不营利，也不属于合理使用。而且在使用场所方面，"学校课堂教学"应主要是全日制普通学校的当面教学，学校是公办还是民办，无关紧要。对函授或远程教育，尤其是各种职业性培训学校，应严格限制适用。"科学研究"应该是真正非营利性机构与人员的科学研究。"翻译"主要从使用范围方面严加限制，即翻译本身属于教学、科研，翻译成果不得向社会公开。

某法院曾于1986年处理过一个纠纷，把"为广播函授目的"而未经许可复制了著作权人的作品多达两万多份，判为"合理使用"。该判决促使当时的著作权法起草小组决定在《著作权法》中明文规定，"只有为学校课堂教学"而"少量复制"，方为"合理"。

7．公务使用

国家机关为执行公务，在合理范围内使用已经发表的作品。国家机关包括立法、司法、行政、军队等机关。立法机关为起草法律而复印有关文章、资料；司法机关因判案需要，复制有关照片、影像等，均属于合理适用。关于如何使用方为合理，我国著作权法没有限制。我们认为，应将因公务合理使用严格限制于必要的特殊情形，比如，如不使用某些作品，公务无法进行；这种使用很难一一取得权利人同意；使用数量不大。相反，国家机关进行公务员培训，大量复制图书并分发，即使完全免费，也不合理；为执行公务而复制或翻译有关作品，一般是合理的，但为此目的而要表演或改编有关作品，就会显得不合理。另外，公务人员在其办公电脑中安装盗版软件也不属于合理使用。

8. 馆藏使用

图书馆、档案馆、纪念馆、博物馆、美术馆等为陈列或者保存版本的需要，复制本馆收藏的作品。复制作品仅限于本馆收藏作品，而不能将其他馆的馆藏作品拿来复制；这里虽未要求是发表，但一般来说，馆藏作品属于公开的作品；目的限于本馆陈列和保存版本，不得借阅、出售或出租。

鉴于数字复制的廉价和迅速可能会对著作权人的利益造成不利影响，《信息网络传播权保护条例》第7条对图书馆、档案馆、纪念馆、博物馆、美术馆等为陈列或者保存版本需要以数字化形式复制的作品作出了特别限定：这些作品应当是已经损毁或者濒临损毁、丢失或者失窃，或者其存储格式已经过时，并且在市场上无法购买或者只能以明显高于标定的价格购买的作品。

9. 免费表演

免费表演使用已经发表的作品，该表演未向公众收取费用，也未向表演者支付报酬。即观众免费看、演员免费演。有些"义演"活动并非免费表演，如为"希望工程"捐款演出等，演员可能不要钱，而观众是付费的。

10. 室外陈列品的使用

对设置或者陈列在室外公共场所的艺术作品进行临摹、绘画、摄影、录像。最高人民法院《关于审理著作权民事纠纷案件适用法律若干问题的解释》第18条规定，"室外公共场所的艺术作品"是指设置或者陈列在室外社会公众活动场所的雕塑、绘画、书法等艺术作品。由于这些作品已经成为公共文化生活的一部分，应当给予公众较多的使用自由，公众对其临摹、绘画、摄影、录像，是合理的行为，不侵犯著作权。

11. 少数民族语言翻译

将中国公民、法人或者其他组织已经发表的以汉语言文字创作的作品翻译成少数民族语言文字作品在国内出版发行。这一规定是为了贯彻我国的民族政策，繁荣少数民族文化生活。该规定仅适用于以汉语言文字创作的作品，外国作品汉译则不可；翻译后的作品仅限于国内出版发行，如果有人将翻译成蒙古语言文字的中国作品拿到蒙古国出版或发行，则不属于"合理使用"。

12. 盲文使用

将已经发表的作品改成盲文出版，也包括通过网络以盲人能够感知的独特方式向盲人提供已发表的文字作品（参见《信息网络传播权保护条例》第6条第6项）。而且这种盲文改写不限于中国人的作品，因为关爱残障人士，已成为多数国家著作权法共同的声音。

另外，上述合理适用不仅适用于著作权，也适用于对出版者、表演者、录音录像制作者、广播电台、电视台的权利的限制。

二、法定许可

（一）法定许可的概念

法定许可，是指依照著作权法的直接规定，行为人使用他人已发表的作品或邻接权客体，可不必征得权利人的同意，但应向其支付报酬并尊重著作权人或邻接权人其他权利的一种法律制度。世界知识产权组织编写的《著作权和邻接权法律术语》将其称为"法定许可证"（statutory licence），以区别于源自著作权人意愿的一般许可证即许可使用。

在法定许可使用的情况下，著作权人只享有获得报酬权，不享有禁止他人使用已发表作品的权利，但著作权人声明不得使用的除外。法定许可使用制度是绝大多数国家著作权法的一项重要制度。国外著作权法对法定许可使用通常没有附加条件，但我国著作权法规定的法定许可使用附有条件，即著作权人声明不许使用的不得使用。因此，我国的法定许可使用被有的学者称为"准法定许可使用"。

法定许可使用必须同时符合下列条件：（1）基于法律的明确规定。我国《著作权法》第23条、第33条第2款、第40条第3款、第43条第2款以及第44条明确规定了法定许可使用问题。此外，《信息网络传播权保护条例》第8条、第9条规定了网络环境下制作课件和向农村提供特定作品的法定许可使用问题。（2）只能针对已经发表的作品，但著作权人或有关邻接权人声明不许使用的除外。（3）必须向有关著作权人或邻接权人按规定支付报酬。（4）不得侵害著作权人或邻接权人的精神权利或其他财产权利。如在法定许可使用中，不得侵犯作者的署名权和保护作品完整权等。

（二）法定许可的具体情形

按照我国《著作权法》，法定许可具体包括如下情形：

1. 教科书编写

《著作权法》第23条规定，为实施九年制义务教育和国家教育规划而编写出版教科书，除作者事先声明不许使用的外，可以不经著作权人许可，在教科书中汇编已经发表的作品片段或者短小的文字作品、音乐作品或者单幅的美术作品、摄影作品，但应当按照规定支付报酬，指明作者姓名、作品名称，并且不得侵犯著作权人依照本法享有的其他权利。此规定还适用于对出版者、表演者、录音录像制作者、广播电台、电视台的权利的限制。

这一法定许可的构成要件包括：（1）使用目的是"为实施九年制义务教育和国家教育规划"。九年制义务教育即小学与初级中学教育，国家教育规划是个大概念，除九年制义务教育，还应包括高级中学以及高等教育。（2）使用对象是"已经发表的作品片段或者短小的文字作品、音乐作品或者单幅的美术作品、摄影作品"。其中，"作品片断"意味着不得使用完整的长篇作品。"音乐作品"仅指以文字符号表达的词曲，而不是音乐表演后形成的音乐制品。美术、摄影作品应该是"单幅的"，说明不得将某个人的大部分作品全部编入同一部教科书。所有这些限定都体现了对作者权利的尊重，同时也不妨碍教科书的编写。(3) 使用方式是"编写出版教科书","汇编"上述作品片断等。在我国，各种教辅读物充斥图书市场，为此，教科书应该是教育规划教材，而不能包括形形色色的教辅读物、考试用书等。(4) 必要前提是，作者事先没有声明不许使用、按照规定支付报酬、尊重作者的署名等权利。

2. 报刊转载、摘编

《著作权法》第 33 条规定，作品在报社、期刊上刊登后，除著作权人声明不得转载、摘编的外，其他报刊可以转载或者作为文摘、资料刊登，但应当按照规定向著作权人支付报酬。

必须明确的是，文章转载、摘编只能在报纸、期刊之间进行，即首发媒体与转、摘媒体只能是报纸或期刊，并且，报纸与期刊之间可以相互转载、摘录。

互联网的兴起提出一个问题，文章转、摘法定许可在互联网环境下可否适用？就《著作权法》第 33 条来看，文章转、摘法定许可不适用于互联网。不过，鉴于互联网的技术与传播特点，人们普遍认为，文章转、摘法定许可应该能够在互联网上适用。为此，2000 年颁布的最高人民法院《关于审理涉及计算机网络著作权纠纷案件适用法律若干问题的解释》第 3 条规定，"已在报刊上刊登或者网络上传播的作品，除著作权人声明或者上载该作品的网络服务提供者受著作权人的委托声明不得转载、摘编的以外，网站予以转载、摘编并按有关规定支付报酬、注明出处的，不构成侵权。但网站转载、摘编作品超过有关报刊转载作品范围的，应当认定为侵权。"这实际上是将报刊转载法定许可拓展到了网络环境中，允许各种形式的网络媒体，如网页、BBS 等在不经著作权人许可的情况下转载、摘编报刊和其他网络媒体刊登或传播的作品。但现实中，网络转载比比皆是，而真正向作者付费的则是少而又少。作者并没有从这项"法定许可"中获得经济利益。因此，2006 年出台的《信息网络传播权保护条例》中没有出现这项"法定许可"。在当年修改的最高人民法院《关于审理涉及计算机网络著作权纠纷案件适用法律若干问题的解释》也删除了第 3 条。这就意味着网络转载不再属于法定许可，网络未经许可转载已发表的作品均构成侵权。

著作权人声明不得转载、摘编其作品的，应当在报纸、期刊刊登该作品时附带声明。为此，他人应该在刊登其作品的报刊的合适位置附带其声明，一般以文章的开始与结尾位置为宜。另外，不少报刊社刊出的声明称，本报、刊所发文章，不得转载。此种声明是无效的，因为其他报刊享有转、摘的法定许可。只有作者才享有转、摘禁止权。为此，报刊如要实现独家传播的目的，需要与作者协商一致，以作者的名义发表此类禁止转摘的声明。

3. 录音制作

《著作权法》第 40 条第 3 款规定，录音制作者使用他人已经合法录制为录音制品的音乐作品制作录音制品，可以不经著作权人许可，但应当按照规定支付报酬；著作权人声明不许使用的不得使用。

与上述法定许可条款形成对比的是第 40 条第 1 款，"录音录像制作者使用他人作品制作录音录像制品，应当取得著作权人许可，并支付报酬"。这就是说，一件音乐作品如果没有经作者许可制作录音制品，作者就一直享有就此作品制作录音制品的许可权。如果作者没有特别声明，此许可权只能行使一次。

4. 广播电视播放

广播电台、电视台的正常运转需要大量使用各种各样的作品，其中很多使用很难一一取得权利人许可，为此，著作权法为广播电台、电视台的播放活动规定了两种作品的法定许可：

第一，《著作权法》第 43 条规定，广播电台、电视台播放他人"已发表的作品"，可以不经著作权人许可，但应当支付报酬。

第二，《著作权法》第 44 条规定，广播电台、电视台播放"已经出版的录音制品"，可以不经著作权人许可，但应当支付报酬。当事人另有约定的除外。具体办法由国务院规定。

为了正确理解上述两种法定许可的作品范围，需要与第 46 条相结合——该条规定，电视台播放他人的电影类作品、录像制品，应当取得制片者或制作者的许可，并支付报酬；播放他人的录像制品，还应当取得著作权人许可，并支付报酬。可见,电影类作品、录像制品不适用法定许可,应该从第 43 条规定的"已发表的作品"中排除。

因此,广播电台、电视台播放中适用法定许可的"已发表的作品"应该是电影类作品、录像制品之外的作品。而"已经出版的录音制品"属于音乐制品。音乐作品包括在上述"已发表的作品"中。

另外,广播电台、电视台以法定许可的方式使用他人"已发表的作品"和"已经出版的录音制品",仅仅限于"播放",而不是其他方式的制作节目。播放应该是尊重作品本来形式的再现,而不能进行改编、翻译等演绎。如将小说改编成电视剧、广播剧就不属于播放。

5. 课件制作与提供

这一项法定许可制度是 2006 年出台的《信息网络传播权保护条例》新增加的。该条例第 8 条规定,为通过信息网络实施九年制义务教育或者国家教育规划,可以不经著作权人许可,使用其已经发表作品的片断或者短小的文字作品、音乐作品或者单幅的美术作品、摄影作品制作课件,由制作课件或者依法取得课件的远程教育机构通过信息网络向注册学生提供,但应当向著作权人支付报酬。该规定的立法目的与"教科书编写"的法定许可相同,都是为了促进九年制义务教育或者国家教育规划的实施,实际上是将"教科书编写"的法定许可延伸到了网络环境。随着网络技术的发展,许多教育机构开设了远程网络教育课程,需要使用作品片断制作多媒体课件供学生通过网络在远端学习。但是在网络远程教育中使用该课件的教学机构应当采取技术措施,以防止服务对象以外的其他人获得著作权人的作品。

6. 通过信息网络向农村提供特定作品

这也是一项由《信息网络传播权保护条例》新增加的法定许可。该条例第 9 条规定,为扶助贫困,通过信息网络向农村地区的公众免费提供中国公民、法人或者其他组织已经发表的种植养殖、防病治病、防灾减灾等与扶助贫困有关的作品和适应基本文化需求的作品,网络服务提供者应当在提供前公告拟提供的作品及其作者、拟支付报酬的标准。自公告之日起 30 日内,著作权人不同意提供的,网络服务提供者不得提供其作品;自公告之日起满 30 日,著作权人没有异议的,网络服务提供者可以提供其作品,并按照公告的标准向著作权人支付报酬。网络服务提供者提供著作权人的作品后,著作权人不同意提供的,网络服务提供者应当立即删除著作权人的作品,并按照公告的标准向著作权人支付提供作品期间的报酬。依照前款规定提供作品的,不得直接或者间接获得经济利益。

这一规定并不是严格意义上的法定许可,但类似法定许可。其目的是为了满足农村居民基本的文化需要,以使他们能够快速而廉价的获得丰富的信息。但是为了调和农村地区对特定作品的需求和保护著作权的需要,该条例设置了严格的条件限制:(1)作品的作者范围被限定在中国公民、法人和其他组织;(2)作品的范围为已经发表的种植养殖、防病治病、防灾减灾等与扶助贫困有关的作品和适应基本文化需求的作品;(3)网络服务提供者必须依法定程序进行公告,并给予著作权人提出异议的权利;(4)不得直接或者间接获得经济利益。

(三)法定许可与合理使用的异同

法定许可与合理使用都是由法律明确规定的,目的都是为了平衡著作权人的权利与社会利益的冲突,对著作权人的权利进行一定的限制。二者有一些相同之处,主要包括以下几点:(1)使用者的目的都侧重于社会公共利益;(2)使用的作品都是他人已发表的作品;(3)使用他人作品都无需征得权利人的许可;(4)使用他人作品时都要注明作者的姓名、作品名称或出处,并尊重著作权人依照著作权法享有的其他权利。

合理使用与法定许可的不同之处主要有:(1)法定许可的使用者只能是录音制作者、广播电视台和报刊等,而合理使用制度适用的主体范围相对要宽泛得多;(2)合理使用规定了 12 种适用的情形,法定许可规定了 4 种适用的情形;(3)法定许可使用须向权利人支付报酬,而合理使用无需支付报酬;(4)适用法定许可制度时,若权利人声明不许使用的则不得使用,而合理使用无此条件的限制。

三、强制许可

合理适用、法定许可都是由法律直接、明确地规定,在某类环境下,对于某类作品,可以限制著作权人的某些权利。而强制许可则是就作品使用实践中的个案,按照法定的程序,对某作品实行非自愿许可的强制措施。具体说,强制许可,是指在著作权人无正当理由而拒绝与使用者达成使用作品协议的情况下,使用者经向著作权行政管理部门申请并获授权而使用该作品。该制度又被称为"强制许可证制度"。强制许可不必征得著作权人的同意,但应向其支付报酬。

我国《著作权法》没有明确规定强制许可制度。但我国已加入《伯尔尼公约》《世界版权公约》,国际法规则公约中有关强制许可的规定应该是我国著作权法的组成部分。

这两个公约基于公共秩序保留原则,规定缔约国著作权主管当局有权颁发强制许可证,特别是,为了非发达国家的教学、科研方面的便利,允许主管部门颁发翻译权和复制权的强制许可证。根据强制许可获得的对作品的使用权是有偿的、非独占性的,不得转让,仅限于国内有效。

强制许可制度涉及如下几个方面:

(1)目的:为了教学、研究和公众需要,要使用外国作品。

(2)条件:在规定期限内,某外国作者本人、或其授权的人都没有将其已出版的作品在本国一般国民中销售。申请人无法按照正常方式从外国著作权人获得有关许可。

(3)期限:作品类别或使用方式不同而各异。翻译权强制许可为1年,复制权强制许可为5年。但有关外国作品如属于科学作品则由5年缩短到3年,文学艺术作品则为7年。

(4)客体:仅限于外国作品中的印刷出版物以及仅为系统教学用的视听作品。

(5)程序:使用者向本国著作权行政主管机关提出强制许可申请。尤其要对上述第一项之"条件"进行举证。

（6）国家主体：按照《伯尔尼公约》《世界版权公约》，强制许可使用制度是对发展中国家使用作品的"优惠"条款。有权颁发强制许可证的国家必须是联合国大会所确认的发展中国家，同时又是两个公约的成员国。

但是，强制许可申请历时较长，手续繁杂，还要以"国际可兑换"的货币支付，发展中国家实际上很难真正享受到这种优惠待遇。至今，只有少数国家提出享受强制许可证的要求。

四、时间限制

时间性是知识产权的本质属性，著作权自然不能例外。人类开始保护著作权时，就为其规定了一定的期限。从时间的角度看，保护著作权是暂时的，而不保护著作权却是永恒的。因为在经过合理的保护期后，任何作品都要进入公有领域，任何人都可以自由使用。

但在另一方面，不同种类的作品、著作权中的人身权与财产权等，其时间性又有所不同。

（一）精神权利（人身权）的保护期限

著作权被区分为人身权和财产权，由于人身权属于作者的人格、精神利益，与著作财产权之间存在着本质的属性差异。按照我国著作权法，署名权、修改权和保护作品完整权是永久的，而发表权保护有其特殊的时间限制。

我国《著作权法》第20条规定，作者的署名权、修改权、保护作品完整权的保护期不受限制。因为这三种权利与作者的人身联系最为密切，即使在作者死亡后，他人也不得侵犯。比如，对于《红楼梦》，任何人都可以随便出版、翻译，改编成连环画、影视剧。但任何人不得在使用时不为作者署名、不得对其作实质性修改，更不得对其进行任何歪曲、篡改。法人或其他组织作品的著作人身权由法人或其他组织享有。享有著作人身权的法人或其他组织变更、终止时，其著作人身权由承受其权利义务的法人或其他组织进行保护；没有承受其权利义务的法人或其他组织的，著作人身权则应由著作权行政管理部门保护。

关于发表权的保护期，我国著作权法作出了与著作财产权保护期相同的规定：（1）公民的作品，其发表权的保护期为作者终生及其死亡后50年，截止于作者死亡后第50年的12月31日；如果是合作作品，截止于最后死亡的作者死亡后第50年的12月31日。（2）法人或其他组织的作品，著作权由法人或其他组织享有的职务作品，其发表权的保护期为50年，截止于作品首次发表后第50年的12月31日，但作品自创作完成后50年内未发表的，不再受著作权法保护。

（二）著作财产权的保护期

世界各国立法以及国际公约对著作权财产权的保护期限都作出了明确的规定，并且差异不大，保护期限基本上在作者有生之年加上50年到70年之间。我国《著作权法》参照《伯尔尼公约》要求的最低标准，规定了作者有生之年加上50年的著作财产权的保护期。但不同主体、不同客体的保护期限略有差异。

1. 自然人作品的著作财产权保护期

作者为公民的，著作财产权的保护期限为作者有生之年加上其死亡后50年，电影、摄影类作品除外。合作作品以合作作者最后死亡者的死亡日期为起算点。

2. 法人或其他组织作品的著作财产权保护期

法人或者其他组织的作品，著作权（署名权除外）由法人或者其他组织享有的职务作品，其著作权财产权的保护期为50年，截止于作品首次发表后第50年的12月31日，但作品自创作完成后50年内未发表的，著作权法不再保护。

与自然人作者不同，法人或其他组织著作财产权50年的保护期是从发表日起算。那么，在作品创作完成后至发表前，著作财产权是否受到保护？依照法律条文，保护期似乎不包含未发表的时期。而实际上并非如此。法律规定的"首次发表后第50年"只是一种计算方法，并不是意味着发表前不受保护，因为著作权保护与发表无关，我国《著作权法》第2条规定，"中国公民、法人或者其他组织的作品，不论是否发表，依照本法享有著作权"。这样，在作品发表前，他人未经著作权人同意，擅自发表的，同时侵犯了著作权人的发表权、财产权等。

3. 电影、摄影类作品的著作财产权保护期

电影作品、以类似摄制电影的方法创作的作品以及摄影作品，其著作财产权的保护期为50年，截止于作品首次发表后第50年的12月31日，但作品自创作完成后50年内未发表的，著作权法不再保护。如果说前两类保护期采取的是主体标准，该规定则采取作品类别标准，原因在于，电影、摄影作品具有一定的特殊性。

4. 作者身份不明的作品的著作财产权保护期

作者身份不明，其是自然人还是团体组织，其生卒年如何等，均无法确定，不便适用上述1、2两类规定。为此，《著作权法实施条例》第18条规定，身份不明的作品，其著作财产权的保护期截止于作品首次发表后第50年的12月31日；作者身份确定后，则根据其作者情况，具体适用有关规定。

【相关案例】

案例1

1995年3月，林某拍摄了反映海关人员缉私风采的彩色摄影作品《跳帮》，作品画面为海关缉私警察跳跃走私船船帮实施缉私行动的情景。同年10月，该摄影作品入选浙江省台州市椒江摄影工作者协会举办的国庆摄影展览，并公开展出。后该幅作品在《走向二十一世纪的中国海关》大型画册中刊登，作品下方配有"用忠贞和正义锻造的利箭射向罪恶，使走私分子胆战心惊。图为海关海上缉私队员在'跳帮'"的文字，画册摄影者集体署名中有林某的姓名。

2000年10月7日，某新闻社从《走向二十一世纪的中国海关》画册中，复制了林某的上述作品，用于其编辑出版的第21期《中国新闻周刊》封面，并在照片画面中自上而下配写了"私破海关、腐败重创中国海关大门、危机中年、地盗战、娱乐圈是个什么圈"等文章标题，在照片右上方印制了一个

反转倒置的中国海关关徽图案。该新闻社将载有林某作品的第 21 期《中国新闻周刊》封面与该刊物其他期刊封面组合设计，制作《中国新闻周刊》的征订广告宣传页画面，在 2000 年《中国新闻周刊》第 22 期 B 版 21 面 "履历" 栏目、2000 年第 23 期 A 版第 5 页征订广告页、2001 年征订广告单页和中文双月刊《商之旅》第 14 期第 82 页《中国新闻周刊》征订广告页上使用。

林奕诉称：上述新闻社未经其准许，连续擅自盗用、歪曲、篡改我的摄影作品，并以营利为目的，将前述 21 号总封套作为首幅，复制成征订广告宣传品广为散发。该新闻社实施前述行为后，我受到了社会各界人士、单位领导、同事的严厉指责，他们认为我是故意投稿，恶意损毁海关形象，由此对我造成的影响至今不能消除，我的工作、生活、精神受到巨大损害。中国新闻社的行为侵犯了我的著作权，也侵犯了我的名誉权。故请求法院判令中国新闻社停止侵害，销毁、收回所有侵权作品、宣传品；在全国范围内公开赔礼道歉、消除不良影响；赔偿其损失 15 万元，包括支付稿酬 1 万元、侵权获利 6 万元、精神损害赔偿 8 万元；赔偿律师费、差旅费 3 万元；承担全部诉讼费用。

某新闻社辩称：1. 本案涉及的摄影作品是林奕在《走向二十一世纪的中国海关》画册上公开发表的作品，由于该画册摄影者是多人集中署名，无法分辨所使用照片的确切作者，因此未能给林奕署名。但在知道作者后，该新闻社即在发给林奕的传真上和第 24 期《中国新闻周刊》首页表明了作者姓名并公开表示了道歉，对署名问题予以补救。2. 我社通常所支付此类作品的稿酬是 200 元左右。在知晓作者后，我社即表示支付稿酬，并一再增加数额以表示歉意，但林奕拒不接受。林奕任意抬高赔偿数额是无礼要求，我社不同意其提出的赔偿数额。3. 我社的行为没有侵犯林奕的名誉权，其无权要求名誉权赔偿。

案例 2

1999 年，生活·读书·新知三联书店将漫画家丁聪 1978 年以来 20 年间创作的漫画整理编辑，出版了《丁聪漫画系列》图书，该系列包括《古趣图》《讽刺画》等系列漫画书。其中《脉搏》《贵在坚持》《各有所获》《某医院见闻》《经验交流》《习惯成自然》《三个笨蛋》《别老迟到》8部作品收编于《讽刺画》（四集）中，《好饮》《藏贼衣》两部作品收编于《古趣图》（一集）中。上述10部漫画作品均由一图一文组成，文图对照，配有标题，每部作品中的漫画上均署名为"小丁"。其中，8部作品还在"小丁"的署名后标有创作年代。丁聪所创作的完整的漫画作品是由"漫画＋文字笑话＋署名小丁＋日期"组成。

《家庭医药》系医药杂志社出版的月刊，该杂志2004年第9、10、11、12月号以及2005年第1、5月号使用了丁聪创作的上述10部漫画，将署名"小丁"改为丁聪。这10部漫画作品均只使用图画部分，去除了文字部分和年代，并对所使用的图画部分进行了删减或添加。2005年4月27日，医药杂志社曾向丁聪汇去稿酬720元，丁聪未领取。2005年4月28日，丁聪在北京某书店以46元购得《家庭医药》杂志2004年合订本上下两册，并取得1张盖有该书店财务专用章的收据。丁聪认为，医药杂志社未经其许可，使用了《古趣图》和《讽刺画》中的10部作品，并对使用的作品进行了删减和歪曲篡改。医药杂志社的这种行为使其漫画作品面目全非，完全脱离了作品的主题。其中对"藏贼衣"一图的篡改，格调低下，内容粗鄙，严重损害了其作为严肃从事漫画创作的作者的形象，给其声誉造成极大的损害。医药杂志社的行为侵犯了其对上述作品享有的署名权、复制权、发行权、修改权、保护作品完整权、获得报酬权。为此，丁聪诉至法院，请求法院判令：医药杂志社、友谊书店停止发行侵权出版物并销毁库存；医药杂志社停止使用上述美术作品并公开赔礼道歉、恢复名誉；医药杂志社赔偿经济损失10094元、精神损失抚慰金10万元。

被告北京某书店辩称：我店是从事二级批发的书店，经营范围中虽然有杂志，但从来没有实际经销过杂志。涉案的杂志实际上是我店对面的书店出售的，但是对面书店没有收据了，就向我店借了一张。我店没有出售过涉案杂志，也不存在过错，丁聪明知不是我店出售的涉案杂志，依然起诉我店，我店保留向其起诉的权利。

被告医药杂志社辩称：我社确实是未经丁聪许可使用了丁聪的10部漫画作品，侵犯了丁聪的著作权，但我社已经按照最高标准支付了稿酬并进行了道歉。我社同意丁聪所提的停止侵权、停止使用丁聪作品和公开赔礼道歉的请求，但其余诉讼请求我社不同意，因为我社并没有侵犯丁聪的署名权、复制权和发行权，也没有侵犯其保护作品完整权。此外，丁聪提出的精神损害赔偿没有依据，其提出的经济损失计算标准过高。

案例4

原告常某是小说《风往南吹》的作者。该小说创作完成后，首先在"黄金书屋中文网站"发表，但未注明"未经许可，不得转载"字样。常某于2001年11月19日于某出版社签订了出版合同，约定该出版社在中国内地享有《风往南吹》（署名"淹死的鱼"）中文本的专有出版权，合同有效期6年。2002年1月同名图书出版10000册，每册300000字，定价22.80元。《×××报》系被告×××报社主办，未经常某许可将其30万字的《风往南吹》作文字修改，删节到约5万字，基本保留了原小说的主要情节、人物、冲突和构思等精华部分。从2002年4月9日至5月12日分24期在《×××报》上连续转载，作者署名为"淹死的鱼"。此后，×××报社曾邮汇稿酬2500元被退回。2002年8月12日，常某诉讼至法院。

原告诉称：×××报社未经我许可，擅自对我创作的小说《风往南吹》进行删节、修改，并在其主办的《×××报》上连续刊载，侵犯了我对《风往南吹》作品的著作权，给我造成了不良影响和财产及精神损失。请求法院判令被告消除影响、赔礼道歉，赔偿经济损失210000元、精神损失60000元，并承担因诉讼而产生的一切费用。

被告诉称：（1）我社编辑是从"黄金书屋中文网站"下载原告作品的，该网站没有注明"未经许可不得转载"字样；（2）在转载过程中，我社取得了常某的许可，并在转载后按规定及时支付了稿酬；（3）限于篇幅，报纸转载小说作品进行必要的缩减是行业惯例，我社没有故意歪曲原作品的内容；

（4）我社没有通过转载常某的小说获利，赔偿损失无事实和法律依据。请求法院驳回常某的诉讼请求。

本章小结

著作权的内容即著作权人的权利，包括精神权利（人身权）和经济权利（财产权）两部分。

精神权利（人身权）是指与作者的人身利益密切相关的权利。包括发表权、署名权、修改权和保护作品完整权。

经济权利（财产权）是指具有物质内容，直接体现经济利益的民事权利。包括著作权人依法通过各种方式使用作品并获得报酬的权利，简称使用权和获得报酬权。我国著作权法主要规定了复制权、发行权、出租权、展览权、表演权、放映权、广播权、信息网络传播权、摄制权、改编权、翻译权、汇编权、及应当由著作权人享有的其他经济权利。

著作权的限制制度包括合理使用、法定许可和强制许可。

合理使用是在法律规定的情况下使用已发表的作品，可以不经著作权人许可，不向其支付报酬的合法行为。但合理使用应当指明作者姓名、作品名称，并且不得侵犯著作权人依照著作权法享有的其他权利。我国《著作权法》规定了12种合理使用的情形。

法定许可，是指在法律直接规定的范围内对作品进行某种使用时，可以不经著作权人的同意，但应当向著作权人支付报酬。我国著作权法对法定许可使用的情形规定主要体现在教科书编写、报刊转载摘编、录音制作、广播电视播放等四种。

著作权的保护是有时间限制的。首先，作者的署名权、修改权、保护作品完整权的保护期不受限制。其次，公民的作品，其发表权、财产权的保护期为作者终生及其死亡后50年，截止于作者死亡后第50年的12月31日；如果是合作作品，截止于最后死亡的作者死亡后第50年的12月31日。作者生前未发表的作品，如果作者未明确表示不发表，作者死亡后50年内，其发表权可由继承人或者受遗赠人行使；没有继承人又无人受遗赠的，由作品原件的所有人行使。第三，法人或者其他组织的作品、著作权（署名权除外）由法人或者其他组织享有的职务作品，其发表权、财产权的保护期为50年，截止于作品首次发表后第50年的12月31日，但作品自创作完成后50年内未发表的，不再保护。第四，电影作品和以类似摄制电影的方法创作的作品、摄影作品，其发表权、财产权的保护期为50年，截止于作品首次发表后第50年的12月31日，但作品自创作完成后50年内未发表的，不再保护。

思考与练习题

1. 简述著作权人的精神权利（人身权）的内容。
2. 简述著作权人的经济权利（财产权）的内容。
3. 试述著作权的合理使用、法定许可使用、强制使用制度的区别与联系。
4. 简述我国著作权法关于著作权期限的规定。
5. 什么是合理使用及在实践中如何界定？

第五章
邻接权

第一节 邻接权概述
第二节 出版者权

内容提要：邻接权的概念；邻接权的种类；邻接权与著作权的关系；出版者权的内容；表演者权、录音录像制作者权、广播组织权的权利内容。

重难点：邻接权的种类；邻接权与著作权的关系；出版者权的内容。

邻接权是与狭义著作权（如前所述，即"作者权"）有关的权益。邻接权的保护依据在国际上主要为三部国际公约。一是1961年在意大利罗马缔结的《保护表演者、录音制品制作者和广播组织的罗马公约》（简称《罗马公约》），这标志着邻接权保护正式得到国际社会承认。由于《罗马公约》保护的主体是作品的传播者，因此，邻接权又被称为"传播者权"（rights to disseminators）。二是1970年在日内瓦缔结的《保护录音制品制作者防止未经授权复制其录音制品的公约》（简称《录音制品公约》或《唱片公约》），这是一个专门针对录音制品保护而缔结的国际公约。三是1996年在日内瓦缔结的《世界知识产权组织表演和录音制品公约》（简称《表演和录音制品公约》），就网络环境中表演者权和录音制品制作者权的保护作出了一系列的规定，赋予权利人享有"向公众传播权"，并就相关的技术措施和权利管理信息的保护作出了规定。

第一节 邻接权概述

一、邻接权的概念

（一）邻接权的产生

邻接权的产生是人类传播技术进步的结果。印刷技术的发展导致了著作权的产生与发展，录音录像、无线电传播技术的发展导致了邻接权的产生与发展。在19世纪末爱迪生发明留声机之前，音乐戏剧的表演只能由演员在舞台上和音乐厅或其他地方现场演出，一般观众看戏、听音乐都要上剧场或音乐厅去，如果想多次欣赏，就得多次去剧场或音乐厅。留声机发明以后，特别是"一战"后，录音、电影和无线电传播技术迅速发展，演员的表演实况不仅可以用唱片将其声音固定下来，通过无线电设备传播到遥远的地方，而且还可以将唱片、电影片大量复制，广泛发行。同时，由于录音录像技术的发展，复制他人的唱片和录制他人的广播节目越来越方便了，靠复制和发行此类唱片牟取暴利的企业也越来越多了，自然，唱片制作者和广播组织者的利益就受到了严重损害。于是，就像演员要求保护自己的艺术表演一样，唱片制作者要求保护自己的唱片，反对别人擅自复制他们的唱片，要求广播或以其他形式公开使用唱片时向他们支付报酬；广播组织要求保护自己的广播节目，反对其他广播组织转播此类节目，反对他人录制他们的节目并复制成唱片出售牟利。1911年英国著作权法列入了保护音乐唱片（承认唱片制作者权益）的条款，开了邻接权保护的先河。①

（二）邻接权的定义

邻接权是作品的传播者就其对作品传播所付出的智力、资金和技术所享有的权利。对于作品传播者来说，"他们是文学创作的辅助者，因为表演者决定音乐作品和戏剧作品的命运，录音企业使稍纵即逝的印象长存，广播组织消除了距离的障碍"。②传播者不同于传统著作权人，他们在自己的工作过程中有智力、资金、技术方面的投入，但都没有创作出独立的作品来，他们的利益需要保护，邻接权正是弥补了著作权对独创性的高要求。

与邻接权对应的英文表述通常是 neighboring rights，其直译的意思是"与著作权邻近的权利"。而在德文中，这类权利则称为"有关权"。在世界贸易组织《与贸易有关的知识产权协议》中，这类权利也被称为"有关权"（related rights）。在我国《著作权法》第1条中，该权利被称为"与著作权有关的权益"。

严格说来，邻接权是一个大陆法系概念，在英美法系国家的立法中通常没有被直接表述出来。究其原因，是因为大陆法系国家不承认表演者的表演、唱片制作者制作的唱片和广播组织制作的广播电视节目是作品。与之相反，

---

① 王辉. 著作邻接权初论[J]. 牡丹江教育学院学报,2005(3).
② 刘春田. 知识产权法[M]. 北京：高等教育出版社,2003.

在英美法系国家的著作权法中，表演者、录音制作者和广播组织享有的是与作者相同的著作权，表演者的表演、唱片制作者的唱片和广播组织制作的广播电视节目等作为第二类作品，既区别于普通作品，又没有增加新的权利种类。以美国为例，其著作权法中没有明确的关于邻接权的规定，但它为录音制品等提供的著作权保护与邻接权的内容相当。

按照国际上通行的说法，传统的邻接权通常包括三种权利：表演者权、录音制品制作者权和广播组织权。但是，在我国，出版者对其出版物版式享有的权利也被纳入"邻接权"的范围。因此，根据2010年《著作权法实施条例》第36条，邻接权是指出版者对其出版的图书和报刊享有的权利，表演者对其表演享有的权利，录音录像制作者对其制作的录音录像制品享有的权利，广播电台、电视台对其播放的广播、电视节目享有的权利的总称。下文将逐一介绍这四种邻接权，鉴于出版者权与出版业关系密切，本章将其单独列为一节。

（三）邻接权与作者著作权的关系

需要强调的是，邻接权与狭义的著作权的关系。二者密不可分，共同构成广义的著作权。邻接权的取得一般是建立在作者著作权的基础之上，而作者的作品能否得到广泛传播也离不开传播者的参与。具体来说：

第一，狭义著作权是邻接权的基础。表演者要表演别人的作品，必须首先取得原始著作权人的同意，否则，就侵犯了后者的利益。录音录像制作者、广播组织、出版者要想传播作品，同样需要取得作者的许可。所以，作品传播者在使用他人作品时，应当获得原始著作权人的许可，除非法律有其他规定。

第二，邻接权是狭义著作权的延伸。作者需要艺术家表演他们的作品，然后又需要那些使创作能广泛传播的人的行动支撑。一件好的作品，如果没有在社会上得到很好的传播，那么，它的价值将无法实现，至少无法充分实现。从这层意义上说，作者与传播者是不可分割的"合伙人"。

但是，邻接权与狭义著作权还是有很大区别的。狭义著作权是作品创作者的专有权利，邻接权是传播者的专有权利，它们在保护的主体、对象、内容等方面存在较大差异。

第一，权利主体和对象不同。狭义著作权的主体是作品的创作者，包括自然人、法人和其他组织；邻接权的主体是出版者、表演者、录音录像制作者、广播电视组织。狭义著作权保护的对象是文学、艺术和科学作品；邻接权保护的对象是经过传播者加工后的作品。前者体现了作者的创造性劳动，后者主要体现了传播者的创造性劳动。

第二，权利内容和前提不同。狭义著作权的内容是指作者对其创作的作品依法所享有的发表权、署名权、修改权、保护作品完整权等人身权和复制权、发行权等财产权；邻接权的内容则是出版者权、表演者权、录音录像者权、广播组织权等。作品只要是"文学、艺术和科学领域内具有独创性并能以某种有形形式复制的智力成果"，一经产生就可获得著作权保护；邻接权的取得必须以对作品的再利用为前提，如果传播对象是著作权保护期内的作品，除法定特殊情形外，必须依法取得著作权人的许可、并向其支付报酬。

第三，权利期限不同。自然人作品著作权保护期为作者死亡后50年；法人作品或其他组织作品著作权保护期为作品首次发表后50年，但作为邻接权，图书、期刊出版者的版式设计权的保护期只有10年；其他如表演者权即便权利主体是自然人，保护期也均不以相应自然人死亡为起算点。

（四）网上邻接权

网上邻接权是相对于传统邻接权而产生的概念。网上邻接权一般理解为网络传播中传播者所享有的权利。网络传播技术出现之后，与网上邻接权相似的概念开始出现。

一是"向公众传播权"。1996年12月20日，由世界知识产权组织主持，120多个国家代表参加的关于著作权和邻接权问题的日内瓦外交会议缔结了世界知识产权组织《著作权公约》（WCT）和《表演和录音制品公约》（WPPT），为网络传播技术的不断发展对现有著作权制度的冲击提出了应对措施。其中，"向公众传播权"的提出是一大贡献，即"文学和艺术作品的作者应享有专有权，以授权将其作品以有线或无线方式向公众提供，使公众中的成员在其个人选定的地点和时间可获得这些作品"。

二是"信息网络传播权"。在世界知识产权组织上述两个条约缔结之后，我国在对网络传播著作权的立法上作出了相应努力，"信息网络传播权"的概念在我国《著作权法》中出现。2001年修订后的《著作权法》第10条规定："信息网络传播权，即以有线或者无线方式向公众提供作品，使公众可以在其个人选定的时间和地点获得作品的权利"；第58条规定，"信息网络传播权的保护办法由国务院另行规定"。从权利主体的角度看，信息网络传播权不等于信息网络传播者权，前者是作品作者所享有的基本财产权利，后者属于邻接权的范畴。因此，信息网络传播权不是邻接权意义上的传播者的权利。

另一方面，网上邻接权与信息网络传播权具有密切的联系。邻接权人要想传播某作品，必须首先取得著作权人的许可，否则就侵犯了著作权人的信息网络传播权。图书出版者基于作者的复制权、发行权而派生出出版者权，信息网络传播者基于著作权人的信息网络传播权而派生出网上邻接权。从某种程度来讲，网上邻接权就是信息网络传播权派生出来的，是信息网络传播权行使的结果。

二、表演者权

（一）表演者权概述

表演者权是表演者对其表演依法享有的专有权利。

表演者权的主体是表演者。根据《著作权法实施条例》第6条，"表演者，指演员或者其他表演文学、艺术作品的人"。显然，我国的表演者仅限于表演文学、艺术作品，不包括科学作品，也不包括不构成作品的相关材料。这是因为，著作权法主要以保护作者权益为核心，传播作品的表演者的权利与作品创作者的著作权相关，应给予保护，而非作品的表演与作品的著作权没有多少联系，所以著作权法可以不给予保护。至于科学作品的所谓表演，比如在科技场馆进行某种科学原理的宣讲和展示，演示者是否享有表演者权？按照现行法律法规，是不享有的。估计立法者的考虑为，科学作品宣讲、展示的严谨性要大于其艺术性，与"表演"相关的创造性成分较少。但从鼓励科普活动智力创新的角度，我们认为，如果呆板的科学原理经过精心演示变得非常生动有趣，就有将其纳入邻接权保护范畴的必要。

（二）表演者权的来源

表演者权以表演权为来源。根据《著作权法》第37条，可得出如下两条结论：

第一，使用他人作品演出，表演者（演员、演出单位）应当取得著作权人许可，并支付报酬。演出组织者组织演出，由该组织者取得著作权人许可，并支付报酬。

第二，使用改编、翻译、注释、整理已有作品而产生的作品进行演出，应当取得改编、翻译、注释、整理作品的著作权人和原作品著作权人的双重许可，并支付报酬。

（三）表演者权的内容

根据著作权法的规定，表演者对其表演享有下列权利：

1. 表演者人身权

（1）表明表演者身份的权利

这个权利与著作权中的署名权相似，即表演者对现场表演或者以录音录像制品录制的表演有权要求以适当的方式表明自己的表演者身份。

（2）保护表演形象不受歪曲的权利

这个权利与著作权中的保护作品完整权相似，即表演者有权禁止他人以任何形式或方式歪曲、篡改其在表演活动中展现出来的形体形象和声誉形象。

2. 表演者财产权

（1）现场播放权

现场播放权包括两个方面的内容：一是许可他人从现场直播其表演的权利，二是许可他人公开传送其现场表演的权利。

（2）录音录像权

录音录像权是指表演者有权许可他人录音录像，并获得报酬的权利。

（3）复制发行权

复制发行权是指表演者有权许可他人复制、发行录有其表演的录音录像制品，并获得报酬的权利。《著作权法》第40条规定，录音制作者使用他人已经合法录制为录音制品的音乐作品制作录音制品，可以不经著作权人许可，但应当按照规定支付报酬；著作权人声明不许使用的不得使用。

（4）信息网络传播许可权

信息网络传播许可权是指表演者有权许可他人通过信息网络向公众传播其表演，并获得报酬的权利。这里的表演包括两种形式：一是现场表演，一是录制在音像制品上的表演。将表演现场通过信息网络向公众传播，可以适用"现场播放权"；将录制在音像制品上的表演通过信息网络向公众传播，可以适用"复制发行权"。《著作权法》将信息网络传播许可权单独作为一项进行规定，主要是为了突出信息网络传播许可权。

（四）表演者权的保护期

表演者的人身权的保护期不受限制。

表演者的财产权的保护期为50年，截止于该表演发生后第50年的12月31日。

三、录音录像制作者权

（一）录音录像制作者权概述

录音录像制作者权是指录音录像制作者对其制作的录音录像制品依法享有的专有权。

录音录像制作者权的主体是录音制作者和录像制作者，客体是录音制品和录像制品。根据《著作权法实施条例》第6条，"录音制品，是指任何声音的原始录制品；录像制品，是指电影、电视、录像作品以外的任何有伴音或者无伴音的连续相关形象的原始录制品。"

保护邻接权的国际公约，如《罗马公约》和《保护录音制品公约》，只提到保护录音制品，并没有将录像制品纳入邻接权保护的范围。世界上绝大多数国家的著作权法都没有保护录像制品的规定。在这些国家，所谓录像制品，就是电影作品。

在我国，对录像制品和电影作品的界定一度也备受争议。以2003—2004年的 MTV 与卡拉 OK 作品放映权纠纷为例。唱片公司认为，MTV 是属于著作权法保护的电影作品范畴，卡拉 OK 经营者未经许可，以商业性的方式使用了自己的作品，构成了侵权；而卡拉 OK 经营者认为，MTV 是录像制品，唱片公司作为录像制品制作者只享有复制权、发行权，不享有放映权。法院最终判定 MTV 属于电影作品。2008年5月28日，中国音像著作权集体管理协会在北京成立，该协会的工作内容之一是负责卡拉 OK 著作权使用费的收费工作。

录像制品和电影作品的区别，主要在于是否具有著作权法所要求的独创性。如果说录制者只是忠实地记录有关的声音或画面，不具有作品所要求的独创性，只能享有邻接权。但是如果录制者在录制的过程中，在灯光、色彩、角度等方面有独特的选择，在后期的剪接方面有独特的考虑和处置，由此形成的智力成果就是电影作品。

（二）录音录像制作者权的来源

录音录像制作者权的来源，既包括所录制作品作者的著作权，又包括表演所录制作品的人的表演者权。

1. 著作权。《著作权法》第40条规定："录音录像制作者使用他人作品制作录音录像制品，应当取得著作权人许可，并支付报酬。录音录像制作者使用改编、翻译、注释、整理已有作品而产生的作品，应当取得改编、翻译、注释、整理作品的著作权人和原作品著作权人许可，并支付报酬。录音制作者使用他人已经合法录制为录音制品的音乐作品制作录音制品，可以不经著作权人许可，但应当按照规定支付报酬；著作权人声明不许使用的不得使用。"

2. 表演者权。《著作权法》第41条规定："录音录像制作者制作录音录像制品，应当同表演者订立合同，并支付报酬。"

（三）录音录像制作者权的内容

根据《著作权法》第42条第1款，录音录像制作者权包括以下内容：

1. 复制、发行权

录音录像制作者对其制作的录音录像制品，享有许可他人复制、发行并获得报酬的权利。

2. 出租权

录音录像制作者对其制作的录音录像制品，享有许可他人出租并获得报酬的权利。录音录像制品的所有者不得擅自以营利为目的出租其所购买的录音录像制品。只有经过录音录像制作者的许可，录音录像制品的所有者才能从事出租录音录像制品的活动。

3. 信息网络传播权

录音录像制作者对其制作的录音录像制品，享有许可他人通过信息网络向公众传播并获得报酬的权利。

另外，《著作权法》第42条第2款规定，"被许可人复制、发行、通过信息网络向公众传播录音录像制品，还应当取得著作权人、表演者许可，并支付报酬"。这是因为，录音录像制品除了涉及录音制作者、录像制作者的权利外，还涉及作品著作权人和作品表演者的权利，仅取得录音录像制作者的许可，没有获得著作权人和作品表演者的许可，就会侵犯他们的权利。但是，被许可人出租录音录像制品不需要得到著作权人和表演者的许可，因为著作权人的出租权中不包括对录音录像制品的出租，表演者对录音录像制品不享有出租权。

【相关案例】

案例1

2006年10月，文化企业甲公司选择了55首歌曲后，与歌手J签订歌曲演唱录制合同。双方在合同中约定的内容包括：J应甲公司的邀请演唱这些歌曲，甲公司负责对演唱歌曲进行保真录制和后期加工制作；最终形成的录音制品，由甲公司作为双方的全权代表行使许可出版光盘、在互联网上传播等权利。在与J签约之前，甲公司已经获得这些歌曲著作权人对使用相关各种权利的许可，因此，这些录音制品得以合法地顺利完成制作。

此后，甲公司经过与乙音像出版社洽谈，签订了出版合同。合同约定，甲公司作为录音制作者，同意把以唱盘形式独家出版发行这55首歌曲的权利授与乙音像出版社；乙音像出版社出版唱盘后，应以版税形式向甲公司支付报酬，其中应该支付给歌曲著作权人和演唱者的报酬，均由甲公司转交；甲公司应在签订合同之日起的一星期内，向乙音像出版社提交相应著作权人和演唱者同意以出版唱盘形式使用这些歌曲的授权证明；唱盘的表面和封套上，应该为演唱者和录音制作者署名，而其中每首歌曲的作词、作曲者姓名，也应当正确无误地在歌名后标明。

合同签订后，甲公司依约向乙音像出版社及时提交了相关授权证明。2007年3月，乙音像出版社出版了由这55首歌曲组成的5个音乐专辑唱盘。唱盘表面和封套上，均按出版合同的约定为各位权利人署了名，乙音像出版社也及时向甲公司支付了首期版税。

2007年8月，乙音像出版社发现，一家从事网络服务的企业丙公司在其经营的音乐网上向公众提供了上述55首歌曲的免费在线试听服务。专业机构进行技术鉴定后得出的结论，网络上传播的这55首歌曲与乙音像出版社所出版的5张音乐专辑唱盘具有完全相同的音源。乙音像出版社调查后得知：丙公司与另一家文化企业丁公司曾签订过一份协议，双方约定由丁公司提供音乐节目内容，由丙公司提供网络空间和技术支持，在音乐网上向公众提供免费在线试听服务；丁公司提供的节目中已经包括这55首歌曲，而丙公司只是把丁公司提供的这些节目内容原封不动地上传到自己的网站上；丙公司已在网站上标明音乐节目内容是丁公司所提供的，同时也公开了自己的名称、地址和联系方式。丙公司从乙音像出版社处得知传播这55首歌曲的行为涉嫌侵权后，立即将这些歌曲从其网站上删除了。

2007年12月，乙音像出版社联合甲公司一起向人民法院提起诉讼，指控丙公司和丁公司侵权，请求法院判令该两家公司承担相应的侵权赔偿责任。

丁公司没有否认其提供给丙公司的这55首歌曲来自甲公司制作的录音制品，但是又辩称：在网络上传播歌曲供用户免费试听，意在宣传文化成果，丁公司并没有从中营利，所以这应该是一种合理使用，不构成侵权。此外，这 55 首歌曲的创作者都是其他人，甲公司和乙音像出版社都不是这些音乐作品的著作权人。因此，即使在网络上传播这些歌曲属于侵权，也是侵犯了相应著作权人的权利，甲公司和乙音像出版社没有资格提起侵权之诉。

丙公司则辩称：供公众免费在线试听的音乐节目都是丁公司提供的，丙公司作为网络服务企业，只是提供网络空间和技术支持服务，而且丙公司在这整个过程中的行为，都符合《信息网络传播保护条例》第 22 条所规定的免责条件。因此，即使传播这些歌曲构成侵权，丙公司也不应该承担相应赔偿责任。

（四）录音录像制作者权的保护期

录音录像制作者的保护期为 50 年，截止于该制品首次制作完成后第 50 年的 12 月 31 日。

四、广播组织权

（一）广播组织权概述

广播组织权是广播组织对其制作的广播、电视节目依法享有的专有权利。广播组织权的主体是有线或无线广播电台、电视台。广播组织权的客体是广播组织制作的广播电视节目。

（二）广播组织权的来源

广播组织权的来源包括所播放作品创作者的著作权、所播放录音制品制作者、所播放电影作品制片者的著作权以及所播放录像制品制作者的相关权利。

1. 著作权。《著作权法》第 43 条规定："广播电台、电视台播放他人未发表的作品，应当取得著作权人许可，并支付报酬。广播电台、电视台播放他人已发表的作品，可以不经著作权人许可，但应当支付报酬。"

2. 录音制品制作者权。《著作权法》第 44 条规定："广播电台、电视台播放已经出版的录音制品，可以不经著作权人许可，但应当支付报酬。当事人另有约定的除外。"

3. 电影作品著作权、录像制品制作者权。《著作权法》第 46 条规定："电视台播放他人的电影作品和以类似摄制电影的方法创作的作品、录像制品，应当取得制片者或者录像制作者许可，并支付报酬；播放他人的录像制品，还应当取得著作权人许可，并支付报酬。"

（三）广播组织权的内容

根据《著作权法》第 45 条，广播组织权包括以下内容：

1. 转播权

广播电台、电视台有权禁止他人未经许可，将其播放的广播、电视转播。

2. 录制权

广播电台、电视台有权禁止他人未经许可，将其播放的广播、电视录制在音像载体上。

3. 复制权

广播电台、电视台有权禁止他人未经许可，复制录制有其播放的广播、电视的音像制品。

（四）广播组织权的保护期

广播组织权的保护期为 50 年，截止于该广播、电视首次播放后第 50 年的 12 月 31 日。

五、邻接权的限制

对邻接权人的权利给予必要的限制，是各国著作权法及有关国际公约的通行做法。根据我国著作权法的规定，我国对著作权的限制同样适用于对邻接权的限制。具体来说，邻接权的限制包括时间限制、地域限制和权能限制等三方面。

1. 邻接权的时间限制

各国对邻接权的保护，都是有一定时间期限的，过了法定的保护期，其客体就进入公有领域，人们可自由地使用。《罗马公约》第 14 条规定，邻接权的保护期至少为 20 年；《录音制品公约》第 4 条规定，邻接权"给予保护的期限应当由各缔约国国内法律规定。但是，如果国内法律规定一具体保护期，此保护期不应短于自录音制品载有的声音首次被固定之年年底起，或从录音制品首次出版之年年底起20年"；《表演和录音制品公约》第14条第5款规定，"表演者及录音制品制作者获得的保护期至少应当自有关的固定或表演发生之年年终延续到第50年年终。广播组织的保护期限，自有关广播被播出之年年终起至少20年"。我国规定，出版者对版式设计拥有权利的保护期为10年，截止于使用该版式设计的图书、期刊首次出版后第10年的12月31日。除了表演者的人身权外，我国把表演者的财产权、录音录像制作者权的保护期定为50年，广播组织权也延长为该广播、电视首次播放后第50年的12月31日。

2. 邻接权的地域限制

虽然邻接权受到保护的地域借助国际法远远超出了本国范围，但在既没有加入《罗马公约》《表演和录音制品公约》等有关邻接权保护公约、又没有与我国签订著作权和相关权利保护双边协定的国家中，我国的邻接权人是受不到保护的。

3. 邻接权的权能限制

邻接权的权能限制是指权利在行使上要受到一定的限制。这包括两方面的内容：

首先，邻接权的行使受到著作权以及改编、翻译、注释、整理已有作品所产生作品的著作权的权利限制。

我国《著作权法》第29条规定，"出版者、表演者、录音录像制作者、广播电台、电视台等依照本法有关规定使用他人作品的，不得侵犯作者的署名权、修改权、保护作品完整权和获得报酬的权利"。我国《著作权法实施条例》第37条规定，"出版者、表演者、录音录像制作者、广播电台、电视台行使权利，不得损害被使用作品和原作品著作权人的权利"。

这在讲述我国四种邻接权的权利来源时得到印证。图书出版者对作品修改、删节的前提是要取得作者的许可，报社、期刊社对内容的修改也要经过作者的许可。表演者、录音录像制作者使用他人作品，需取得著作权人许可；使用演绎作品，要取得演绎作者和原作品作者的双重许可。广播电台、电视台播放他人未发表的作品，应取得著作权人的许可。

其次，邻接权的行使受到法律规定的合理使用、法定许可的限制。

我国《著作权法》第22、23条关于合理使用与法定许可分别规定，"前款规定适用于对出版者、表演者、录音录像制作者、广播电台、电视台的权利的限制"。也就是说，合理使用和法定许可这两项著作权限制制度，同样适用于对邻接权的限制。其中，合理使用是对邻接权人行使权利最为严格的限制，因为使用人既不必征得权利人的同意，也不必支付报酬。法定许可设置的目的是为了平衡权利人的专有权与社会公共利益，既维护著作权人和相关权利人的经济利益，同时也避免知识产权的专有性对知识传播造成阻碍。

对图书出版者权的限制，主要是针对图书版式设计权的限制。对报刊出版者权的限制，主要体现在报刊转载、摘编权上。

对表演者权的限制，主要是针对表演者财产权，如广播电台、电视台制作新闻报道时，可能需要对现场表演中的某些片断进行报道，这就是合理使用。

对录音录像制作者权的限制，主要涉及对录音录像制品的报道。在报道中，有关媒体可能需要最少量地播放其中一个片断或者少量画面，这是合理使用。对录音制品的法定许可使用，法律有两条规定：第一，录音制作者使用他人已经合法录制为录音制品的音乐作品制作录音制品，可以不经著作权人许可，但应当按照规定支付报酬；第二，广播电台、电视台播放已经出版的录音制品，可以不经著作权人许可，但应当支付报酬。

对广播组织权的限制，主要体现在"广播电台、电视台播放其他广播电台、电视台已经发表的关于政治、经济、宗教问题的时事性文章"，此为合理使用[1]。

---

[1] 吴汉东. 知识产权法[M]. 北京：北京大学出版社, 2010.

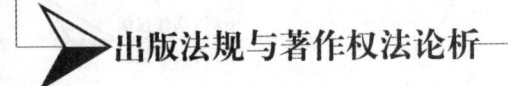

第二节 出版者权

出版者权,是书、报、刊出版者对其编辑出版的图书或者报刊依法享有的专有权利。出版者权可分为图书出版者权和报刊出版者权。

出版者权是我国著作权法的特有规定,其他国家法律及国际公约均未规定这一权利。尤其需要指出的是,如今通说认为,只有版式设计权属于出版者享有的邻接权,而下文所述专有出版权、非专有出版权、重印再版权等本质上属于出版者通过合同取得的著作权人的复制权、发行权的许可,而修改权、转载摘编权只是对他人著作权的一种限制,很难说是一种专有性权利。本书将这些内容一并列出,以便于读者全面了解。

一、图书出版者权

(一)专有出版权

《著作权法》第31条规定:"图书出版者对著作权人交付出版的作品,按照合同约定享有的专有出版权受法律保护,他人不得出版该作品。"《著作权法实施条例》第39条规定:"图书出版者在合同有效期内和在合同约定地区内,以同种文字的原版、修订版和缩编本的方式出版图书的独占权利,受法律保护。"

根据这两条规定,图书出版者可以与著作权人通过合同约定取得对作品的专有出版权,这意味着其他出版者在一定时期和地域范围内不得出版该作品的同种文字的原版、修订版或缩编本,否则就是对专有出版权的侵犯。这是因为,出版者在作品传播过程中付出了大量的资金和劳动,并承担了绝大部分商业风险,所以应对其所出版的作品享有权利。

【相关案例】

案例1

原告钱钟书创作的小说《围城》,1946年2月首次发表于上海大型文艺月刊《文艺复兴》，1947年5月，上海晨光出版公司出版《围城》单行本，1948年9月再版，1949年3月第三次出版。1980年11月，由人民文学出版社重排出版。其间，钱钟书曾多次对作品进行文字增删和润色，使作品更为完善。

1990年被告四川文艺出版社向被告胥智芬约稿，对《围城》一书进行汇校。胥智芬汇校时所依据的《围城》底本，分别为1946年2月至1947年1月连载于《文艺复兴》月刊上的版本、1947年上海晨光出版公司出版本和1980年人民文学出版社重印本。

《围城》汇校本出版时，把《文艺复兴》月刊上以连载小说形式发表的《围城》一书全文排印发表，每页上附有胥智芬所作的汇校内容。四川文艺出版社从1991年5月至1992年7月，共出版发行《围城》汇校本一书总计12万册，其中封面印有"汇校本"字样的为3万册，无"汇校本"字样的为9万册。四川文艺出版社在订货目录上所列《围城》一书，均无"汇校本"字样。1991年8月，四川文艺出版社在给四川省新闻出版局著作权处、人民文学出版社总编辑的信函中均承认未取得钱钟书同意出版编辑此书，侵害了作者权益；在不了解钱钟书先生将《围城》一书的专有出版权授予人民文学出版社的情况下，事先没征得人民文学出版社的同意即出版汇校本，构成侵权行为。1991年8月以后，四川文艺出版社继续出版发行了《围城》汇校本一书，总数达8万册，所有的书封面上均无"汇校本"字样。1991年10月，四川文艺出版社汇给钱钟书稿费9974.02元。1992年3月被钱钟书退回。

[处理]

（1）被告应当承担侵害原告钱钟书著作权的责任，停止侵害，并在《光明日报》上公开向原告钱钟书赔礼道歉。

（2）被告共同承担赔偿原告钱钟书人民币87840元。

（3）被告应当承担侵害人民文学出版社的专有出版权的责任，停止侵害，并在《光明日报》上公开向原告人民文学出版社赔礼道歉。

（4）被告共同承担赔偿原告人民文学出版社损失人民币109800元。

（二）作品修改权

《著作权法》第 34 条第 1 款规定："图书出版者经作者许可，可以对作品修改、删节。对内容的修改，应当经作者许可。"据此规定，法律既赋予出版者权利，同时又对其权利加以限制。为了提高作品的质量，出版者在征得作者的同意后可以对作品进行修改或删节。如果作品存在引文、数据方面的确凿错误，不符合语言文字规范等非实质性问题，出版者可以帮助作者改正。出版者千万不能自作主张，对作品的内容包括标题作实质性的修改，修改后又不征得作者的同意。编辑人员可从下面的案例中吸取教训。

【相关案例】

案例 1

J 出版社 1998 年 1 月出版了《插花创作与××》一书，原稿彩页为 105 页，均用高级铜版纸印刷，另加文字部分 70 页，该书定价为 16.50 元，印刷 21000 册；作者为某大学的三位教师。由于彩页为 105 页，不是整印张，会给印刷和装订带来一些麻烦。为了便于印刷、装订，责任编辑增加了 7 面彩页，凑成了 3.5 印张。责任编辑增加的 7 面彩页，是 9 种盆景的彩色摄影照片。这种盆景艺术与插花艺术不同。责任编辑事先未与作者商量，书就已经印出来了。作者见到书样后，极为不满，认为盆景艺术与插花艺术是两种不同形式的艺术，不能混为一谈。这歪曲了作者的创意，坚决不能接受。后经多次协商，作者仍不同意，J 出版社只好接受作者的意见，将全书销毁重印。

启示：凡对作品内容和观点的修改，包括删节和扩充，都应当征得作者的同意，最好是书面同意。如果作者交来的作品达不到出版水平，编辑人员可以向作者提出修改意见，退作者修改。作者修改后的作品，如果仍达不到出版水平，可以按合同约定退稿。

（三）重印、再版权

《著作权法》第 32 条规定："图书出版者重印、再版作品的，应当通知著作权人，并支付报酬。图书脱销后，图书出版者拒绝重印、再版的，著作权人有权终止合同。"关于"图书脱销"的定义,《著作权法实施条例》第42条有明确回答,即"著作权人寄给图书出版者的两份订单在6个月内未能得到履行,视为图书脱销"。由此可见,在图书出版合同有效期内,如果出版者违反出版合同、损害著作权人权益,著作权人可以单方面终止专有出版权。这一立法体现了我国著作权法相当重视图书出版者和著作权人的权利平衡。

【相关案例】

案例1

L是专著《知识的经济效力》的作者。2002年5月,L与甲出版社签订了图书出版合同。该合同约定,L将《知识的经济效力》的图书专有出版权授予甲出版社,期限为十年,自双方签订合同之日起算;甲出版社以版税形式向L支付稿酬,版税率为8%,版税额按该书的实际销售数量结算。

《知识的经济效力》一书2002年8月底出版后,市场反响很好。至2002年底,L发现当地很多书店已经没有此书销售。于是,L自2002年12月起不止一次向甲出版社说明《知识的经济效力》在某些书店脱销的情况,并要求甲出版社重印。但甲出版社总是以"该书尚有库存"为由不予重印。

2003年2月底,L打电话给《知识的经济效力》一书的责任编辑B,要求购买该书20册,"以满足一些朋友的索书要求",并允诺收到书后一个星期内便将书款邮汇给B,如果到时未汇款,甲出版社可以在结算版税时扣除。但是,直到4月底,甲出版社还是未将L所需的书给他。于是,L在5月下旬再次打电话给B,重申购书要求。一个月后,L还是没有收到书。他便再次给B打电话询问。B解释说:之所以没有及时将书给L,主要是因为出版社仓库内已经没有这么多书;但是甲出版社目前还是不准备重印,因为该书发行时间还不到一年,尚不清楚"外库库存"(指已到销售商处但还未销售给读者的存书)还有多少,说不定今后会有不少退货,盲目重印肯定会增加库存积压,造成经济损失。L当即表示,该书目前已经脱销,如不重印就终止出版合同。B婉言劝告L再等一段时间，L最后也表示接受B的劝告。

然而，L一直等到2003年12月初，还是没有得到向甲出版社购买的《知识的经济效力》。于是，L就在12月5日再次打电话与B联系。B答复称书仍无货，但甲出版社不打算重印。12月7日，L写信给甲出版社，说明已经决定终止出版合同。12月15日，甲出版社收到L的信，便回信说，合同没有到期，提前终止是违约行为，不能同意。但是，L没有理会甲出版社的话，在2003年12月25日与乙出版社签订图书出版合同，将《知识的经济效力》的图书专有出版权授予了乙出版社。

2004年2月，甲出版社发现市场上出现了乙出版社出版的《知识的经济效力》，遂提起诉讼，指控L违背合同约定是损害了甲出版社的利益，指控乙出版社侵犯甲出版社的专有出版权。

（四）版式设计权

《著作权法》第36条规定："出版者有权许可或者禁止他人使用其出版的图书、期刊的版式设计。前款规定的权利的保护期为十年，截止于使用该版式设计的图书、期刊首次出版后第10年的12月31日。"《著作权法实施条例》第38条规定："出版者对其出版的图书、报纸、杂志的版式、装帧设计，享有专有使用权。"不难看出，《著作权法实施条例》实际上对于版式设计权的对象和内容都作了扩展规定：一是将版式设计权的对象范围扩展到报纸；二是在原有的版式设计之外，又增加了装帧设计。

由于版式、装帧设计是出版者在传播作品的过程中创设的，因此出版者有权排除他人在出版同样作品的时候使用该作品的版式、装帧设计。即在出版同样作品的情况下，在后的出版者就不得抄袭在前出版者的版式、装帧设计。

尽管版式设计权的保护范围极为有限，但在古籍出版和数字出版中意义极为重要。例如，在古籍出版的情况下，虽然有关的作品不再受著作权法的保护，但在出版同样作品的情况下，在后的出版者就不得抄袭在前出版者的版式设计。又如在数字扫描技术的情况下，如果某一网络公司在扫描已经出版的作品后，又把扫描后的作品原封不动地放在网络上，就有可能侵犯出版者的版式设计。[①]

二、报刊出版者权

报刊出版与图书出版有很大的不同，它们需求的稿件篇数多，出版周期短，时效性强。基于这些特点，我国著作权法对报刊出版者的权利作了相应规定。另外，出版连续型电子出版物的出版社，由于这类出版物实际上是数字化的报刊，所以也享有与报刊出版者相同的权利。

（一）汇编作品著作权

《著作权法》第14条规定："汇编若干作品、作品的片段或者不构成作品的数据或者其他材料，对其内容的选择或者编排体现独创性的作品，为汇编作品，其著作权由汇编人享有，但行使著作权时，不得侵犯原作品的著作权。"汇编作品的独创性体现在对内容的选择和编排体例上。报刊编辑根据本刊物的宗旨和性质选择采用各篇文章，并将这些文章按其主题内容和本刊物的栏目设置特点进行编排，形成一期相对完整、系统的连续出版物。这种工作的特点与汇编作品的创作相同，因此，一期报纸、期刊又相当于一个汇编作品，作为法人的出版单位享有汇编作品的著作权。2011年《出版管理条例》第9条规定，"出版单位，包括报社、期刊社、图书出版社、音像出版社和电子出版物出版社等。法人出版报纸、期刊，不设立报社、期刊社的，其设立的报纸编辑部、期刊编辑部视为出版单位。"由此可见，报刊出版单位分为两种：一种是具有法人资格的报社、期刊社；另一种是"视为出版单位的报纸编辑部、期刊编辑部"，与编辑部相关的各种权利由报纸、期刊主办单位享有，各种民事责任也由报纸、期刊主办单位承担。作为报纸、期刊出版单位的报社、期刊社或报纸编辑部、期刊编辑部享有报纸、期刊整体上作为一种汇编作品的著作权，报纸、期刊中各篇作品的作者对其本人的作品享有著作权。

---

① 李明德. 著作权法概论[M]. 辽宁：辽海出版社，2005.

（二）版式设计权

报刊出版者所享有的版式设计权与图书出版者相同，这里就不再赘述。

（三）转载、摘编权

《著作权法》第 33 条第 2 款规定："作品刊登后，除著作权人声明不得转载、摘编的外，其他报刊可以转载或者作为文摘、资料刊登，但应当按照规定向著作权人支付报酬。"《著作权法实施条例》第 43 条规定："著作权人依照著作权法声明不得转载、摘编其作品的，应当在报纸、杂志首次刊登该作品时附带声明。"《最高人民法院关于审理著作权民事纠纷案件适用法律若干问题的解释》第 17 条规定："转载未注明被转载作品的作者和最初登载的报刊出处的，应当承担消除影响、赔礼道歉等民事责任。"

以上三部法律法规肯定了报刊出版者享有转载、摘编权，但又对其权利进行了如下限制：第一，所转载、摘编的作品必须是在报刊上已经发表的；第二，转载、摘编的行为主体是报纸或期刊的出版单位，图书等其他出版单位没有转载、摘编权；第三，报纸或期刊出版单位转载、摘编的作品只能来自其他报纸或期刊，不能来自其他类型的出版物或其他媒体；第四，著作权人没有预先禁止。只有著作权人亲自发表的声明才有禁止他人转载、摘编作品的效力，报刊社是不能禁止其他报刊转载、摘编作品的；第五，向著作权人支付报酬；第六，转载、摘编应当注明被转载、摘编作品的作者姓名和最初登载该作品的报刊名称及其期号。

【相关案例】

案例 1

工人王某外号"王孬子"，从原工作单位下岗后，在有关方面扶持下合法经营一个体育彩票销售点。一天，他垫钱代人购买了几张彩票。彩票还没有交给委托代购者，这期彩票已经开奖，王某为他人代购的彩票中，有一张中了 500 万元的大奖。王某得知这个消息后，虽然身欠巨额债务，还是将中奖的彩票交给了委托代购的人，让后者领取这份奖金。L 根据该事实，撰写了《替人代买的彩票中了大奖之后》一文，投给期刊《今日社会聚焦》，赞扬王某讲究诚信之举。全文共约6000字，分为3个部分，分别列了小标题"飞来500万，下岗工人经受良心煎熬""历经坎坷，小小彩票站承载太多人生希望"和"守住底线，大写的人字引来商机无限"。2005年第3期《今日社会聚焦》在第15-17页刊出了该文，署名为L，各级标题均与原稿相同。同期《今日社会聚焦》还在第5页右上方登载了一份声明，内容为："本刊严正声明：本刊致力于保护著作权，凡在本刊发表的作品，未经签订协议，任何新闻媒体、出版单位和影视单位不得擅自转载、改写、结集出版和改编成影视作品等，否则将视作侵权行为，本刊将依法进行追究。"

2005年3月下旬，九州文摘报社经读者推荐，在某期《九州文摘》上登载了L的这篇文章。虽然文章末尾注明"L文，读者荐自《今日社会聚焦》2005年第3期"，但是该文的篇名改成了《代买彩票中奖500万，咋办？》，3个小标题分别更改为"代买彩票，意外中了500万""历经坎坷，终于办了小小彩票站"和"守住底线，'王孬子'作出不孬的选择"，文章字数也缩减到两千多字。经比对发现，《九州文摘》还对文章正文作了摘录、删节，并稍加整理组织，但是《替人代买的彩票中了大奖之后》一文所反映的作品主题、记叙的基本内容和所采用的基本表达形式，均没有变化。

4月初，L发现了《九州文摘》上登载的文章后，认为在《今日社会聚焦》已经声明"未经签订协议，任何新闻媒体、出版单位和影视单位不得擅自转载、改写、结集出版和改编影视作品等"的情况下，九州文摘报社仍然登载其文章的行为并不属于法定转载、摘编，侵犯了作者的出版权；九州文摘报社未经作者许可，摘录、删节作品，篡改作品标题，侵犯了作者的修改权和保护作品完整权。因此，L向人民法院提起诉讼，控告九州文摘报社侵犯其著作权。

（四）文字性修改权

《著作权法》第34条第2款规定："报社、期刊社可以对作品作文字性修改、删节。对内容的修改，应当经作者许可。"著作权法赋予报社、期刊社文字性修改权，这是因为：报纸、期刊传达的信息相对较新、传达的速度相对较快，表现出较强的时效性，这使得出版者要修改作品往往来不及征询作者意见；

另一方面，著作权法要保护作者人身权中的修改权和保护作品完整权，因此，仅将文字性修改权授予报刊社。

（五）非专有出版权

《著作权法实施条例》第 32 条规定："同著作权人订立合同或者取得许可使用其作品，应当采取书面形式，但是报社、杂志社刊登作品除外。"第 33 条规定："除著作权法另有规定外，合同中未明确约定授予专有使用权的，使用者仅取得非专有使用权。"

可见，专有出版权不是著作权利范畴，而只是合同权利，基于合同而产生。作者主动投稿或者接受约稿将作品交给报刊出版单位的行为表示将该作品的出版权及汇编权授予期刊出版单位，这是一种非专有出版权。图书出版者取得专有出版权的依据是通过与著作权人签订书面专有出版权合同。报刊社虽然可以通过合同约定取得专有出版权，但在现实中难以操作且无必要。

首先，报刊社取得专有出版权在现实中难以操作。这主要是由报刊社出版作品数量大、来稿周期的不规则性和受到出版周期的严格限制三方面因素决定的。为保证出版周期的需要，报刊社往往不可能与作者协商签订书面合同，著作权法不鼓励报刊社取得专有出版权也是根据期刊社的实际情况出发的。报刊社通过签订书面合同取得专有出版权很可能会与出版周期形成极大矛盾，使报刊社难以承受签订合同之重；对于报刊社出版的短小作品签订书面合同，必然使报刊社作品交易成本大增，报刊社难以承受交易成本之累。

其次，报刊社取得专有出版权实无必要。专有出版权主要是为保护投资巨大、如果没有一定期间的专有保护投资人难以收回投资并获得社会平均利润，进而鼓励出版社出版优秀作品而设置的。报刊社均有严格的出版周期，属于一次性复制发行，基本不可能重版再印。因此，报刊社取得专有出版权并非必要。[1]

（六）"禁止""一稿多投"

"一稿多投"是指作者把自己的同一作品同时或先后投给不同的出版单

---

① 詹启智. 一稿多投是著作权人依法享有的合法权利 [J]. 出版发行研究, 2010(2).

位（主要是报社、期刊社）。一稿多投会给出版者利益带来一定损害，不少报社、期刊社深受其扰。

《著作权法》第33条规定，"著作权人向报社、期刊社投稿的，自稿件发出之日起十五日内未收到报社通知决定刊登的，或者自稿件发出之日起三十日内未收到期刊社通知决定刊登的，可以将同一作品向其他期刊社投稿。双方另有约定的除外"。该条款为保护作者的合法权益，要求报纸、期刊出版者履行及时通知作者是否决定刊用其作品的义务。如果作者在审稿期满未得到报社、期刊社的用稿通知，那么作者有权将同一作品再投给其他报社、期刊社。同时，该条款又被视为对报纸、期刊出版者权益的保护举措，要求作者一稿一投，在法定或当事人约定的稿件审阅期间，作者不能将同一作品投给其他报社、期刊社。

根据上文可知，报刊社获得的授权仅为非专有出版权，作者有不受限制的、再许可他人使用同一种著作财产权的权利，因此，作者一稿多投是不被我国法律所禁止的。

《著作权法实施条例》第35条规定，"取得某项专有使用权的使用者，有权排除著作权人在内的一切他人以同样的方式使用作品"。期刊社要规制一稿多投必须以合同法为基础依法取得专有使用权。

除了从作者方面控制一稿多投，期刊社也可以通过改善刊物质量和服务以博取作者的"忠心"。首先，提高刊物质量，刊物水平高，影响好，一旦录用后，作者都不会再去三心二意，还去投其他刊物。其次，提高刊发速度，缩短审稿、刊发时间，稿件每步进程都及时通知作者；如果不能录用，第一时间通知作者；如果可以刊用，需要修改也应给予作者详细的意见，修回后及时通知作者是否录用，避免耽误作者的时间。再次，加强服务意识，与作者良好沟通。编辑部通过与作者进行沟通，在稿件处理的各个环节上都能尊重作者，进行换位思考，一定能获得作者的认可，自然可以避免一稿多投。[1]

---

[1] 魏中青，赵瑞. 遏制科技期刊一稿多投需要多方努力 [J]. 出版发行研究，2009(7)．

相关案例

案例1

某期刊社所办期刊《投资园地》通常在封二刊载该刊编辑部的征稿启事，除了说明对稿件的主题、体裁、质量、篇幅和一般格式等的要求外，还明确提出：编辑部的审稿时间为45天，在此期间，作者不得将稿件另作他投；作品正式刊出后的一个月内，按照作品的具体情况在国家版权局提出的标准范围内向作者支付稿酬，但是对于一稿多投者将不支付稿酬，并由其自行承担其他不利后果。

2000年9月，某作者创作了一篇名为《理财方案研究》的文章。10月10日，该作者以邮寄的方式将该文章的打印件投给《投资园地》编辑部。11月15日，该作者写信给编辑部，询问其文章能否发表，但一直到该月底也未收到编辑部的任何回复。于是该作者重新打印了这篇文章，于12月2日投给某出版社主办的期刊《经营探索》编辑部。不久，该作者就接到《经营探索》编辑部的电话，告知其文章已经决定刊用。2001年1月中旬，《经营探索》刊出了该作者的《理财方案研究》，并及时向其支付了稿酬。

2001年1月底，该作者发现新出的一期《投资园地》上也刊登了《理财方案研究》一文。于是，该作者向《投资园地》编辑部发函，要求其支付稿酬，但是编辑部以"该稿又交《经营探索》刊登是一稿多投"为由而拒绝支付。

不久，该作者向人民法院提起诉讼，请求法院判令该期刊社向其支付稿酬并赔礼道歉。

该期刊社辩称，《投资园地》编辑部在其期刊上登载的征稿启事，已经明确说明"对于一稿多投者将不支付稿酬，并由其自行承担其他不利后果"，而该作者在将《理财方案研究》一文投给《投资园地》后，又把该稿件投给《经营探索》，显然属于一稿多投，因此，该期刊社完全有理由不向其支付稿酬。

本章小结

邻接权是作品的传播者就其传播作品的过程中付出的智力、资金和技术所享有的权利。

传播者的邻接权与作者的著作权密不可分。传播者邻接权的取得一般是建立在作者的著作权的基础之上，而著作权人的作品能否得到广泛传播也离不开传播者的参与。

在我国，邻接权是指出版者对其出版的图书和期刊的版式设计享有的权利，表演者对其表演享有的权利，录音录像制作者对其制作的录音录像制品享有的权利，广播电台、电视台对其播放的广播、电视节目享有的权利。

表演者对其表演享有下列权利：表明表演者身份；保护表演形象不受歪曲；许可他人从现场直播和公开传送其现场表演，并获得报酬；许可他人录音录像，并获得报酬；许可他人复制、发行录有其表演的录音录像制品，并获得报酬；许可他人通过信息网络向公众传播其表演，并获得报酬。

录音录像制作者对其制作的录音录像制品，享有许可他人复制、发行、出租、通过信息网络向公众传播并获得报酬的权利。

广播电台、电视台有权禁止未经其许可的下列行为：将其播放的广播、电视转播；将其播放的广播、电视录制在音像载体上以及复制音像载体。

出版者包括图书出版者和报刊出版者。其中，图书出版者享有专有出版权、作品修改权、重印再版权、版式设计权等四项权利；报刊出版者享有汇编作品著作权、版式设计权、转载摘编权、文字性修改权、非专有出版权、"禁止""一稿多投"权等六项权利。

一方面是对邻接权进行保护，另一方面也要对邻接权人的权利给予必要的限制，这是各国著作权法及有关国际公约的通行做法。根据我国著作权法的规定，我国对著作权的限制同样适用于对邻接权的限制，邻接权的限制包括时间限制、地域限制和权能限制等三方面。

思考与练习题

1. 如何理解邻接权与著作权的关系？

2. 如何理解表演者权与表演权的关系？

3. 车站、码头、机场、餐厅、超市等营利性的公共场所未经许可，是否有权播放歌曲、相声、小品、曲艺等录音录像制品？需经过哪些主体的授权才是合法行为？

4. 广播组织播放录音制品需要取得录音制作者的许可吗？电视台播放他人的电影作品、以类似摄制电影的方法创作的作品和录像制品，需要取得许可吗？

5. 出版者权包括哪些内容？

第六章
著作权的许可与转让

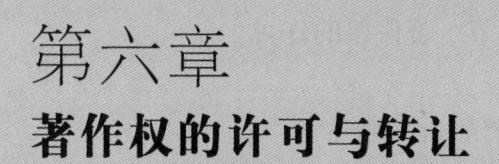

第一节 著作权的许可
第二节 著作权的转让

出版法规与著作权法论析

内容提要：著作权许可与转让的概念、特征和分类；著作权法关于许可与转让的相关规定；著作权许可使用合同和转让合同；著作权许可、转让的意义。

重难点：著作权许可与著作权转让的区别；著作权许可与法定许可、强制许可的区别；著作权许可使用合同的内容；著作权转让合同的内容。

郑成思教授指出："不同类型的知识产权，都存在权利的取得、维护和利用三个主要问题。就著作权而言，权利的利用占突出地位。因为获得著作权不是目的，通过转让、许可等贸易活动取得经济上的收入，才是目的，才是著作权制度最初产生的原因，也才是维护著作权的主要理由。"[1] 长期以来，人们对著作权法的认识停留在权利授予及权利保护的初级层面，忽视了著作权作为一项无形财产权应当具备的使用功能和交换价值。为此，应充分运用著作权法与合同法的相关规定加强对著作权许可和转让的分析、探讨和研究，健全有助于实现作者利益和公众利益在作品传播过程中之动态平衡的著作权许可和转让制度。

第一节 著作权的许可

一、著作权许可概述

（一）著作权许可的概念

著作权许可是指著作权人许可他人以一定的方式、在一定的地域范围和期限内使用其相应作品的行为。除非符合合理使用、法定许可等权利限制规则的特别要求，使用他人著作权作品，必须征得著作权人许可。

（二）著作权许可的特征

1. 许可使用不改变著作权的归属

著作权许可使用的主体是著作权许可使用合同的双方当事人，即著作权

---

[1] 郑成思. 著作权公约、著作权保护与著作权贸易 [M]. 北京：中国人民大学出版社，1992.

人和被许可人。著作权许可一般不会导致著作权人主体的变更，只不过是使用权在一定期限内的暂时授予。从著作权的权属来看，当许可使用的期限届满时，除非该著作权整体上已满法定的保护期，否则，被授出的相应著作权又会回到著作权人手中，作者的全部著作权必将恢复到许可使用前的完满状态。

2. 许可使用的方式受制于合同的约定

按照《著作权法》第 10 条的规定，被许可人使用作品的方式，主要包括复制、发行、出租、展览、表演、放映、广播、摄制、改编、翻译、汇编等。被许可人不能擅自行使超出约定内容的权利，同时也只能以约定的方式、在约定的地域和期限内行使著作权。此外，被许可人也不能擅自将自己享有的权利转而许可他人使用，不能禁止著作权人将同样权利以完全相同的方式、在相同的地域和期限内许可他人使用，除非被许可人享有的是专有许可权并附有分许可的权利。

3. 许可使用的期限不能长于或等于著作权的有效期

一般来说，著作权许可的期限可由双方当事人自由约定，但不能长于或等于著作权的有效期。长于著作权有效期的部分显然是无效的，此时，作品已经进入公有领域，任何人都可以使用，根本无需得到著作权人的许可；等于著作权的有效期尽管看似是著作权人和被许可人的自由，但因为它使得全部或部分著作财产权将再也回不到著作权人处，这种著作权的许可使用合同实质上与著作权的转让合同就没有什么区别。因此，著作权许可的期限必须短于著作权的有效期。[①]

（三）著作权许可的价值

著作权许可具有广泛的价值基础：

第一，为作者通过创作获取财产利益提供了合法途径与制度保障。从著作权的利用与实现来看，著作权法虽然规定了作者享有人身权与财产权等各项权利，但要使各项权利特别是财产权得到充分实现，如复制权、发行权、

---

① 沈杨. 著作权许可使用制度研究 [D]. 苏州：苏州大学, 2004.

表演权、展览权、播放权、摄制权等，仅凭作者个人的努力是难以达到目的的。一部作品，需要通过多种渠道广泛传播，从而尽可能多地实现著作权的各项权利。著作权许可制度可使作者有效掌控作品使用情况，是作者获取财产利益的重要途径，并为财产利益的实现提供了各种法律保障措施。财产利益为创造者"提供着物质生活的保障和创作灵感的滋养"，进而促进创作者投身于大规模的创作事业中。

第二，凸显对作者及其智力劳动的尊重。没有作者的创作，就没有文化、艺术和科学的进步。著作权许可制度彰显法律对作者及其智力劳动的尊重。1525年，德国宗教改革领袖马丁·路德就曾指责：印刷商未经许可无偿占有作者精神创作成果的行为与拦路抢劫的强盗毫无二致。在四百多年后的今天，未经许可仍然擅自使用著作权人的作品，显然是对作者权益的极度漠视。取消这项制度在制度文明上将是一种历史的倒退。

第三，引导社会公众合法使用作品，建立稳定和谐的社会秩序。许可制度为社会公众使用著作权人作品确立了一个制度框架，社会公众在该制度框架内可以自主合法地使用作品，满足其需求。作品的合法使用，可以减少侵权纠纷，在著作权人和使用者之间形成稳定和谐的社会关系。[1]

二、著作权许可使用的方式

《著作权法》第24条提到，许可使用的权利有专有使用权和非专有使用权之分。因此，可将著作权许可分为专有许可（也称独占许可）和非专有许可（也称一般许可）两种方式。

（一）独占许可

独占许可是指在合同约定的有效期限、地域范围内，著作权人只授予一家被许可人使用有关作品的权利，自己不保留也不允许第三人享有对作品的使用权，被许可人因此获得的是专有使用权。《著作权法实施条例》第35条

---

[1] 张革新. 论著作权许可使用制度——以数字网络环境为视角 [J]. 科技与法律, 2011 (1).

解释说,"取得某项专有使用权的使用者,有权排除著作权人在内的一切他人以同样的方式使用作品"。

这种使用方式,一方面使出版者在一定时期内可以以独占的方式使用该著作权,如果该作品畅销的话,会获得较高的利润;另一方面,作者也能得到比非专有许可更高的报酬。

独占许可中的被许可人是否有权发放分许可呢?

分许可是由被许可人向第三人发放的许可。在一般情况下,无论是独占许可中的被许可人还是一般许可中的被许可人,获得著作使用权的目的不是要取得著作所有权,也不是为了向第三人再发放分许可,而是为了自己使用其著作权作品。但是,在某些情况下,被许可人必须发放分许可才能实现其目的,那么,发放分许可就成为必要。① 我国《著作权法实施条例》第35条规定,"取得某项专有使用权的使用者,如果许可第三人行使同一权利,必须取得著作权人的许可,合同另有约定的除外"。由此可知:独占许可中的被许可人有权发放分许可,但必须得到著作权人的同意。例如,著作权人许可某一出版社在中国内地出版其某一著作,同时授权该出版社可以许可香港某一出版公司在香港出版同一著作。香港某出版公司得到的就是一个分许可。著作权人有权分享被许可人从分许可所得到的利润。②

(二)一般许可

一般许可是指在合同约定的有效期限、地域范围内,著作权人仅将有关作品的使用权利授予被许可人,保留自己使用该作品和再授权第三人使用的权利。在这种情况下,被许可人享有的使用权是非专有使用权。

由于著作权的许可使用,特别是一般许可,著作权人可能要对一部作品签订许多份使用许可合同,被许可人也得订立无数份许可合同,从而使得订立使用许可合同变得非常复杂。为了减轻著作权人的负担,使数量很大的著

---

① 蒋茂凝. 国际著作权贸易法律制度的理论建构 [M]. 湖南:湖南人民出版社, 2005.
② 汤宗舜. 著作权法原理 [M]. 北京:知识产权出版社, 2005.

作权许可活动能够开展，在实践中产生了一种新的形式——集体许可。集体许可一般有两种形式：

1. 一揽子许可

在一揽子许可中，著作权人和使用者都是以集体或组织的形式出现，在两个组织之间签订一个总的许可合同，使用者无需再与著作权人签订许可合同，只要在使用作品后向著作权人代表组织支付报酬，由著作权人代表组织代替作者行使著作权并管理其经济报酬。

2. 中心许可

中心许可也称单项中心许可，这种许可多用于表演权、录制权、广播权方面。这是一种组织对个人的形式，著作权人以组织的形式出现，而使用者是以单个个体的身份出现。通俗地说，也就是著作权人代表组织与每个使用者就一个作品或一类作品的著作权使用签订许可合同。

综上所述，独占许可与一般许可的区别主要表现在以下三个方面：

第一，就同一许可标的来说，独占许可只能授权一次，在同一授权期限内，不能再许可给别人；一般许可则可多次授权。

第二，独占许可一旦授权之后，许可方自己也不能使用标的；一般许可在授权之后，许可方自己仍可以使用标的。

第三，在面对侵权之诉时，独占许可人具有独立起诉的资格；一般许可人本身不具备著作权侵权案件的起诉资格，必须通过许可方的加入才能起诉。

三、著作权许可使用合同

（一）概念

著作权许可使用合同是著作权人与使用者订立的允许其在约定的时间和地域范围内按约定的方式使用其作品的合同。根据此合同，著作权人有义务将其作品的全部或部分财产权按约定许可给对方使用，并由此享有获得相应报酬的权利；而使用者依照约定，有义务向著作权人支付报酬，同时享有在约定范围内按约定方式行使作品财产权的权利。《著作权法》第 24 条规定："使用他人作品应当同著作权人订立许可使用合同，本法规定可以不经许可的除外。"这里所说的"不经许可"是指对著作权的限制，即对作品的合理使用、法定许可等。除此以外，都应签订许可使用合同。

（二）特征

1. 合同的标的是作品的使用权

作品的使用权可以被理解为一系列著作财产权的总称。

2. 使用作品的有限性

双方当事人要在合同中就使用作品的方式、范围、期间等进行约定，因此，被许可人对作品的使用权是有限的、非完整的，对作品的使用也不可能是永久的。

3. 订立书面形式的合同

《著作权法实施条例》第 32 条规定："同著作权人订立合同或者取得许可使用其作品，应当采取书面形式，但是报社、杂志社刊登作品除外。"除了报刊刊登作品外，其他许可合同应当采取书面形式。这是因为，报刊刊登的文章数量较多，时效性要求也较强，签订书面合同比较费时，作者将文章投给报刊，即可视为将作品的使用权授予报刊社。

此外，著作权许可使用合同也可以采用当事人选择的其他形式订立。未采用书面形式的并非全然无效，而应当视义务履行及接受情况而定。《合同法》第 36 条规定，"法律、行政法规规定或者当事人约定采用书面形式订立合同，当事人未采用书面形式但一方已经履行主要义务，对方接受的，该合同成立"。

（三）主要内容

根据《著作权法》第 24 条的规定，许可使用合同主要包括下列内容：

1. 许可使用的权利种类

许可使用的权利种类是许可使用合同的标的。《著作权法》第 27 条规定："许可使用合同中著作权人未明确许可、转让的权利，未经著作权人同意，另一方当事人不得行使。"因此，只有许可使用合同明确约定的权利，使用者才能使用；合同未明确约定的，使用者不得使用，否则就是侵权。使用者需要使用财产权中的某项或某几项权利，应在与著作权人商定后，明确写入合同中。例如，出版中文版图书需要取得复制权和发行权；翻译、出版外文版图书在复制权和发行权之外，还需取得翻译权。

2. 许可使用的权利是专有使用权或者非专有使用权

该项内容决定了许可使用权的性质，对著作权人和使用者来说，都极为重要。《著作权法实施条例》第33条规定："除著作权法另有规定外，合同中未明确约定授予专有使用权的，使用者仅取得非专有使用权。"如果合同约定的是专有使用权，那么，使用者获得的就是在合同约定的时间和地域范围内对作品享有排他的使用权；否则，使用者获得的仅为在合同约定的时间和地域范围内，无权阻止著作权人自己或者授权他人以相同的方式使用该作品。

3. 许可使用的地域范围、期间

在以出版方式使用作品的情况下，许可使用的地域范围是指出版物可以发行的地区。一般在合同中必须明确，发行的范围是全世界还是某个或几个大洲，是仅限中国大陆地区还是包括香港、澳门、台湾在内的全中国范围。

许可使用的期间，就是许可使用合同的有效期。1990年《著作权法》曾规定，图书出版合同约定图书出版者享有专有出版权的期限不得超过10年，合同期满可以续订。2001年《著作权法》修改时，为尊重双方当事人的缔约自由，删除了该项规定。但是，如前所述，专有出版权不得等于或长于该作品著作权的法定保护期。

4. 付酬标准和办法

《著作权法》第28条规定："使用作品的付酬标准可以由当事人约定，也可以按照国务院著作权行政管理部门会同有关部门制定的付酬标准支付报酬。当事人约定不明确的，按照国务院著作权行政管理部门会同有关部门制定的付酬标准支付报酬。"因此，付酬标准有两种方式：一是当事人可以就报酬问题进行协商以确定其数额；二是采用国家有关机构制定的付酬标准。以图书出版为例,根据《出版文字作品报酬规定》,主要采用的付酬方式有基本稿酬加印数稿酬、版税、一次性付酬等三种。版税是指出版者根据图书定价的一定比例乘以一定册数计算支付给著作权人报酬;基本稿酬是指出版者按作品的字数,以千字为单位(不足千字部分按千字计算)向著作权人支付一定的报酬;印数稿酬是指出版者再根据图书的印数,以千册为单位按基本稿酬的 1% 向著作权人支付报酬 ①,首次出版发行数不足千册的,按千册支付版税,但在下次结算版税时对已经支付版税部分不再重复支付;一次性付酬是指出版者按作品的质量、篇幅、经济价值等情况计算出报酬,并一次向著作权人付清。付酬标准按照 2014 年规定,原创作品每千字 80—300 元;其他作品 10—200 元不等。支付基本稿酬以千字为单位,不足千字部分按千字计算。字数按实有正文计算,即以排印的版面每行字数乘以全部实有的行数计算。占行题目或者末尾排不足一行的,按一行计算。

5. 违约责任

违约责任是指因合同一方当事人或者双方当事人未履行合同约定的义务或不适当履行合同约定的义务,给对方造成损害,而应当承担的责任。规定违约责任是促使双方当事人履行合同义务,使对方免受或少受损失的法律措施,也是保证合同能得到履行的主要条款。违约责任的具体内容,由当事人在合同中约定。

6. 双方认为需要约定的其他内容

这条规定是为了使合同订立得更加完善而提出来的,是为了适应各种许可使用合同的特点或需要。如双方当事人可以在合同中规定:在合同履行过程中双方发生争议,经协商未能达成协议,可申请仲裁机构仲裁。

【相关案例】

案例 1

原告周海婴与案外人南海出版公司签订了关于《海婴回忆录》(暂名)

---

① 2014 年修订的《出版文字作品报酬规定》提高了版税率标准,规定原创作品版税率为 3%–10%,演绎作品版税率为 1%–7%。

一书的图书出版合同,周海婴授予南海出版公司在合同有效期内,在中国大陆以图书形式、简体中文版出版发行该书的专有使用权;未经周海婴书面许可,出版公司不得行使上述授权范围以外的权利。合同签订后,南海出版公司出版发行了该书,更名为《鲁迅与我七十年》,署名作者为周海婴。后南海出版公司同意《光明日报》所属的《生活时报》连载《鲁迅与我七十年》一书,《生活时报》分28期转载了《鲁迅与我七十年》一书的部分内容。周海婴此后给《生活时报》编辑的信函载明:11月底我们通信之后,一直看到贵报连载。……我一直在收集,但是缺少第一、四、五期,如有可能代找给我。……奉上最近的正误表,麻烦你在刊出时改正一下,是不断接到各方面朋友来信纠正的。2002年3月10日,周海婴给《生活时报》编辑肖燕的信函载明:1月19日惠寄的复印报纸,早已收到,我的集报完成了。直至今日,未见贵刊结算稿酬,或许中间有何困难。希告知为盼。

原告周海婴诉称:被告光明日报社未经许可,在所属《生活时报》上,以连载的方式将《鲁迅与我七十年》一书连续刊出。我当时曾通知被告停止侵权行为,被告不同意,并表示要向原告支付稿酬,但拒绝与我商议稿酬数额;被告侵犯了我的修改权和发行权,减少了正版图书的正常发行量,给我造成了一定的精神痛苦和极大经济损失,要求被告在一家全国性报纸上公开道歉,赔偿经济损失15万元和为制止侵权的费用2.5万元。

被告光明日报社辩称:《生活时报》转载《鲁迅与我七十年》一书,并非恶意侵权行为,已征得该书出版单位南海出版公司的书面同意,并商定稿酬为千字50元。同时,在连载前也已经与原告联系并取得其本人同意。因此,原告所说的被告侵犯其著作权行为不符合客观情况。被告确实因客观原因没有及时向原告支付稿酬,对此,被告同意支付其所拖欠原告的稿酬及相应的利息,但原告所主张的索赔要求不合理。

法院经审理认为:南海出版公司无权许可他人使用周海婴的作品,其所出具的关于许可光明日报社转载周海婴《鲁迅与我七十年》一书的函件应属无效，光明日报社不能由此获得使用周海婴作品的权利。周海婴给《生活时报》编辑的信件也没有表明周海婴授权或追认光明日报社使用作品的行为。故光明日报社在未经著作权人许可的情况下，以报刊连载的方式使用周海婴作品，侵犯了周海婴的著作权。

据此，法院判决：光明日报社在《中国新闻出版报》上发表致歉声明，向周海婴公开赔礼道歉；赔偿周海婴经济损失 2.2 万元。

第二节 著作权的转让

一、著作权转让概述

（一）著作权转让的概念

著作权转让是指著作权人将其作品财产权中的全部或者部分权利，在著作权有效期内和一定的地域范围内以一定的方式依法转让他人的一种行为。

（二）著作权转让的主要特征

1. 著作权转让导致著作权主体的变更

著作权人通过与他人签订著作权转让合同，将著作财产权转让给受让人，受让人在转让行为生效后成为该作品的新著作权人。新著作权人不仅可以对作品进行著作权意义上的使用与收益，而且可以对作品进行特定的处分。当该作品著作权受到侵犯时，新著作权人有独立的诉权，可以自己的名义起诉和做出处理决定。转让导致著作权主体的变更，这是著作权转让的本质。

2. 著作权转让的标的是财产权

著作权包括人身权和财产权两个部分。其中，财产权可以转让，具体包括复制权、发行权、出租权、展览权、表演权、放映权、广播权、信息网络传播权、摄制权、改编权、翻译权、汇编权等。人身权由于与作者的人格利益紧密相连，不能分割或转让。我国现行《著作权法》第 10 条第 1 款中的署名权、修改权、保护作品完整权作为以作者人身权利为内容的人身权利，由于其人身依附性决定其不能作为转让的标的物。至于著作人身权，我国现行《著作权法》虽未明确禁止转让，但按照民法逻辑，人身权与人身密不可分，是不能进行转让的。这与委托作品在当事人协商一致情况下著作权归属没有参与创作的委托人有实质区别：转让是在作品创作完成以后，委托约定则发生在作为创作完成之前。但无论转让还是委托，都不得违反宪法和法律，不得损害社会公共利益（包括学术秩序、科研秩序等）。

3. 著作权转让的权利内容可以自由选择

著作权转让是著作权人依法享有的对其作品的支配、使用和处分权。财产权包含多项权利形式，可以由著作权人自由选择，这就使得权利因使用方式的不同而具有丰富的内容。著作权人可以一次性地将某一作品的所有权利全部转让给受让人，也可以将财产权中不同的权利转让给不同的受让人，而不会损害各受让人的权利。例如，一部小说的著作权人可以把小说的专有出版权转让给出版社，也可以就这部小说的电影改编权转让给电影制片厂，还可以将小说的网络传播权转让给网站。

4. 著作权的转让体现"权不随物原则"

与一般物权所有权的转移相比，著作权的转让存在权利与载体相分离的特殊性：作品物质载体的转让不影响作品的著作权，著作权的转让也不影响作品载体的财产权。著作权转让与作品载体的转让相互独立，著作权转让并不意味着作品载体的当然转让，作品载体的转让也并不意味着著作权的当然转让。[1] 这就是著作权转让中的"权不随物原则"。如我国《著作权法》第18条规定，美术等作品原件所有权的转移，不视为作品著作权的转移。但如前所述，其展览权是发生转移的。

（三）著作权转让与著作权许可使用的区别

著作权转让和著作权许可使用是著作权领域中著作权人实现其经济权利的两种重要但相互独立的法律制度，它们的区别主要体现在以下四方面：

---

[1] 杨霞. 著作权转让制度研究 [D]. 苏州：苏州大学, 2003.

1. 二者获得的权利内容不同

著作权转让是著作权中财产权利的转移,其后果是权利主体发生变更。受让方获得的是著作权财产权利的所有权,成为继受著作权主体。而著作权许可使用则不发生权利主体的变更,仅是著作权使用权的转移,被许可方获得的是著作权中财产权利的使用权。

2. 二者对交易权利的处置不同

著作权转让后,受让方已经成为该项财产权利的新主体,有权对该项财产权利做出任何处置,既可以自己使用该作品,也可以不经原著作权人同意再次转让或许可他人使用。而被许可方只能按照合同约定的方式使用该作品,无权对该著作权做出任何超出合同规定范围的处置。除非许可使用合同中有特别约定,否则未经著作权人同意,被许可方不得擅自转让或再许可他人使用。除专有许可合同外,著作权人可以在合同有效期内向第三方授权许可使用。

3. 二者在诉讼法上的法律效力不同

著作权转让后,受让方有权对侵害其财产权利的行为提起侵权之诉,起诉的诉因则为侵害著作财产权。在著作权许可使用中,一般许可的被许可人不能因被许可使用的作品权利受到侵害而提起侵权诉讼,必须通过著作权人行使诉讼而获得救济;只有独占许可的被许可人才具有这个资格,但起诉的诉因也只能限于侵害许可权。

4. 二者的费用性质及给付标准不同

著作权转让时,受让方向转让方支付的费用是著作权所有权的价格;而著作权的许可使用,被许可方向许可方支付的费用是著作权的使用费。一般而言,同一时空下的同一作品,著作权转让费要高于许可使用费。

(四)著作权转让的方式

根据世界各国著作权法的有关规定,常见的著作权转让方式大致有以下三种:

1. 全部转让与部分转让

著作权的全部转让是指在著作权有效期内,著作权人将著作财产权中的全部权利一次性地转让给受让人,受让人成为著作财产权的所有者。这种转让如果没有时间限制,就是卖绝著作权。

著作权的部分转让是指在著作权有效期内,著作权人将其著作财产权中的部分权利转让给受让人。

有些国家的著作权法规定著作财产权可以全部转让也可以部分转让,如美国、日本等。美国《著作权法》第201条第4款规定:"著作权所有权可以全部或部分通过任何转让方式或法律的实施来转移,可以依据遗嘱遗赠,或者依据可适用的无遗嘱继承法律作为动产转移。"日本《著作权法》第61条第1款规定:"可将著作权的全部或一部分转让。"

另有一些国家则只允许著作权的部分转让,如突尼斯、特里尼达和多巴哥等。突尼斯《著作权法》第17条规定:"著作权可以部分转让;如果全部转让,则一般视为无效,除非转让给作家协会或类似的代表作者利益的组织。"特里尼达和多巴哥《著作权法》第19条第2款明确规定:"著作权中各项专有权或邻接权中各项专有权,均不允许全部转让,只允许部分转让。"[1]

2. 无期限转让与有期限转让

无期限转让是指著作权人在整个著作权有限期内将著作财产权中的部分或全部权利一次性地转让给受让人,受让人可以在该作品著作权保护期限内行使该财产权利。

有期限转让是指著作权人按照约定或法定期间将著作财产权中的部分或全部权利转让给受让人,受让人只能在该期限内行使该权利,期限届满该权利仍归于原著作权人。

3. 有偿转让与无偿转让

有偿转让是指著作权人将著作财产权中的部分或全部权利让与他人,从而实现财产权利。对著作权人来说,以合同方式转让著作权并取得经济收入是利用著作权的重要途径之一。

---

[1] 郑成思. 著作权法 [M]. 北京:中国人民大学出版社,1997.

无偿转让是指著作权人自愿将其著作财产权中的部分或全部权利让与他人而不获取经济报酬。其转让方式有遗嘱、赠与和捐献。

二、著作权转让理论与立法上的分歧

（一）著作权转让的立法模式

由于两大法系对著作权本质的不同认识及理论基础的差异，各国（地区）关于著作权转让问题大体有三种立法例。

1. 禁止转让

这一立法例为以德国为代表的一些欧洲大陆法系国家所采取，其理论基础是"人格价值观"中的著作财产权与人身权的"一元论"。该观点主张著作权是一种完整性、合成性的权利，是用来保护作者智力的精神利益以及作者的经济利益。由于人身权不能转让，财产权又与人身权融为一体，因此，财产权也不能转让，而只能许可他人使用。根据德国《著作权法》第28条、第29条的规定，著作权所有人身权是不可转让的，财产权因与人身权有关联而具有不可分的性质，其让与被否定，仅在执行遗嘱中或在遗产分配中向共同继承人转让。德国《著作权法》中提出了"用益权"的概念。根据其第31条、第34条的规定，该法承认"用益权"的部分授予，即著作权人可授予他人单项或全部使用方式的使用著作的权利。如被授予的财产权受到侵犯，应当由著作权人以自己的名义声明异议。如被转让的权利再次转移，应当经著作权人同意，只是著作权人不能违背诚实信用原则拒绝同意。俄罗斯著作权法关于著作财产权的规定与此类似。财产权的转让必然要涉及到人身权的转让，由于人身权是不可转让的，因而财产权也就无法转让。

2. 限制转让

这一立法体例以大陆法系中的法国为代表，其理论基础是"人格价值观"中的著作财产权与人身权的"二元论"。该观点认为，著作权中存在两种完全分开的著作权属性或功能。人身权从本质看是永恒的、不可转让的和不可剥夺的；而财产权则是有期限的、可转让的和可放弃的。[①] 这一立法体例为大陆法系的大多数国家所采用。但这些国家在著作权转让的范围上又有分歧：（1）允许著作财产权的全部或部分转让，人身权不可转让，如日本；（2）只允许部分转让著作权，禁止一次性转让全部著作权，如突尼斯；（3）只允许著作权中特定的几项财产权利的转让，其他权项禁止转让。例如，法国《著作权法》第L131-1至L131-8条规定，表演权和复制权这两种使用权可以转让，但范围应受到限制，其他权利只能由著作权人许可使用。在发生侵权时，受让人不能单独起诉，需和作者一起起诉，如果著作权人同时授权许多人在同一时期以同一种方式使用作品，发生侵权时只能由著作权人才能行使。

3. 自由转让

这一立法体例以英美法系国家（地区）为代表，其理论基础与其著作权立法的哲学基础相同，即著作权的"经济价值观"。该观点认为，著作权本质上是一种个人财产权，著作权人可以如同处分自己的动产、债券、股份一样，随意转让和处分自己的作品。如英国《著作权法》第90条规定："著作权可以像动产一样地以转让、遗嘱处理或执行法律的方式发生移转。著作权的转让或他种方式移转可以是部分的，其中包括——著作权所有人依专有权利可实施之行为中的一种或几种，但不是全部；著作权存续期的一段而不是全部时间。"

（二）我国著作权法中有关著作权转让的规定

1. 修订前的著作权法的规定

我国1990年的《著作权法》未规定著作权转让条款，在《著作权法》第3章中，最早的草稿只规定了著作权转让，没有使用许可，后来将转让与使用许可并列，最终的定稿又把著作权转让去掉了。这主要是考虑到我国当时的社会状况，包括作者、出版者、社会公众的著作权意识以及著作权行政管理水平等各方面，都不适于实行著作权转让法律制度。如果在著作权法中明确

---

① 刘波林. 著作权合同研究[C]// 知识产权研究. 北京：中国方正出版社, 1996.

规定了转让,那么,出版社就可能利用国家法律的规定,并利用自己在合同关系中的优势地位,即具有以雄厚的经济实力等为基础的出版条件,要求作者转让他的全部著作权。而且社会公众当时对著作权私有财产性的认识不十分充分,加上著作权本身又不同于一般物权,既具有财产权利又有人身权利,决定了著作权转让的复杂性,法律加以规范的难度很大。而且,当时的著作权贸易尚且不多。[①]

尽管1990年《著作权法》没有明文规定著作权可以转让,但《著作权法》包含具有转让性质的条文,即第16条、第17条和第18条。《著作权法》第16条规定,凡利用法人或者非法人单位的物质技术条件创作,并由法人或者非法人单位承担责任的工程设计、产品设计图纸及其说明、计算机软件、地图等职务作品,作者只享有署名权,著作权的其他权利由法人或者非法人单位享有。此条规定蕴含三层含义:一是著作权可以转让;二是著作权的转让是限定转让,即只限于上述所列的几种职务作品可以转让著作权;三是属于作者人身权的署名权没有转让,仍归创作者个人享有。《著作权法》第17条规定,受委托创作的作品,著作权的归属由委托人和受托人通过合同约定。合同未作明确约定或者没有订立合同的,著作权属于受托人。此条规定主要有两层含义:一是明确规定了委托作品的著作权可以转让,而是否转让由创作人和委托人双方自行商定;二是如果双方当事人在创作委托合同中未明确约定委托作品的著作权归属,那么,著作权就属于创作人所有。《著作权》第18条明确规定了美术等作品的展览权的转让。

2. 现行著作权法的规定

随着我国先后加入《伯尔尼公约》《世界版权公约》《保护录音制品制作者防止未经授权复制其录音制品的公约》,并对遵守Trips协议做出承诺后,为了与上述公约和协议相协调,对原著作权法作了修改。2001年修订的《著作权法》以立法的形式确立了著作权转让制度,为促进我国文化事业的发展

---

① 江平,沈仁干.中华人民共和国著作权法讲析[M].北京:中国国际广播出版社,1991.

提供了法律保障。《著作权法》中涉及著作权转让的相关条文主要有第 10 条、第 18-19 条、第 25-26 条等，主要从以下四方面进行规定：

第一，著作权转让的内容。《著作权法》第 10 条第 2 款规定，著作权人可以全部或者部分转让第 10 条第 1 款第（5）项至第（17）项规定的权利，并依照约定或者该法有关规定获得报酬。这从法律上肯定了我国允许著作财产权的转让，并且这种转让可以是著作财产权的全部也可以是部分。

第二，著作权转让的机制。一种是法定转让。《著作权法》第 18 条规定，美术作品原件的展览权随原件所有权一并转让给原件的受让人。这意味着：无论著作权人是否在转让合同中约定，展览权随着作品原件所有权的转让而转移。《著作权法》第 19 条第 1 款规定，著作财产权可以通过继承的方式获得。另一种是合同转让。《著作权法》第 25 条规定，双方当事人可以通过订立书面合同的方式转让第 10 条第 1 款第（5）项至第（17）项规定的权利。

第三，著作权转让的形式。《著作权法》第 25 条规定，转让《著作权法》第 10 条第 1 款第（5）项至第（17）项规定的权利，应当订立书面合同。

第四，著作权转让的范围。《著作权法》第 26 条规定，许可使用合同和转让合同中著作权人未明确许可、转让的权利，未经著作权人同意，另一方当事人不得行使。随着新技术的出现，著作权人享有的财产权利会因作品使用形式的增加而不断被充实。为了保证著作权人的作品权益，我国不允许将现行著作权法没有规定，此后著作权法新增加的权利进行转让。例如，"信息网络传播权"是修订后的《著作权法》新增加的权利，如果作者与出版社在《著作权法》修订之前订立了著作权转让合同，那么，出版社就不能享有"信息网络传播权"。

三、著作权转让合同

（一）概念

著作权转让合同是指著作权人将部分或全部著作财产权转移给受让人的合同，其法律效果是受让人成为著作财产权的所有人，从而不仅可以对作品进行著作权意义上的特定使用和收益,而且可以对作品进行著作权意义上的特定处分,并在第三人侵害其著作财产权时,以其本人的名义单独提起诉讼。

(二)著作权转让合同的主要内容

著作权转让合同依据《著作权法》第 25 条的规定主要包括下列内容:

1. 作品的名称

作品是指文学、艺术和科学领域内,具有独创性并能以某种有形形式复制的智力创作成果。作品的名称是上述智力创作成果的称谓的名称,是著作权转让合同应当具备的基本内容。没有作品的名称,被转让的权利就无法实施。

2. 转让的权利种类、地域范围

被转让的权利是著作权转让合同的标的,直接关系到转让人和受让人的权利和义务。根据我国现行著作权法规定,转让人可以全部或部分转让著作财产权,转让人要转让具体的哪一项权利或者哪几项权利都要在合同中约定。转让的地域范围一般是指转让人转让某一种权利适用的地区等。著作权转让合同未约定的权利、未约定的地域范围对受让人不发生作用。

3. 转让价金

转让价金是转让人转让著作权的某些权利应当得到的转让费用,受让人获得该权利应该支付的对价。由于著作权人在创作作品时所耗费的劳动、使用的资金、运用的知识、信息、经验、技能和创作的方法等方面的不同,以及作品在使用过程中产生的经济效益和社会效益的不同,著作权权利的转让价金是不确定的,因此,当事人应当根据权利转让的具体情况,在合同中明确约定转让价金。[①]

4. 交付转让价金的日期和方式

交付转让价金的日期是确定合同是否按时履行的依据,直接关系到著作权的权利能否顺利转让。交付转让价金的方式是指受让人支付转让价金的做法,是一次性支付还是分期支付,是预付还是权利转让后再支付,是付现金还是支票、汇票等。

---

① 杨霞. 著作权转让制度研究 [D]. 苏州:苏州大学,2003.

5. 违约责任

为了使合同按照约定正常履行,也为了及时解决合同纠纷,当事人应在合同中明确违约责任。转让著作权合同发生违约主要有两种情形:一是在著作权方面,例如转让权利涉及的作品侵犯他人的权利、原著作权人重复转让等情况;二是在价金方面,例如受让人没有按照合同约定的日期向转让人支付转让价金,除应支付价金外,还应当承担向转让人赔礼道歉、赔偿损失等违约责任。

6. 双方认为需要约定的其他内容

上述著作权转让合同的内容是法定必要条款。此外,双方当事人认为需要约定的条款,是约定必要条款。这项规定有利于当事人订立好著作权转让合同,也便于合同的履行。例如,当事人有必要约定,受让人行使所受让的权利时,不得侵犯原著作权人依法享有的人身权和其他财产权。如著作权人将改编权转让给受让人,那么,受让人在改编作品时,就不得侵犯原著作权人的修改权和保护作品完整权。对于尚未发表的作品,受让人获得了翻译权,但如果他未征得原著作权人的许可,擅自发表其翻译权的作品,就可能侵犯原著作权人的发表权。[①]

【相关案例】

案例1

2001年7月20日,北京京文唱片有限公司与韩剑(雪村)签订著作权转让合同。经韩剑(雪村)确认,由北京京文唱片有限公司发行的音乐专辑《东北人都是活雷锋》的音乐作品的著作权、录音的录音制作者专有权利,除作者署名权外,自2001年7月20日起至2004年7月19日止,均由北京京文唱片有限公司享有。2002年1月24日,中央戏剧学院表演系98班首场公演话剧《翠花,上酸菜》。该话剧共公演16场,使用了歌曲《东北人都是活雷锋》作为开场音乐、过场音乐及谢幕背景音乐,共计4分57秒4。中央戏剧学院

---

① 吴汉东. 知识产权法[M]. 北京: 北京大学出版社, 2010.

未就使用歌曲《东北人都是活雷锋》与北京京文唱片有限公司达成一致意见，迄今为止，也未向北京京文唱片有限公司支付使用费。为此，京文唱片有限公司起诉到北京市第二中级人民法院。

法院经审理认为，雪村与北京京文唱片有限公司就音乐专辑《东北人都是活雷锋》签订了著作权转让合同合法有效，应受法律保护。中央戏剧学院未经许可，在其公演的话剧《翠花，上酸菜》中使用歌曲《东北人都是活雷锋》，构成了著作权侵权。因此，判决中央戏剧学院未经许可，不得以涉案方式使用歌曲《东北人都是活雷锋》，并赔偿京文公司经济损失1.92万元。

四、著作权转让中的几个问题

（一）"卖绝著作权"的问题

所谓"卖绝著作权"，是指将著作权中的全部财产权在其有效期内和全球范围内一次性有偿转让。[①]

美英等英美法系国家和北欧一些国家的著作权法没有规定著作权转让必须有期限，因此，在这些国家，卖绝著作权的行为是允许的。但事实上，在允许卖绝著作权的国家，著作权人卖绝著作权的现象也非常少见。这主要是基于以下两种考虑：

第一，为了保护作者的精神权利。由于卖绝著作权就会导致作者在整个著作权保护期内无法行使人身权，实际上几乎等同于在著作权保护期内全部放弃精神权利。因此，对著作权转让合同通常规定为著作权有期限转让，期限届满后，作者可以重新行使精神权利和经济权利。

第二，为了维护作者的经济利益。著作权在其保护期内一次性转让的价格难以确定，极易损害作者利益。一些不了解自己的权利而误签了永久性转让合同的作者，经济利益无法得到保护。

为充分保护作者权益，法律规定有必要对著作权转让期限作出一些限制，这

[①] 刘剑文，傅绪桥.我国著作权转让贸易立法的现状与完善[J].法商研究，1996(1).

样既可以保证作者在转让结束后得以重新行使自己的财产权利，部分穷竭的精神权利也得以恢复，也可以在一定程度上弥补作者在完成创作时因预见不到作品的价值而低价转让所造成的损失。例如，法国《著作权法》第44条规定：不论转让表演权的合同签订了多长时间，到了5年期限就将被视为自动终止，此后被转让的表演权将自动返回作者手中。冰岛《著作权法》则规定转让的期限为3年。

我国在1987年之前的著作权法诸草案中，都有"有期限转让"的条款。但在该年底的一次征求意见会上，有民法学者认为有期限转让不符合民法原理，实质上是许可而不是转让。尽管起草人以其他国家的成例为证，终不能说服他们保留下来，最终在草案中将该条款删除。

（二）未来著作权的转让问题

所谓未来著作权，是指已经处在创作过程中但尚未完成的作品在未来可能享有的著作权。[1] 各个国家和地区在未来作品的著作权转让问题的立法上存在较大差别，大体有以下三种：

第一，承认未来作品的著作权转让，如英国、中国香港等。英国《著作权法》第91条规定："在关于未来著作权而由未来著作权所有人或其代表签字的协议中，未来著作权所有人欲将其未来著作权（全部或部分）转让给他人的，著作权产生以后，受让人或依靠他而主张权利者将有权利对抗一切他人而要求将著作权归属于他，依本款之规定，著作权应当授予受让人或其合法的继承人。"香港《著作权法》第37条第1款规定："依照未来著作权所有人或其代表人签章的合同，未来著作权所有人可将其未来著作权的全部或部分转让给他人。"

第二，认为未来作品的著作权不能转让，如法国和西班牙等。法国《著作权法》第L131-1条规定："未来作品的全部转让是无效的，这种无效性不涉及与作者协会签订的管理合同。"西班牙《知识产权法》第43条第3款规定："转让作者可能在今后创作的作品全部的使用权是无效的。"

第三，允许未来作品的著作权转让，但为未来作品的转让设定了期限，

---

[1] WIPO.Introduction to Intellectual Property Law(Theory and Practice）[M].Kluwer Law International Ltd,1997.

转让合同只能在法律规定的期限内有效，如巴西、厄瓜多尔和委内瑞拉定为5年，葡萄牙、中国澳门则定为10年。澳门《著作权法》第38-46条规定，允许转让未来著作权，但仅限于作者最迟在10年内能完成作品的著作权转让；为保护作者的利益，不允许永久性转让未来著作权。

我国著作权法没有规定未来作品的著作权的转让，但实践中已经出现了转让未来作品著作权的合同，可适当借鉴上述国家或地区的做法，对未来著作权的转让进行一定的限制。

（三）著作权转让合同与原许可合同冲突的问题

我国《著作权法》规定，在著作权有效期内，著作权人既可以授权他人许可使用其著作权，也可以全部或部分地转让其著作权。这说明：法律是不禁止著作权人在授权他人许可使用作品后，再转让该作品的著作权的行为的。这就产生了同一著作权的双重贸易问题，即在著作权许可使用合同期限内，著作权人又将著作权全部或部分转让，主要有如下几种情形：

1. 专有许可合同与著作权转让合同

由于成立在先的专有许可合同具有排他性，因此，转让行为不能影响许可合同的效力。被许可人不仅可以对抗著作权人，还可以对抗第三人，这给受让人带来一定的影响。因此，受让人可以在签订转让合同时要求著作权人对此类情形尽忠实的告知义务，如果未告知就要承担违约责任。

2. 普通许可合同与著作权转让合同

在普通许可的情形下，由于普通许可权不具有专有许可权的排他效力，那么，被许可人是否可以向受让人主张自己的许可权呢？

以美国为例，美国《著作权法》第205条规定，在相互冲突的所有权转移和非专有许可证之间，不论非专有许可证登记与否，只要有所许可的权利的所有者或其正式授权的代理人签字的书面材料为证明，并具备在执行转移以前已取得许可或者在转移备案以前和不了解转移的情况下真诚地取得许可，则对于与之相冲突的著作权所有权的转移具有优先地位。换言之，非专有许可仍然有效，受让人应受在先许可的约束。

出版法规与著作权法论析

关于使用许可和著作权转让冲突的处理问题，我国著作权法未给出明确规定。根据诚信原则，著作权人授予他人的许可使用，对他以后授予的其他许可应当有约束力，包括对以后的权利受让人，就是要承认在先的使用许可有对抗在后的使用许可和转让的效力。但是也要保护在后的善意受让人的利益。如果受让人在受让时确实不知道以前授予过使用许可，并且已经全部支付转让价金，在先的被许可人应当让步，向原著作权人要求赔偿损失。[①]

（四）著作权转让合同的限制问题

1. 著作权转让合同一般应用书面形式

由于著作权的转让涉及双方的权利和义务问题，会引起权利主体的变更，还会涉及转让的权利种类、受让人使用作品的方式与范围、转让价金的支付、转让的期限等内容，是一种重大的民事法律行为，而书面合同明确肯定、有据可查，有利于正确履行合同、防止争议和解决纠纷，保证转让的公正与真实合法。因此，大多数国家的著作权法都规定了必要的形式或手续，以书面形式订立著作权转让合同。法国《著作权法》第L131-2条规定，表演合同、出版合同和视听作品合同应采取书面形式。意大利《著作权法》第110条规定，作品使用权的转让须有书面协议。我国《著作权法》第25条规定："转让本法第十条第一款第（五）项至第（十七）项规定的权利，应当订立书面合同。这是法律对著作权转让合同的形式要求。"

2. 著作权转让合同履行登记手续

一些国家的著作权法规定著作权转让必须履行登记手续。登记主要有两方面的作用：一是对抗作用，即当著作权人就同一权利同时进行两次或两次以上的转让时，只有转让在先的受让人才能对抗在后的受让人。如日本1987年版《著作权法》第77条规定，著作权转让合同与出版权设定或转让合同必须在文化厅著作权登录簿上登记，才能对抗第三人。未经登记的转让或设定，在二重转让或设定的情况下，受让人或出版权人只能向转让人或复制权

---

① 汤宗舜. 著作权法原理[M]. 北京：知识产权出版社, 2005.

人请求损害赔偿。但对恶意第三人仍可根据民法典第 94 条第 1 款（通谋的虚伪表示无效）对抗之。① 美国 1987 年版《著作权法》第 205 条第 4 款规定，"备案作为提起侵犯权利诉讼的必要条件——凡声称由于转移而成为著作权所有者或著作权范围内任何专有权利所有者的人，在其据以提出要求的转移书在版权局备案以前均不得依本法提起侵犯权利诉讼，但是对于备案前发生的侵犯权利行为，可在备案后提起诉讼"。第 205 条第 5 款规定，当先后进行的几项转移发生冲突时，以已备案的转移优先。二是证据作用，即著作权转让采用自由原则，无论登记与否都产生应有的法律效果，但是转让登记可以作为证明自己是通过受让的方式取得著作权的，并且其转让的事宜已经办理完毕。②

由于当前我国著作权转让登记存在缺乏法律法规的一般性规定，著作权"一权多卖"现象频繁发生。2004 年年底，由歌手杨臣刚创作的歌曲《老鼠爱大米》为众多网民所青睐，成了红极一时的网络音乐作品。之后，这首歌曲的著作权被杨臣刚先后进行了两次转让和一次专有使用许可，引发了权利争夺战。网络歌曲《别说我的眼泪你无所谓》再次上演同样的闹剧，其著作权人也对著作权财产权进行了两次转让。著作权转让因其涉及到不特定多数人的利益，容易造成权利冲突，所以应当进行登记，防止因多重著作权交易遭受的利益损失，最大限度地维护交易公平，从而构建安全有序的著作权交易市场。

【相关案例】

案例 1

2002 年 7 月 13 日，王虎与杨臣刚签订合同，主要内容为：王虎自合同签订之日起拥有对歌曲《这样爱你》（后改名为《老鼠爱大米》）的永久著作权，并永久保留杨臣刚的作者署名权；杨臣刚自合同签订之日起到 2004 年元月止，不得利用此歌曲进行任何商业性的盈利活动，自 2004 年元月起，王虎允许杨臣刚拥有此歌曲的商业演出权；合同在签订之日起生效。

---

① 半田正夫, 纹谷畅男. 著作权法 50 讲 [M]. 北京：法律出版社, 1990.
② 蒋茂凝. 国际著作权贸易法律制度的理论建构 [M]. 湖南：湖南人民出版社, 2005.

出版法规与著作权法论析

2002年11月6日，田传均与杨臣刚签订合同，主要内容为：杨臣刚以每首2000元的标准将其创作的歌曲《如梦初醒》、《这样爱你》的著作权转让给田传均；杨臣刚将作品的复制权、发行权、信息网络传播权等应当由著作权人享有的其他相关权利全部转让给田传均；杨臣刚转让给田传均的以上权利为田传均独家所有，田传均有权在全世界永久性使用，杨臣刚再不得许可或转让给其他第三人使用本合同作品；田传均有权在其权利范围内行使和许可、转让给其他第三人使用本合同作品，不需经杨臣刚同意；杨臣刚应保证所转让著作权的作品为其自己创作，拥有完整著作权，无侵犯任何第三人权益或违反国家法律法规的情形，如因此致使田传均损失均由杨臣刚负责赔偿等。

2003年3月1日，王虎与杨臣刚签订合同，主要内容为：自2003年3月1日起，杨臣刚与王虎无偿转让歌曲《这样爱你》的永久著作权，王虎受让的权利种类包括作品的复制权、发行权、出租权、放映权、广播权、摄制权、改编权、翻译权、汇编权以及其他所有法定著作权权利，王虎受让作品著作权无地域限制；杨臣刚作为作品作者享有署名权；自王虎受让作品著作权之日起，杨臣刚不得许可第三人使用此作品；在此作品著作权转让之日起四个月之后，杨臣刚可使用此作品进行非商业性和非盈利性的演出，2004年6月1日杨臣刚可使用此作品进行商业性演出；杨臣刚应保证转让著作权之作品绝无侵害任何第三人之权益或违反国家法律法规规定的情形，如因可归责于杨臣刚之事由，致使王虎因使用本作品遭受第三人主张权益或触犯法律法规，概由杨臣刚负责解决，并赔偿王虎因此所受损失。

2003年4月20日，王虎做出书面声明，主要内容为：王虎曾于2002年7月13日和2003年3月1日与杨臣刚签订合同，并由此享有了歌曲《这样爱你》的词曲著作权；王虎将上述权益全部无偿转让给北京太格印象公司。

2004年10月10日，杨臣刚与广东飞乐公司签订合同，其中包括杨臣刚授权广东飞乐公司独家使用、制作、发行歌曲《这样爱你》等条款。后广东飞乐发现杨臣刚此前曾与他人签订歌曲词曲的著作权转让合同，认为田传均已通过与杨臣刚签订合法有效的著作权转让合同而成为该歌曲词曲的真正著作权人，故与田传均联系并从其处取得使用该歌曲词曲的授权。

原告太格印象公司诉称：杨臣刚与王虎分别于2002年7月13日和2003年3月1日签订二份合同，约定杨臣刚将歌曲《这样爱你》的著作财产权转让给王虎，后王虎于2003年4月20日将该权利转让给我公司，故我公司系该歌曲词曲的著作财产权人。广东飞乐和贵州出版社未经我公司授权，擅自使用该歌曲词曲制作CD光盘出版发行，侵犯了我公司的著作权。故诉至法院，要求广东飞乐和贵州出版社立即停止侵权，赔偿我公司经济损失50万元，并在《法制日报》和《北京晚报》上向我公司公开赔礼道歉。

一审法院判决：（1）广东飞乐公司、贵州文化音像出版社立即停止未经北京太格印象公司许可使用歌曲《这样爱你》（又名《老鼠爱大米》）词曲制作录音制品的行为；（2）广东飞乐公司、贵州文化音像出版社赔偿北京太格印象公司经济损失十五万元；（3）驳回北京太格印象公司其他诉讼请求。

在本案的二审审理过程中，广东飞乐向法院提供了一份在一审判决之后，武汉市仲裁委员会对本案案外人肖飞与杨臣刚的一份关于歌曲《老鼠爱大米》著作权的仲裁书，该仲裁书确认了歌曲《老鼠爱大米》著作财产权归肖飞所有，因为杨臣刚在与王虎、田传均签订著作权转让合同之前，已经与肖飞就该首歌曲签订了著作权转让合同。根据一审双方所持有并被法院所认同的观点：先合同效力优先于后签订的合同，确认歌曲《老鼠爱大米》著作财产权归案外人肖飞所有。

二审法院也以此裁定撤销了原审判决，并以太格印象非歌曲《老鼠爱大米》著作财产权人，不具备起诉必备条件，驳回了太格印象对广东飞乐、贵州出版社的起诉。

本章小结

著作权许可使用和著作权转让是著作权领域中著作权人实现其经济权利的两种重要但相互独立的法律制度。

著作权许可是指著作权人许可他人以一定的方式、在一定的地域范围和在一定期限内使用其相应作品的行为。著作权许可使用不发生权利主体的变更，仅是著作权使用权的转移，被许可方只能按照合同约定的方式使用该作品，无权对该著作权做出任何超出合同规定范围的处置。

著作权许可使用的方式有两种：专有许可（也称独占许可）和非专有许可（也称一般许可）。取得某项专有使用权的使用者，有权排除著作权人在内的一切他人以同样的方式使用作品。一般许可可多次授权，在授权之后，许可方自己仍可以使用相应作品。

使用他人作品应当同著作权人订立许可使用合同。著作权许可使用合同包括下列主要内容：（一）许可使用的权利种类；（二）许可使用的权利是专有使用权或者非专有使用权；（三）许可使用的地域范围、期间；（四）付酬标准和办法；（五）违约责任；（六）双方认为需要约定的其他内容。

著作权转让是指著作权人将其作品财产权中的全部或者部分权利，在著作权有效期内和一定的地域范围内以一定的方式依法转让他人的一种行为。在著作权转让中，受让方获得的是著作权财产权利的所有权，且对该项财产权利做出任何处置，既可以自己使用该作品，也可以不经原著作权人同意再次转让或许可他人使用。

常见的著作权转让种类包括：全部转让与部分转让、无期限转让与有期限转让、有偿转让与无偿转让等。

由于两大法系对著作权本质的不同认识及理论基础的差异，各国（地区）关于著作权转让问题大体有三种立法例：禁止转让、限制转让和自由转让。

转让著作财产权，应当订立书面合同。著作权转让合同包括下列主要内容：（一）作品的名称；（二）转让的权利种类、地域范围；（三）转让价金；（四）

交付转让价金的日期和方式；（五）违约责任；（六）双方认为需要约定的其他内容。

思考与练习题

1. 独占许可与一般许可有何区别？
2. 著作人身权能被转让吗？未来著作权能被转让吗？
3. 著作财产权的全部转让与卖绝著作权有何区别？
4. 著作权许可使用与转让有何区别？
5. 如何看待著作权的"一权多卖"现象？
6. 如何看待著作权转让合同与原许可合同冲突的问题？

第七章
著作权违法行为、法律责任与权利保护

第一节 著作权违法行为与法律责任
第二节 著作权保护

内容提要：违法行为与法律责任的概念、种类；著作权违法行为及其法律责任；著作权保护的种类；著作权保护的主要法律依据，以及著作权保护的主要途径。

重难点：著作权违法行为的主要表现形式；著作权违法的法律责任种类与内容；著作权保护的主要途径。

第一节 著作权违法行为与法律责任

一、违法行为与法律责任概述

（一）违法行为概述

违法行为是指违犯国家现行法律规定，危害现行法律所保护的社会关系的行为。违法行为的存在是法律责任追究的前提，不能让没有违法行为的人承担法律责任。在违法行为的认定以及责任追究方面，法律没有溯及力。因此，所谓违法行为违犯的必然是已经生效、正在实施的现行法律，而不能是已经废止、失效或者虽然已经出台、但尚未生效的法律。

就其种类而言，违法行为从不同的角度可以有不同划分。从违法情节的轻重来看，可以分为一般违法行为和犯罪行为。后者专指情节严重、触犯刑律、依法应受刑事处罚的违法行为。从所违犯的法律性质来看，可以分为：

（1）违宪行为。是指违犯现行《宪法》及宪法性法律文件（如《国旗法》《选举法》《地方各级人民代表大会和地方各级人民政府组织法》等）规定的行为。在宪政体制国家，宪法是万法之母，其他所有法律法规都以宪法为依据。按照这种逻辑，所有违法行为都是违宪行为。在与具体违法行为并列的语境下，所谓违宪行为，通常特指有关国家机关、社会组织或公民与宪法规定相抵触的行为。在我国，长期以来，形成了《宪法》不直接作为司法裁判依据的惯例。《宪法》通常不作为具体违法行为认定的直接依据。对于违法行为人，一般可视具体法律关系和情节，依法追究相应的民事、刑事或行政法律责任。

（2）民事违法行为。是指违犯现行民事法律规定、损害他人民事权利的

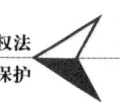

行为。民事违法行为包括违约行为和侵权行为两大类。前者是指合同当事人没有合法事由不履行或不完全履行合同约定义务的行为；后者全称为民事侵权行为，是指合同以外的民事法律关系主体非法侵犯他人民事权利的行为。非行政和刑事性质的其他违法行为如劳动违法行为、环境违法行为，在广义上也被视为民事违法行为。但严格来说，这些领域的法律规范近年来通常被划作社会法范畴。

（3）刑事违法行为。是指违犯现行刑事法律规定、危害刑事法律所保护的社会关系的行为。不能将刑事违法行为简单等同于犯罪行为。我国《刑法》规定，一切危害国家主权、领土完整和安全，分裂国家、颠覆人民民主专政的政权和推翻社会主义制度，破坏社会秩序和经济秩序，侵犯国有财产或者劳动群众集体所有的财产，侵犯公民私人所有的财产，侵犯公民的人身权利、民主权利和其他权利，以及其他危害社会的行为，依照法律应当受刑罚处罚的，都是犯罪。但是情节轻微危害不大的，不认为是犯罪。法律没有明文规定为犯罪行为的，不得定罪处刑。由此可知，刑事违法行为的范围略大于犯罪行为。

（4）行政违法行为。是指违犯现行行政法律规定、危害行政法律所保护的社会关系的行为。根据行政法律关系的不同，可以将行政违法行为分为内部违法行为和外部违法行为两种。前者指行政主体及其工作人员的违法行为，后者指行政相对人的违法行为。

（二）法律责任概述

所谓法律责任是指，因违反法定或约定义务，或不当行使法律权利（权力）而应由相关行为主体承担的不利的法律后果。法律责任从不同角度也可以有不同的种类划分。从违法行为所违犯的法律性质而言，法律责任可以分为违宪法律责任、民事法律责任、刑事法律责任和行政法律责任。

在不同的领域，法律责任的归责原则也不尽相同。归结起来，认定、追究法律责任主要应遵循如下原则：

（1）合法性原则。即法律责任的种类和幅度、法律责任的承担主体、法律责任的追究和认定主体以及相应程序都必须合乎法律规定。法律或合同无明文规定不得追究法律责任；也不得让法律明文规定免于追究责任的违法行为人承担法律责任。这一原则在行政处罚和刑事制裁领域最为直接和严格，具体为：处罚法定原则、法无明文规定不为罪原则以及法无明文规定不受罚原则。

（2）合理性原则。即对法律责任的认定和追究必须客观、适度，合乎理性。与此相关的，主要有两个原则：一是因果联系原则，即必须确定违法行为和危害后果之间有因果联系；二是责任相称原则，即违法行为人只应承担与其法律责任能力、违法行为性质、情节以及危害后果相适应的法律责任。

（3）及时性原则。即必须在法律规定的时效期限内，及时追究违法行为人的法律责任。超过法定时效，就不能再予追究，即便追究也得不到法律的支持。一般来说，追究民事法律责任的诉讼时效为两年，最长不超过20年，从受害人知道或应当知道自己权利受到侵害之日起计算；行政违法行为的追究时效为两年，从违法行为发生之日起计算，违法行为有连续或者继续状态的，从行为终了之日起计算；刑事法律责任的追诉时效与相应犯罪行为的法定最高刑有关，最短为5年，最长为20年，但犯罪行为人在有关部门立案侦查阶段或法院审理阶段逃避侦查、起诉的，以及被害人在追诉期限内提出控告，有关部门应当立案而没有立案的，不受此限。

二、著作权违法行为及其法律责任

（一）著作权违法行为

所谓著作权违法行为是指，违犯现行著作权法律规定、危害著作权法所保护的社会关系的各种行为。鉴于著作权制度保护精神权利和经济权利两个方面，著作权违法行为也可以划分为两大类。结合我国《著作权法》的有关规定，具体可以归结如下：

1. 侵犯著作权人精神权利的违法行为

（1）未经著作权人许可，发表其作品的；

（2）未经合作作者许可，将与他人合作创作的作品当作自己单独创作的作品发表的；

（3）没有参加创作，为谋取个人名利，在他人作品上署名的；

（4）歪曲、篡改他人作品的；

（5）剽窃他人作品的。

2. 侵犯著作权人经济权利的违法行为

（1）未经著作权人许可，违法以展览、摄制电影和以类似摄制电影的方法使用作品，或者以改编、翻译、注释等方式使用作品的；

（2）使用他人作品，应当支付报酬而未支付的；

（3）未经电影作品和以类似摄制电影的方法创作的作品、计算机软件、录音录像制品的著作权人或者与著作权有关的权利人许可，违法出租其作品或者录音录像制品的；

（4）未经出版者许可，使用其出版的图书、期刊的版式设计的；

（5）未经表演者许可，从现场直播或者公开传送其现场表演，或者录制其表演的；

（6）未经著作权人许可，违法复制、发行、表演、放映、广播、汇编、通过信息网络向公众传播其作品的；

（7）出版他人享有专有出版权的图书的；

（8）未经表演者许可，违法复制、发行录有其表演的录音录像制品，或者通过信息网络向公众传播其表演的；

（9）未经录音录像制作者许可，违法复制、发行、通过信息网络向公众传播其制作的录音录像制品的；

（10）未经许可，违法播放或者复制广播、电视的；

（11）未经著作权人或者与著作权有关的权利人许可，违法故意避开或者破坏权利人为其作品、录音录像制品等采取的保护著作权或者与著作权有关的权利的技术措施的；

（12）未经著作权人或者与著作权有关的权利人许可，违法故意删除或者改变作品、录音录像制品等的权利管理电子信息的；

（13）制作、出售假冒他人署名的作品的。

以上所述都是《著作权法》起草期间较为常见的著作权侵权行为。除侵权行为外还有违约行为。出版领域常见的著作权违约行为有：作者没有按照约定的时间和方式交付书稿，出版社没有按照约定的时间和方式支付稿酬，印刷厂私自加印受著作权法保护的书报刊，等等。此外，随着新的复制、传播手段的发展，也可能出现新的著作权侵权行为。

（二）著作权法律责任

尽管我国《著作权法》第4条规定了权利人行使权利不得违反宪法和法律的禁止性义务，但并没有明确规定权利人违犯此条规定而应承担的法律责任。因此，在我国，著作权法律责任基本上不涉及著作权人——因违反合同约定行使著作权而导致的违约责任除外，主要是针对侵犯著作权的违法行为而言的。著作权法律责任以民事法律责任为主，兼有刑事和行政法律责任。

1. 民事法律责任

依前所述，著作权民事法律责任包括违约责任和侵权责任两种：

（1）违约责任。即由于违反合同约定而应承担的著作权法律责任。《著作权法》规定，图书出版者出版图书应当和著作权人订立出版合同。当事人不履行合同义务或者履行合同义务不符合约定条件的，应当依照《民法通则》《合同法》等有关法律规定承担民事责任。根据《合同法》等相关法律的规定，著作权违约责任主要包括：

①支付违约金。即由违约方根据合同约定和法律规定向对方当事人支付一定额度的金钱。违约金以合同约定为前提，不考虑违约行为是否给对方当事人造成损失以及所造成的损失的大小。

②丧失定金或双倍返还定金。在有定金内容的合同中，给付定金的一方不履行约定义务的，无权要求返还定金；收受定金的一方不履行约定义务的，应当双倍返还定金。当事人既约定违约金又约定定金的，一方违约时，对方可以选择适用违约金或者定金条款。定金的数额由当事人约定，但不得超过主合同标的额的20%。

③赔偿损失。当事人一方不履行合同义务或者履行合同义务不符合约定，

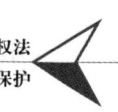

给对方当事人造成损失的，损失赔偿额应相当于因其违约所造成的损失，包括合同履行后对方当事人可以获得的利益。

④继续履行。当事人一方不履行、不完全履行、不适当履行约定义务时，另一方当事人有权要求其继续履行。当事人一方明确表示或者以自己的行为表明不履行合同义务的，另一方当事人可以在其履行期限届满前提出继续履行的要求。

⑤解除合同。当事人一方不履行、不完全履行、不适当履行约定义务致使对方当事人缔约目的完全无法实现的，对方当事人有权单方面提前解除合同。

⑥采取其他补救措施。当事人一方不履行合同义务或者履行合同义务不符合约定的，对方当事人可以要求其采取修改（文稿）、更换（曲目）、重新制作、减少价款或者报酬等补救措施。

(2) 侵权责任。按照我国《著作权法》的规定，侵犯著作权的民事法律责任包括主要包括以下几种：

①停止侵害。及时停止侵权行为对于防止权利人损失的扩大具有重要意义。就著作权领域而言，停止侵害的具体做法包括停止印刷（复制）相应作品、停止发行相应图书、删除网上侵权内容等。

②消除影响和赔礼道歉。这两种责任形式都属于非财产性质，主要针对违法行为侵犯著作精神权利的情形。侵权行为在多大范围内对权利人的精神权利造成了损害，就应当在多大范围内消除由此带来的不利影响，就要在什么规格的媒体上刊登道歉声明或以其他形式进行道歉。侵权行为人拒不刊登道歉声明的，法院有权将裁判文书的主要内容和有关情况公之于众，由此产生的费用由侵权行为人承担。

③赔偿损失。侵犯著作权或者与著作权有关的权利的，侵权人应当按照权利人的实际损失给予赔偿；实际损失难以计算的，可以按照侵权人的违法所得给予赔偿。赔偿数额还应当包括权利人为制止侵权行为所支付的合理开支。权利人的实际损失或者侵权人的违法所得不能确定的，由人民法院根据侵权行为的情节，判决给予50万元以下的赔偿。

2. 刑事法律责任

我国《著作权法》1990年出台时，考虑到国内当时社会公众的著作权认知状况和接受程度，并未直接规定著作权侵权行为的刑事法律责任。随着《著作权法》的实施和改革开放的不断深入，我国社会著作权意识逐渐确立。1994年7月，第八届全国人大常委会第八次会议通过了《关于惩治侵犯著作权犯罪的决定》，开始把严重侵犯著作权的违法行为纳入刑事制裁的范畴。1997年修订《刑法》时，用专门一节规定了"侵犯知识产权罪"。其中，涉及著作权犯罪的有两条，分别为第217条"侵犯著作权罪"和第218条的"销售侵权复制品罪"。[①]

为完善《刑法》的适用，最高人民法院等司法机关还出台了相应司法解释，主要包括：《关于办理侵犯知识产权刑事案件具体应用法律若干问题的解释》（法释〔2004〕19号）、《关于办理侵犯著作权刑事案件中涉及录音录像制品有关问题的批复》（法释〔2005〕12号）、《关于办理侵犯知识产权刑事案件具体应用法律若干问题的解释（二）》（法释〔2007〕6号）以及《关于办理侵犯知识产权刑事案件适用法律若干问题的意见》（法发〔2011〕3号）等。

根据我国《刑法》及有关司法解释的规定，目前在我国销售侵权复制品罪的刑事责任追究门槛为：违法所得数额在10万元以上；侵犯著作权罪的刑事责任追究门槛为：

（1）违法所得数额在3万元以上；

（2）非法经营数额在5万元以上；

（3）复制发行其文字作品、音乐、电影、电视、录像作品、计算机软件及其他作品，复制品数量合计在500张（份）以上；或者，网络传播他人作品的数量合计在500件（部）以上；

（4）网络传播他人作品的实际被点击数达到5万次以上；

[①] 这两种罪名有竞合之处，区别主要是：侵犯著作权罪的犯罪主体是侵权复制品的制作者以及与制作者事前通谋的发行者或销售者；销售侵权复制品罪的犯罪主体只能是制作者以外的其他自然人或单位。

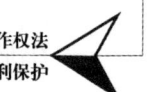

（5）网络以会员制方式传播他人作品，注册会员达到1000人以上；

（6）网络侵权未达到前述至（5）项的数额或者数量，但分别达到其中两项以上标准一半以上。

3. 行政法律责任

《著作权法》第48条列举了8种可予行政处罚的著作权侵权行为。《计算机软件保护条例》、《信息网络传播权保护条例》、《著作权集体管理条例》等配套行政法规也规定了相应领域应受行政处罚的著作权违法行为。《著作权法行政处罚实施办法》还专门就著作权行政处罚的种类、目的、程序等作了系统规定。

根据《著作权行政处罚实施办法》的规定，著作权行政处罚的种类包括：

（1）责令停止侵权行为。具体包括停止复制发行、停止印制（刷）、停止销售等。由于责令停止侵权行为本身不具有处罚所应具有的惩戒、制裁性质，这种措施是否属于行政处罚的种类值得商榷。

（2）没收违法所得。需要说明的是，没收违法所得对于著作权行政执法机关而言，是义务性规范，不存在自由裁量的空间。只要有违法所得存在，就应予以全部没收。

（3）没收侵权复制品。没收的侵权复制品应当销毁，或者经被侵权人同意后以其他适当方式处理。

（4）罚款。《著作权法实施条例》规定，对于侵权行为可处非法经营额3倍以下罚款；非法经营额难以确定的，可处10万元以下罚款。

（5）没收主要用于制作侵权复制品的材料、工具、设备等。对没收的主要用于制作侵权复制品的材料、工具、设备等，著作权行政执法机关应当依法公开拍卖或者依照国家有关规定处理。

（6）法律、法规、规章规定的其他行政处罚。包括警告、通报批评、责令停业整顿等。

对于特定的著作权违法行为，追究相关行为人的行政法律责任是我国著作权法律制度的一大特色。这种做法体现了我国政府在著作权保护方面高度的责任意识，符合我国的国情、社情，有助于快速提升社会著作权意识和著作权保护水平。

第二节 著作权保护

我国现代意义上的著作权保护事业起步较晚，但发展很快，而且在较短时间内取得了显著成效。目前，我国已形成了司法与行政并举、多种力量共同参与的著作权保护体系。其中，司法保护是我国著作权保护的主要力量，行政保护是我国著作权保护的一大特色和优势，社会中介组织和权利人在著作权保护中的作用越来越重要。此外，随着数字、网络著作权案件的不断增多，技术因素在著作权保护中的作用也越来越受到重视。

一、司法保护

司法保护是我国著作权保护最基本、也是最强有力的法律救济手段。我国从中央到地方建立了一套比较健全的包括著作权在内的知识产权司法组织体系，承担着全部著作权民事、刑事及行政案件的审判工作，刑事案件的侦查、起诉和检察监督工作。随着各种著作权纠纷的不断增多，各级司法机关尤其人民法院在我国著作权保护方面发挥的作用也越来越重要。

在司法审判方面，从1993年北京市高、中级人民法院设立专门审理知识产权案件的业务庭开始，全国部分高、中级人民法院先后设立了知识产权审判庭，案件比较集中的部分基层法院也设立了知识产权审判庭。至2008年，全国法院单设知识产权庭298个，专设知识产权合议庭84个，从事知识产权审判的法官共有2126人。[1]2001—2010年，全国各地人民法院共受理著作权一审民事案件79730件，案件数量从2001年的1117件迅速增加到2010年的

---

[1] 陈永辉. 我国知产司法保护30年：透过数字看成就[N]. 人民法院报 2008-11-4.

24719件，十年增长了二十多倍。各级人民法院在化解著作权纠纷、制裁著作权违法犯罪行为方面发挥着越来越重要的作用。

在打击著作权犯罪方面，各级公安、检察机关也发挥了重要作用。以2006年"反盗版百日行动"为例，全国公安机关破获著作权刑事案件370起，刑事拘留、逮捕涉案人员379名。[①] 各级检察机关不断加大对著作权犯罪的打击力度，依法批捕、起诉了一批著作权犯罪涉案人员。与此同时，全国检察机关加强了著作权犯罪案件的立案监督工作，严厉查办了为侵权犯罪提供庇护的职务犯罪，维护了当事人的程序利益。

此外，中央及部分省（自治区、直辖市）司法机关通过司法解释不断完善著作权法律的适用，为著作权法律制度的正确适用发挥了积极作用：最高人民法院通过《关于审理涉及计算机网络著作权纠纷案件适用法律若干问题的解释》（2000年11月制定，2003年12月、2006年11月修订）以及《关于审理著作权民事纠纷案件适用法律若干问题的解释》（2002年10月制定），基本解决了审理著作权民事纠纷的法律适用问题；最高人民法院还联合最高人民检察院先后公布了《关于办理侵犯知识产权刑事案件具体应用法律若干问题的解释》（2004年11月）、《关于办理侵犯著作权刑事案件中涉及录音录像制品有关问题的批复》（2005年10月）和《关于办理侵犯知识产权刑事案件具体应用法律若干问题的解释（二）》（2007年4月），与最高人民检察院、公安部联合印发了《关于办理侵犯知识产权刑事案件适用法律若干问题的意见》（2011年1月），基本解决了著作权刑事案件定罪量刑的法律适用问题。此外，浙江省高级人民法院《关于审理网络著作权侵权纠纷案件的若干解答意见》（2009年10月发布）、北京市高级人民法院《关于审理涉及网络环境下著作权纠纷案件若干问题的指导意见（一）（试行）》（2010年5月发布）则为本区域网络著作权案件的审理提供了有力指导，为兄弟省份审理类似案件提供了有益参考。

---

① 参见:A，载国家版权局网站 A[EB/OL].[2007-01-29]B. 发布时间为：2007年1月29日.

二、行政保护

在司法保护之外，我国官方的著作权保护手段还有著作权行政管理与执法。主要体现为著作权行政管理部门的日常监管工作以及该部门与公安、工信等相关部门联合开展的专项治理行动等。著作权行政保护在我国有悠久的历史，据考证，我国早在南宋时期就有了官方保护私人著作权的事例[①]。相对于司法保护，著作权行政保护具有主动性、及时性、快捷性、成本低和程序相对简化等特征。实践充分证明，著作权行政管理与执法已经成为我国著作权保护的一大特色和优势。

目前，我国已经初步形成了包括中央、省（自治区、直辖市）以及中心城市版权局在内的多级著作权行政管理组织体系。但各地著作权组织机构建设参差不齐：有的已经在所有县级市建立了著作权行政管理或相应机构，如湖南；有的甚至延伸到了村镇一级，如江苏南通；有的除部分重要城市外，还基本停留在省（自治区、直辖市）一级。总体而言，我国著作权行政管理机构已经延伸到了地市（州、盟）一级。近年来，一些地方在相关产业比较集中的地带因地制宜地设立起了版权工作站、版权管理办公室，这对于加强著作权保护工作、完善著作权行政管理体制具有重要意义。

就管理体制而言，我国著作权行政管理机构总体上与新闻出版机构合署办公，一个机构，两块牌子，在涉及著作权管理问题上，以版权局名义独立行使职权。在中央层面，统称为"国家新闻出版广电总局（国家版权局）"；在地方层面，各地方不够统一，主体上著作权行政机构与出版行政主管部门合署办公，以北京市为例，统称为"北京市新闻出版广电局（北京市版权局）"。随着部分地方在政府机构改革中将新闻出版与广播电视、文化（及相关行业）管理机构合并成立统一管理的新机构，著作权行政管理机构也相应与新机构合署办公，机构名

---

① 南宋嘉熙二年（1238年），两浙转运司对祝穆"数载辛勤"、"所费浩瀚"、"私自编辑"的《方舆胜览》一书"给榜"、"晓示"，"禁戢翻刊"。对改换名目、节略文字、擅自翻版之人，祝氏有权"陈告"，（一经查实，由官府）"追人"、"毁版"、"断治施行"。这是迄今为止有据可查的官方保护私人著作权的最早例证。

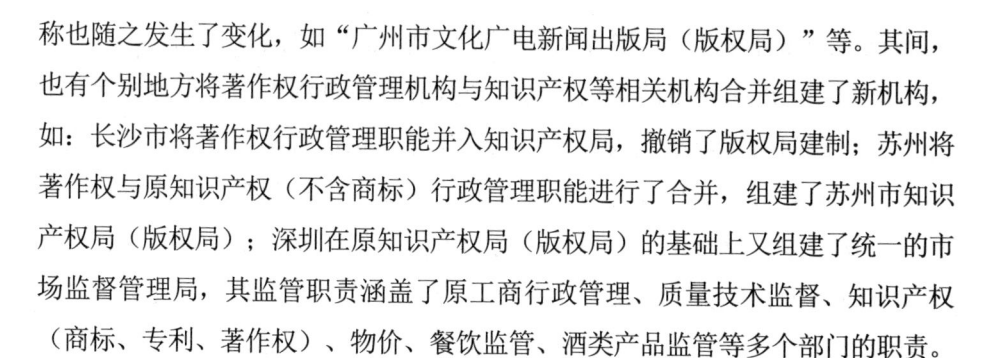

称也随之发生了变化，如"广州市文化广电新闻出版局（版权局）"等。其间，也有个别地方将著作权行政管理机构与知识产权等相关机构合并组建了新机构，如：长沙市将著作权行政管理职能并入知识产权局，撤销了版权局建制；苏州将著作权与原知识产权（不含商标）行政管理职能进行了合并，组建了苏州市知识产权局（版权局）；深圳在原知识产权局（版权局）的基础上又组建了统一的市场监督管理局，其监管职责涵盖了原工商行政管理、质量技术监督、知识产权（商标、专利、著作权）、物价、餐饮监管、酒类产品监管等多个部门的职责。

近年来，各级著作权行政部门日常监管与专项行动相结合，严厉打击损害公共利益的侵权盗版行为，有效保护了中外权利人的合法利益。据统计，"十一五"期间，全国著作权行政执法部门共执法检查经营单位243万家，取缔违法经营单位6.6万家，查获地下窝点2780个，办结行政处罚案件3.6万起，移送司法机关案件1115件，收缴各类侵权盗版制品2.8亿件。①

在强化市场监管的同时，各级著作权行政管理部门也对政府部门和大型企业"尊重著作权、使用正版软件"的情况进行监督检查。从2002年起，各级著作权行政管理部门会同财政、信息产业等部门，用4年时间全面实现了中央、省、市（地）三级政府部门使用通用正版软件的工作目标。从2006年起，我国企业正版化的推进工作全面启动。截至2010年，已有129个中央大型企业总部全部实现了软件正版化。②

除了作为法定"著作权行政管理部门"的著作权部门，其他部门如公安、海关、文化、城管、扫黄打非等也都一定程度上涉及著作权行政监管问题。这些部门在著作权行政监管方面的作用举足轻重。例如，作为治安行政管理部门的公安机关在2006年"反盗版百日行动"期间，共检查出版物销售市场和经营单位10.5万家次，收缴盗版音像制品、计算机软件等各类非法出版物2831.6万余件，破获各类侵权盗版治安案件1930起；治安拘留涉案人员

---

① 国家版权局：《著作权工作"十二五"规划》。
② 蒋雯. 著作权工作"十一五"完美收官[N]. 中国新闻出版报. 2011-1-20.

2480名。2006年全年，全国各级公安机关共收缴非法光盘生产线14条。[①]

此外，在近年开展的文化市场综合执法改革过程中，不少地方著作权行政管理部门的行政执法权被调整到文化综合执法机构。这一方面，有利于市场流通环节的著作权行政执法工作，避免多个部门管理起来的职能不清、交叉重复、权责混乱的现象；另一方面，鉴于文化市场综合执法局限于文化领域的市场流通环节，而著作权行政执法既非局限于文化领域（还包括非文化类软件、勘察、设计等领域）也非局限于市场流通环节，还包括复制、存储、运输、播映等环节，将著作权行政执法权一揽子调整到文化市场综合执法机构的做法是值得商榷的。

尽管著作权行政保护如上所述具有重要作用，但也有一部分人以著作权系私权为由，质疑著作权行政保护的合理性。我们认为，著作权主要是一种私权，但其本身也有一定的公共属性：著作权作品多数要向不特定的人传播，有着天然的公共属性；尤其我国有几千年的行政集权传统，长期以来"大政府、小社会"；现阶段著作权所有者的权利意识和维权能力还很有限；相关社会服务体系还很不发达，著作权的公共属性相对更为突出。此外，在现代社会，从著作权作品（产品）的生产、传播流程以及法律的相应规定来看，著作权的公共属性也越来越明显。[②] 而在国际上，这种公共属性已经使著作权问题上升到了国家意志的层面。在关贸总协定演变为WTO的过程中，包括著作权在内的知识产权被纳入其中就充分表达了发达国家的意愿。现在，欧美等发达国家在知识产权特别是著作权问题上毫不让步，不断诉诸多边、双边条约，以维护其在知识产权领域的优势。[③] 这种公共属性的存在和加强，在客观上呼唤着著作权行政保护的建立和强化。

---

① 参见．国家版权局网站 A[EB/OL].[2007-01-29]B，发布时间为：2007年1月29日。
② 张凤杰．略论著作权的公共属性[J]．出版发行研究．2006（8）．
③ 阎晓宏．21世纪为什么是著作权的时代[N]．光明日报．2011-7-10（5）．

三、社会保护

（一）权属登记与合同登记

著作权不同于专利、商标，不以登记为前提，依法随着相应作品的创作完成而自动产生。但这也时常让权利人、使用者和执法者因为无法判断作品的权利归属而面临困惑。著作权登记作为权利归属初步证明的有效手段，因而在著作权保护中具有非常重要的作用。对于未经或不便正式出版、传播，没有其他方式证明其权利归属的作品（如工艺品设计图样等）来说，著作权登记尤为必要。

我国著作权登记总体上可以分为中央和省级两个层次、计算机软件登记和一般作品登记两种类型。就工作体制和管辖范围而言，国家版权局或其指定的机构——目前是中国版权保护中心——负责全国计算机软件和其他作品的登记工作；各省版权局或其委托的当地著作权登记组织负责本行政区域内其他作品的登记工作。中国版权保护中心经国家版权局批准，可以在地方设立计算机软件登记的办事机构。就具体种类而言，按照中国版权保护中心网站列载的项目，计算机软件登记又包括著作权登记、著作权转让和专有许可登记、著作权质押合同登记等5种类型；一般作品登记又包括著作权登记、质押合同登记、出版境外影视制品合同登记等。就法律依据而言，计算机软件登记的现行依据是《计算机软件著作权登记办法》（国家版权局2002年发布。1991年机电部同名规章不再有效）；一般作品登记的依据是《作品自愿登记试行办法》（国家版权局1995年发布）和《著作权质押合同登记办法》（国家版权局1996年发布）。2010年《著作权法》修订时，新增："以著作权出质的，由出质人和质权人向国务院著作权行政管理部门办理出质登记。"

近年来，我国著作权登记总量增长很快：1999—2008年十年间，我国计算机软件年登记量从1500件增长到近5万件（49087件），十年增长了三十多倍。这表明，我国权利人的著作权意识在不断增强；著作权登记的重要性正在迅速被社会认可。

（二）著作权权认证

由于多数作品在创作完成后没有及时进行登记，再加上著作权交易、人口流动等因素导致的权利人信息变更，使用者和执法者要弄清楚何人在何期限内对何作品享有何种权利，往往是比较困难的事情。这在客观上为虚假授权、"一女二嫁"等不法行为的发生提供了土壤，不利于作品的传播。因此，由权威机构开展的著作权认证便显得十分必要。

在众多作品之中，外国作品的著作权尤其难以认定，而跨国传播的外国优秀作品在国内又往往有着较大的出版、传播需求。在这种情况下，著作权认证自然首先从外国作品开始做起，对外国著作权认证机构的审核把关也成为国家著作权管理的重要内容。从上世纪90年代初开始，我国相继开展了涉外著作权认证机构的审批工作。目前，经国家版权局审批成立的国外作品著作权认证机构主要包括商业软件联盟（BSA）、国际唱片业协会（IFPI）、美国电影协会（MPA）以及韩国著作权审议调停委员会、日本唱片协会（RIAJ）等组织，它们分别负责本国或其会员特定种类作品进入中国市场的著作权认证工作。

国内作品的著作权认证工作近期内得到基本解决：2007年12月启动的国家版权局数字版权监管认证平台建设，将使国家版权局和各地著作权管理部门之间通过网络实现互联互通，在此基础上进行信息共享和协作办公，并能够实现著作权监管认证平台的社会管理和公共服务功能；2009年初，中国版权保护中心开始筹办全国软件正版认证工作，并已开始了与相关权利人的征寻、联系与接洽工作；在地方层面，北京包含认证功能的区域性数字版权保护平台也正在建设之中。

（三）行业自律

相关行业自律组织以及著作权专业协会凝聚了相应领域的主要企事业单位、代表性人员及相关专业人才，是社会著作权保护中的重要力量。其中：

相关行业组织方面，中国文学艺术界联合会、中国作家协会、中国互联

网协会、中国出版工作者协会、中国音像协会、中国软件联盟等成立了专门的著作权维权服务机构；全国律师协会也设有包括著作权在内的知识产权专业委员会。这些机构在维护会员著作权方面发挥了重要作用。不仅如此，不少行业组织还积极参与了相关著作权集体管理组织的筹建。我国目前五大著作权集体管理机构无一例外都是由相应行业组织发起成立或牵头、参与发起成立的。其中，中国音像集体管理协会由中国音像协会发起成立；中国音乐著作权协会由中国音乐家协会与国家版权局联合发起成立；中国文字著作权协会由中国文学艺术家联合会与中国著作权协会等10余家机构联合发起成立；中国摄影著作权协会由中国摄影家协会联合全国多家摄影机构和100多位知名摄影家发起成立；中国电影著作权协会（前身中国电影著作权保护协会）由中国电影制片人协会联合中国电影发行放映协会、中国城市影院发展协会和中国音像协会发起成立。

著作权专业协会方面，全国性专业协会主要是中国版权协会（原名中国版权研究会），中国知识产权研究会、中国高校知识产权研究会也在一定程度上涉及著作权业务。在地方层面，全国已有20多个省（自治区、直辖市）以及一些中心城市成立了版权协会（版权联合会等）。各类版权专业协会在组织、协调著作权相关行业，支持、配合著作权行政管理与执法，宣传普及著作权知识，开展专业培训等方面发挥了重要作用。除此之外，部分地区相关企事业单位自发联合组建的反盗版联盟、产业联合会等也在逐步形成和发展，并开始发挥作用。

（四）著作权集体管理

所谓著作权集体管理是指相关社会团体根据权利人授权和法律规定，集中行使权利人的著作权或者与著作权有关的权利，以自己名义开展的与使用者签订许可使用合同、向使用者收取著作权费用、向权利人转付著作权费用，以及参与有关诉讼、仲裁等活动。

著作权集体管理是现代著作权保护体系的重要组成部分。在权利人自己难以有效行使权利、权利人自己行使成本过高或者作品传播者通过点对点授权难以满足使用需求的情况下，著作权集体管理具有无法比拟的优势，甚至处于无可替代的地位。

自1777年世界上第一个相关组织——法国戏剧作者和作曲者协会（SACD）——诞生两百多年以来，著作权集体管理组织在维护著作权所有者权利、推广作品使用等方面，发挥了相当重要的作用，为广大的著作权人和众多的作品传播者以及社会公众之间搭建了顺畅便利的桥梁。

当今社会条件下，由权利人授权集体管理组织集中行使有关著作权，已经是国际通行的做法。这既有助于实现和维护权利人的合法权益，也为作品传播者提供了使用作品方便畅通的授权渠道，有利于文学、艺术和科学作品的广泛传播，使广大公众及时分享最新的智力成果。

我国著作权集体管理组织从无到有逐步发展。截至目前，我国经国家版权局和民政部批准成立的集体管理组织有中国音乐著作权协会（简称"音著协"）、中国音像集体管理协会（简称"音集协"）、中国文字著作权协会（简称"文著协"）、中国摄影著作权协会（简称"摄著协"）和中国电影著作权协会（简称"影著协"）等。目前，我国著作权集体管理组织总体上还处于起步阶段，无论在著作权作品管理数量、还是著作权费用收取金额方面与发达国家同类组织都存在差距。当然，这也说明我国著作权集体管理事业有着巨大的发展空间。

（五）著作权代理

著作权代理肇始于文学代理，起初直至目前都和出版有密切关系，但就其体系而言，并不局限于以代理作者实现作品出版或者代理出版机构出版某作品为目标的出版领域。著作权代理广义上泛指著作权代理机构或个人根据权利人委托，代理权利人、相关机构或个人所从事的著作权确权、著作权交易、著作权维护等所有中介行为，包括著作权作品登记代理、著作权合同登记代理、著作权许可/转让代理、著作权诉讼/仲裁代理等；狭义上仅指著作权交易阶段的代理行为即许可转让代理。

我国著作权代理业务起步较晚，且基本集中在出版领域、著作权交易阶段。

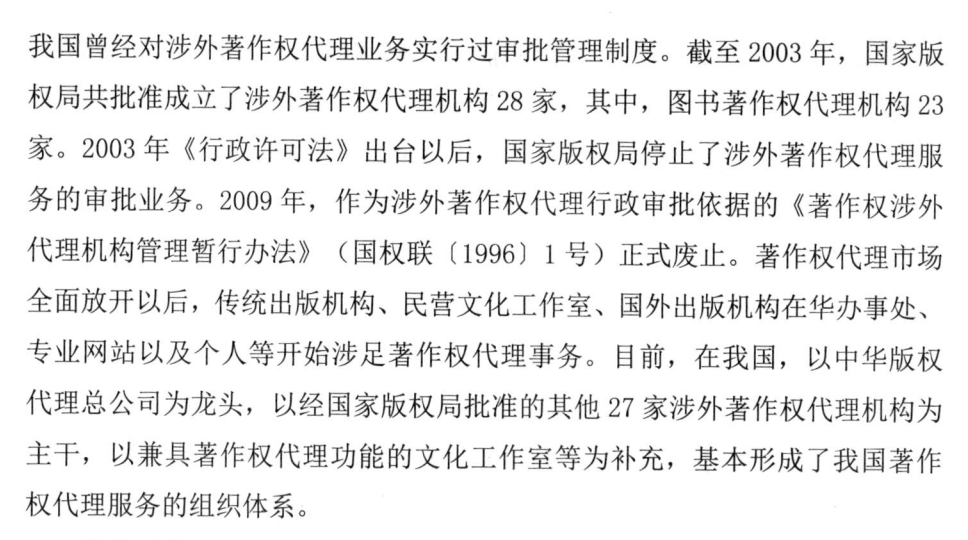

我国曾经对涉外著作权代理业务实行过审批管理制度。截至 2003 年，国家版权局共批准成立了涉外著作权代理机构 28 家，其中，图书著作权代理机构 23 家。2003 年《行政许可法》出台以后，国家版权局停止了涉外著作权代理服务的审批业务。2009 年，作为涉外著作权代理行政审批依据的《著作权涉外代理机构管理暂行办法》（国权联〔1996〕1 号）正式废止。著作权代理市场全面放开以后，传统出版机构、民营文化工作室、国外出版机构在华办事处、专业网站以及个人等开始涉足著作权代理事务。目前，在我国，以中华版权代理总公司为龙头，以经国家版权局批准的其他 27 家涉外著作权代理机构为主干，以兼具著作权代理功能的文化工作室等为补充，基本形成了我国著作权代理服务的组织体系。

总体而言，一方面，经过近 20 年的发展，我国著作权代理市场已经形成，著作权代理服务的范围逐渐拓宽，相关业务基本覆盖了产业发展相对集中的地区；另一方面，我国著作权代理市场还处于"小、散、弱"的状态，市场集中度不高，服务水平和能力有待加强。

四、技术保护

所谓技术保护即通过技术手段对著作权及与著作权有关的权利进行保护。技术保护手段伴随着高新技术的发展与应用而产生、发展。以数字、网络为代表的高新技术的不断发展与快速应用给著作权保护带来了空前的挑战，传统著作权保护手段的局限性日益显现。在这种背景下，各种技术保护手段应运而生、快速发展，并且随着新技术的不断进步而日见重要。

由于相关技术主要围绕数字著作权展开，目的主要是为了保证数字著作权内容在整个生命周期内的合法使用，因此被称为数字版权保护（Digital Rights Management）技术，简称 DRM 技术。

DRM 技术研发始于上世纪 90 年代，起初为数据加密和身份鉴别技术，主要应用于文档和软件领域。比较常见的有，文档可以设定开启密码、相应软件安装需要输入产品序列号等。目前,DRM 技术已经发展出数据加密、数字水印、身份鉴别、资源标识、密钥管理、权利描述、硬件捆绑、安全通信、安全容器、芯片控制、虚拟机、时间戳、DNA比对等多种技术，并且已经形成了整套的数字版权保护技术系统（Digital Rights Management System, DRMS），广泛应用于电子文档、软件、图像、音视频、移动终端、数字印刷等各个领域。

随着数字网络技术的快速发展与应用，传统出版传播领域数字化进程不断加快，各种新媒体、新业态不断涌现，相应地，各种数字化作品著作权保护面临的挑战和压力不断增大，单个市场主体在DRM技术研发实力以及产品安全性、互操作性等方面难以适应经济社会发展要求。在此背景下，2011年7月，由国家财政全额支持的新闻出版总署数字版权保护技术研发工程正式启动。该工程由众多高校、科研院所、传统出版单位、数字内容服务商、技术研发企业参与，总体组、管控包、标准包牵头单位以及应用推广单位均为中国新闻出版研究院，最终将搭建一个综合性的数字版权保护管理与服务平台，为新闻出版行业及社会公众提供一套数字版权保护整体解决方案。目前，该工程各分包研发任务已接近尾声，正准备测试验收。预计2016年可投入使用。

鉴于技术保护手段在高新技术条件下有着其他著作权保护手段无可取代的重要地位和作用，技术保护已经成为独立于行政保护、司法保护、社会保护权利人身自我保护的重要支撑，已经成为现代著作权保护体系不可或缺的重要内容。

从上世纪90年代中期开始，技术保护手段本身已经得到了国内外立法的承认和保护：世界知识产权组织《著作权条约》《表演和录音制品条约》第11条和第18条分别要求缔约方提供适当的法律保护和有效的法律救济，保护作者、表演者、录音制品制作者为行使条约的权利而使用的约束未经作者许可或者法律准许的行为的有效技术保护措施。美国《千禧年数字版权法案》（DCMA）在著作权法中增加了专门的反规避条款，不仅禁止规避、破解、破坏受法律保护的旨在控制接触、控制复制的技术保护措施；而且禁止制造、进口、提供、销售或以其他任何方式交易相应技术、产品、服务、装置、组件或零件。我国2006年出台的《信息网络传播权保护条例》第4条、第10条、

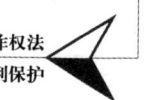

第12条、第18条、第19条也作了相应规定。在我国，故意避开或破坏权利人技术保护措施的，除依法承担民事责任外，还可能被追究行政甚至刑事责任；故意制造、进口或者向他人提供主要用于避开、破坏技术措施的装置或者部件，或者故意为他人避开或者破坏技术措施提供技术服务的，要追究行政或刑事责任。相应行政处罚包括警告、没收违法所得、没收主要用于避开、破坏技术措施的装置或者部件、10万元以下罚款等。

五、权利人的自我保护

权利人作为著作权主体，是著作权法律关系的当事人或密切相关方。由权利人直接对其作品进行保护或参与其他著作权保护主体对其权益的保护，可以发挥权利人尤其原始权利人对自己作品特性以及相关行业问题比较熟悉的优势，增强著作权保护力量，节约著作权保护时间。在此意义上，权利人理应成为著作权保护的主体而不仅仅是受保护的对象。

然而，由于我国施行现代著作权制度的时间较短，加之历史上长期的专制集权传统、一般社会个体的权利长期被忽视、被践踏，普通权利人的权利意识非常薄弱，维权能力非常有限。不少权利人不清楚自己究竟有哪些权利，也不清楚自己权利被侵犯后该如何救济。有些权利人甚至不知道自己依法还享有著作权、自己的著作权还受法律保护。除此之外，还存在四种权利人保护自己著作权不积极的情形：

一是只追求自己作品的最快、最大范围地传播，从而放任、纵容侵权盗版行为的发生。这种情况主要发生在不以遭非法使用的作品创作为业、社会影响力较小的权利人群体之中。对于这部分权利人而言，理想的传播渠道有限，或者通过理想的传播渠道严格按照著作权法规定进行传播不太现实，出于扩大自己作品传播范围、加快自己作品传播速度的目的，他们从内心里对侵权盗版并不排斥，甚至以自己作品被侵权盗版为荣，进而主动放弃寻求著作权保护的努力。当然，也不排除个别有心维权的权利人故意放任相应的侵权盗版行为，待其发展到一定规模，再进行打击、规范的策略性著作权保护情形。

二是碍于各种情面怠于进行著作权保护。这种情况在"熟人社会"中比较常见。权利人尽管也知道自己依法享有著作权，自己可以依法寻求著作权保护并且能够得到一定救济，但碍于师徒、邻里、乡亲、朋友等各种关系，不便撕破脸皮进行著作权保护甚至为此要对薄公堂。否则，可能会被圈里人指责为自私、小气、小题大做、有意跟谁过不去，等等，从而得到不利于当前立足和未来发展的负面社会评价。

三是由于觉得著作权保护费时费力、得不偿失等而放弃寻求著作权保护的努力。这种情况往往是权利人自己有过类似切身经历，或者知道有类似案例。

四是其他原因没有进行著作权保护。如，没有在合适时间发现侵权盗版行为，由于其他事情耽搁而超过著作权保护时效，等等。

以上情况要通过加强著作权宣传教育、降低著作权维权成本、开展著作权相关服务等来系统加以解决。因为权利人情况非常复杂，权利人队伍又非常庞大，而且在不断变化之中，因此相应工作必然是长期、复杂的过程。但无论如何，要重视广大权利人的主观能动作用，调动广大权利人著作权保护的积极性，发挥权利人的数量优势、行业优势，对于著作权事业的发展和进步无疑是非常重要的。

六、群众保护

群众举报、投诉是司法、行政机关及有关行业组织发现侵权盗版线索的重要途径。充分发挥广大人民群众在打盗维权中的作用，不仅可以有效弥补管理、执法机关以及相关组织人员短缺的不足，还可以使正当的著作权保护工作最大程度、第一时间得到社会的理解和支持。此处所称的群众泛指没有打盗维权法定职责、权利人及其代表之外的社会组织和个人。群众保护有两种类型：

一种是纯粹出于抑制非法经营、维护正当创作、传播秩序等公益目的，举报、投诉、批评、阻止侵权盗版或与之相关的活动，如非法储运侵权盗版复制品等。此类群众对于相应著作权保护举动没有直接利益，但不排除有所

谓"反射利益"。例如，著作权保护、激励创新的结果是可能产生、提供更多、更好的优秀作品，相关群众包括其亲友作为目标受众能够更好地享受智力创新成果。常见的有：学生家长对于盗版中小学教科书的举报，社区居民对于占道经营的侵权盗版复制品销售行为的投诉，消费者对于自己上当受骗、误买侵权盗版复制品的销售商家的投诉，等等。

另一种是出于某种私人直接利益的考虑，检举、举报、揭发侵权盗版或与之有关的活动。主要包括：同业竞争者为达到依法公平竞争、规范经营环境、整治商业竞争对手、争夺或抢占市场目的而举报其他单位或个人，以及有违法犯罪行为、已被司法机关控制的单位和个人为立功减刑而检举、揭发其他单位或个人，等等。

无论出于何种目的，只要查证属实，从加强著作权保护、促进著作权工作的角度都是应该鼓励和提倡的。我国中央和部分地方的有关部门已经建立了专门的反盗版举报、查处奖励制度，每年都会对经查证属实的相关案件举报人员予以奖励。

除上述情形外，著作权保护的力量还有社会媒体、专业研究机构及其相应人员等。相关图书、报刊、网站等对侵权盗版案件包括其处理结果的披露、宣传，相关研究机构对著作权保护难题的分析、建议等，对于普及著作权法治意识、提高著作权保护水平等都有重要意义。

七、其他方式的保护

除上述保护方式外，实践中比较重要的著作权保护手段还有仲裁和调解等。

著作权仲裁主要依据《著作权法》和《仲裁法》的规定进行。仲裁以当事人之间有效的仲裁协议为前提，协议约定的仲裁机构必须具体、明确。涉案对象限于合同纠纷和其他财产权益纠纷，含及人身关系的著作权纠纷（如与婚姻、继承有关的著作权纠纷）以及应由行政机关处理的著作权行政争议不能仲裁。与诉讼不同，著作权仲裁主要由仲裁委员会裁决；实行一裁终局规则。当事人一方不履行仲裁裁决的，另一方可以申请人民法院强制执行。

出版法规与著作权法论析

著作权调解实践中主要由著作权行政部门及其下属机构以及相关行业组织进行。目前，有关部门正在考虑成立专门的著作权调解委员会。

此外，还需要说明的是，以上著作权保护手段往往是相辅相成的。例如，权利人先期可以利用技术手段对其作品进行保护；在发现自己作品被侵权盗版之后，可以向著作权行政部门进行举报，也可以向有管辖权的法院提起民事纠纷；在诉讼方式中，可以自己直接起诉，也可以委托第三方代为起诉，也可以交由集体管理组织处置。实践中成功的著作权保护案例，往往是多种手段共同作用的结果。

【相关案例】

案例1

渡边淳一是日本文学作品长篇小说《雪舞》的著作权人。2002年1月31日，渡边淳一与珠海出版社签订《翻译出版合同书》一份。合同约定：渡边淳一授予珠海出版社在中华人民共和国境内翻译出版《雪舞》等四部作品的独家出版发行权，合同期限为三年，自签约之日起算（即自2002年1月31日起至2005年1月30日止）。合同金额1200000日元，《雪舞》200000日元。双方同时约定，合同于期满后自动并无条件终止，珠海出版社仅可在合同终止后的一年内销售库存书籍。

2007年10月2日，渡边淳一的委托代理人在珠海市文华书城有限公司购买《雪舞》图书，该书封面标注有"渡边淳一作品集"字样。著作权页记载有如下内容：出版发行：珠海出版社；印刷：广东省农垦总局印刷厂；印次：2002年10月第1版，2006年5月第2次印刷；定价：12.00元。2007年11月1日，渡边淳一的委托代理人在博库书城上海有限公司、11月10日在北京中关村图书大厦有限公司也购得上述《雪舞》图书。

渡边淳一遂以自己著作权被侵犯为由，委托上海友林律师事务所向珠海市中级人民法院提起民事诉讼。

珠海中级法院审理认为，珠海出版社对渡边淳一的著作权人身份不持异议，法院对此予以确认。渡边淳一为日本国公民，涉案作品为文学作品，日本与中国都是《伯尔尼保护文学和艺术作品公约》的成员国，根据《中华人民共和国著作权法》有关规定，渡边淳一享有著作权的作品在我国应当受到保护。

渡边淳一未举证证明其因珠海出版社侵权所受的实际损失或珠海出版社侵权的违法所得，依照我国《著作权法》和最高人民法院《关于审理著作权民事纠纷案件适用法律若干问题的解释》的有关规定，综合考虑作品的类型、作者和作品的知名度、珠海出版社侵权行为性质、范围和主观过错等情节，酌定珠海出版社赔偿渡边淳一经济损失人民币100000元。

渡边淳一请求珠海出版社承担为制止侵权行为而支付的合理开支人民币60340元有事实和法律依据，符合最高人民法院《关于审理著作权民事纠纷案件适用法律若干问题的解释》的规定，原审法院予以支持。至于珠海出版社所称的渡边淳一律师费数额偏高的问题，鉴于渡边淳一已提供了发票，珠海出版社对其真实性没有异议，且没有提供费用偏高的依据，法院对此抗辩理由不予采纳。

至于渡边淳一请求判令珠海出版社公开赔礼道歉和精神损害赔偿的问题，鉴于本案珠海出版社的侵权行为只是对著作权人复制和发行权的侵害，客观上并未造成对渡边淳一所享有的著作权中人身权利的侵犯，故对该两项诉讼请求不予支持。

综合以上，珠海中级法院判决如下：（1）被告珠海出版社于本判决生效之日起立即停止复制、发行图书《雪舞》；（2）被告珠海出版社于本判决生效之日起十日内赔偿原告渡边淳一经济损失人民币100000元；（3）被告珠海出版社于本判决生效之日起十日内赔偿原告渡边淳一为制止侵权的合理支出人民币60,340元（包括侵权图书购置费40元、律师费60000元、公证费300元）；（4）驳回原告渡边淳一其他诉讼请求。案件受理费9453元，由被告珠海出版社承担。

珠海出版社不服一审判决，依法向广东省高级人民法院提起上诉。

广东高级法院经审理认为，原审判决认定事实清楚，适用法律正确，故而依法判决驳回了珠海出版社的上诉请求，维持原判，并判令二审案件受理费9453元由珠海出版社负担。

案例2

北京美好景象有限责任公司为专业的图片公司，其就包括编号BV-0890号摄影作品在内的《景象图片库王强摄影18幅》办理了著作权登记，北京市版权局向其出具了01-2001-G-0044号著作权登记证。

2009年，该公司发现：2001年10月10日，华东信息日报社（后更名为《无锡商报》社）主办的《华东信息日报》（后更名为《无锡商报》）第6版通讯专版，刊登了"ERICSSON A2638sc"的手机广告，并附有与BV-0890号摄影作品相同的一张图片作为该手机售价及功能特点的背景。该通讯专版为顺新公司专版，除刊登该图片与文字广告外，还刊登了顺新公司城中店开业信息、顺新公司对奖公告、图片广告中推荐的"ERICSSON A2638sc"手机的文字介绍等。

美好景象公司认为，顺新公司和无锡商报社侵犯了其对该摄影作品享有的使用权和获得报酬权等，遂委托江苏瑞莱律师事务所向无锡市中级人民法院提起诉讼。

无锡商报社辩称：①无锡商报社已尽到审核义务，不应承担侵权责任；②美好景象公司请求赔偿额较高，应当以侵权时的赔偿额计算，具体数额由法院认定。

顺新公司一审辩称：①涉案广告系由手机供应商所做，费用也由供应商支付，其只是作为代销商的名义出现在广告上，也从未委托报社使用涉案摄影作品，涉案摄影作品是无锡商报社自行选取添加的；②美好景象公司要求20000元经济损失赔偿依据不足，亦不合理；③美好景象公司主张的律师费没有依据，律师提供的律师费票据是重复使用，且在其他案件中已经进行了赔偿；④美好景象公司的诉讼请求已超过诉讼时效。

本案被诉侵权行为系发生于2001年10月27日以前的行为，应适用1991年施行的著作权法。据此，依照《著作权法》《广告法》《民事诉讼法》

下篇 著作权法
第七章 著作权违法行为、法律责任与权利保护

有关规定，无锡中级法院判决：（1）无锡商报社、顺新公司于判决生效之日起立即停止侵犯美好景象公司编号为 BV-0890 的摄影作品著作权的行为；（2）无锡商报社、顺新公司于判决生效之日起三十日内在《无锡日报》上刊登赔礼道歉声明（内容必须经一审法院审核），所需费用由无锡商报社、顺新公司负担。如逾期不履行，由一审法院选择媒体刊登判决书内容；（3）无锡商报社、顺新公司于判决生效之日起十日内赔偿美好景象公司经济损失 12000 元；（4）无锡商报社、顺新公司于判决生效之日起十日内赔偿美好景象公司为制止侵权支付的合理费用 5000 元；（5）驳回美好景象公司的其他诉讼请求。本案案件受理费 1000 元，由美好景象公司负担 160 元，无锡商报社、顺新公司负担 840 元。

顺新公司不服上述一审判决，向江苏省高级人民法院提起上诉。二审法院判决维持原判，并判令由顺新公司负担二审案件受理费人民币 1000 元。

案例 3

2002 年 1 月，人民教育出版社向国家版权局投诉称，北京普教音像出版社未经授权，在所出版的《特技教师同步辅导》系列 VCD 光盘中使用了其享有著作权的教材中的内容，构成了侵权，并要求对侵权人给予行政处罚。

经查证，北京普教音像出版社于 2001 年出版了《特级教师同步辅导》系列 VCD。其中两种 VCD，即《语文（小学一年级第一册）——特级教师同步辅导》和《英语（小学第二册）——特级教师同步辅导》，均未经人民教育出版社授权，大量使用了人民教育出版社编著、出版发行的九年义务教育五年制小学教科书（使用修订本）《语文——第一册》，及人民教育出版社与新加坡泛太平洋出版有限公司合作编写、出版发行的九年义务教育教科书（实验本）《英语——第二册》中的文字和美术作品。北京普教音像出版社的行为，已经构成《著作权法》规定的"未经著作权人许可""复制、发行""其作品的"侵权行为。

根据《著作权法》以及《著作权法实施条例》的规定，国家版权局决定给予北京普教音像出版社下列行政处罚：

（1）责令其停止出版发行《语文（小学一年级第一册）——特级教师同步辅导》和《英语（小学第二册）——特级教师同步辅导》VCD光盘，并不得再出版发行上述侵权VCD其他形式的制品。

（2）没收并销毁库存的《语文（小学一年级第一册）——特级教师同步辅导》和《英语（小学第二册）——特级教师同步辅导》VCD光盘。

（3）没收并销毁市场上流通的《语文（小学一年级第一册）——特级教师同步辅导》和《英语（小学第二册）——特级教师同步辅导》VCD光盘。

案例4

2011年2月16日和18日，北京市文化市场行政执法总队相继接到群众举报，称北京朝阳区金盏乡有一个盗版图书库房，品种繁多、数量巨大，多为盗版中央广播电视大学出版社的非法教材。

接报后，北京市文化市场行政执法总队立即组织执法人员进行暗访后发现，举报属实，案情复杂。为了彻底查清该书库内盗版图书的来源，经北京市"扫黄打非"办公室领导研究决定，由北京市文化执法总队和市公安局海淀分局共同成立"2·18"专案组，全力侦破此案。

专案组在北京、山东进行了为期一个月的调查取证后发现，这个案件涉及多家公司，其中最主要的是北京两家图书公司。公司主要从事电大教材销售活动，销售涉及26个省市184家广播电视大学。对于单个品种数量较多的教材，公司从出版社购买样书进行盗印后，以更低的折扣率卖给学校。

2011年9月14日，北京市海淀区人民检察院将陈某等6名被告人以侵犯著作权罪向海淀法院提起公诉。

2011年9月29日，北京市海淀区人民法院一审认定主犯陈某犯侵犯著作权罪成立，判处有期徒刑6年，罚金人民币300万元。其余5名被告人均以侵犯著作权罪被判处有期徒刑4年至5年6个月不等、罚金人民币30万元至 150 万元不等。

全国"扫黄打非"办公室通报称，"2·18"制售侵权盗版教材案涉案码洋近亿元，是 2010 年 10 月国务院开展打击侵犯知识产权和制售假冒伪劣商品专项行动以来，北京破获的最大盗版教材案。

案例 5

2012 年 10 月 23 日，杭州市滨江区人民法院作出一审宣判，被告人李德义因侵犯著作权罪，被判处有期徒刑四年，并处罚金十万元，被告人方某则被判处有期徒刑三年六个月，并处罚金十万元，被告单位杭州某网络技术有限公司和上海某网络科技有限公司也分别被判处罚金人民币 50 万元。

经查实，2006 年 4 月 21 日，被告人李某、方某与刘某共同成立了杭州某网络技术有限公司，后因经营需要，又收购了上海某网络科技有限公司，并在杭州还注册成立了上海某网络科技有限公司杭州分公司。杭州公司、上海公司及其杭州分公司均由被告人李某负责经营并管理。经营期间，李某专门请人开发了一套系统，其服务器设在陕西西安，主要用途就是将购买来的影视节目以及网上下载的未经著作权人许可的电影、电视作品上传上去供网吧顾客点播。网吧要使用这套系统必须购买其提供的账号。杭州公司提供了代销和直销两种购买方式。其中，直销以每个账号每年 1500 元至 2200 元的价格直接向全国范围内的网吧出售；代销则以每个账号每年 400 元至 500 元不等的价格向全国范围内代理商出售，再由代理商向网吧出售。截至案发前，杭州公司、上海公司及其杭州分公司共向全国 14929 家网吧出售账号；网吧充值数据表表明：从 2007 年 8 月 27 日到 2010 年 12 月 30 日，总交易金额已经超过 3488 万元，折扣后实际交易金额超过 1643 万元。而经相关著作权人确认，上述服务器内的 510 部欧美类影视作品、536 部综艺类影视作品合计 1046 部影视作品都未经相关著作权人许可，侵犯了相关著作权人的信息网络传播权。

此案从 2010 年 10 月浙江省版权局接到权利人中国电影著作权协会投诉

开始立案调查，到 2012 年 10 月一审法院判决，历时 2 年多，最终能得以顺利结案，除了公、检、法等部门的的大量工作外，著作权行政管理部门也起到了关键的作用。由于该案涉案作品数量、种类众多且权利人分散，经司法鉴定检验，涉案影视作品 15000 多部且大量作品为欧美影视作品，要证明杭州公司"未经著作权人许可"难度非常大。为此，各级著作权部门积极行动，做了大量工作。国家版权局始终高度关注此案的进展情况，专门召开案件协调会，邀请公安部、最高人民检察院、最高人民法院等相关部门的负责人，听取浙江省相关部门的案情汇报，并多次就法律适用问题给予指导；浙江省版权局自始至终参与案件的查处工作，特别是和浙江省公安厅、杭州市公安局密切配合、通力合作，在案件协调、著作权法律适用指导、侵权证据鉴定等方面花了大量的精力和财力；杭州市版权局除派员参加专案组、参与案件的侦破工作外，还提供办案经费近 30 万元。

本章小结

本章从违法行为与法律责任概述讲起，主要介绍了著作权违法行为及其法律责任，以及著作权保护的渠道、主体及其相关作用。著作权包括精神权利和财产权利两个方面的内容。著作权违法行为也可以划分为侵犯精神权利的违法行为和侵犯财产权利的违法行为两大类。

结合我国著作权法规定，著作权违法行为主要包括：未经著作权人许可，发表其作品；没有参加创作，在他人作品上署名；歪曲、篡改他人作品；剽窃他人作品；使用他人作品，应当支付报酬而未支付；未经出版者许可，使用其出版的图书、期刊的版式设计；违法复制、发行、汇编、通过信息网络向公众传播其作品；出版他人享有专有出版权的图书；违法故意避开或者破坏权利人为其作品、录音录像制品等采取的技术保护措施；违法故意删除或者改变作品、录音录像制品等的权利管理电子信息；制作、出售假冒他人署名的作品。此外，还有著作权违约行为。等等。

在我国，著作权法律责任基本上不涉及著作权人，主要是针对侵犯著作权的违法行为而言的，具体以民事法律责任为主，兼有刑事和行政法律责任。民事责任包括违约责任和侵权责任两种。其中，违约责任主要包括：支付违约金、赔偿损失、继续履行或解除合同等；侵权责任主要包括停止侵害、消除影响、赔礼道歉、赔偿损失等。刑事责任包括追究"侵犯著作权罪"和"销售侵权复制品罪"两种。行政责任具体针对损害公共利益的严重侵权盗版行为。按照现行法律规定，侵权盗版视不同情节，可由法院判处50万元以下赔偿金、7年以下有期徒刑；尚未构成犯罪的，可由行政部门没收违法所得，并处10万元以下罚款。

我国现代意义上的著作权保护事业起步较晚，但发展很快，目前已形成了司法与行政并举、多种力量共同参与的著作权保护体系。其中，司法保护是我国著作权保护的主要力量，行政保护是我国著作权保护的一大特色和优势，社会中介组织和权利人在著作权保护中的作用越来越重要。此外，随着数字、网络著作权案件的不断增多，技术因素在著作权保护中的作用也越来越受到重视。需要说明的是，本章所介绍的各种著作权保护手段是相辅相成的。实践中成功的著作权权保护案例，往往是多种手段共同作用的结果。

思考与练习题

1. 违法行为都要承担法律责任吗？为什么？
2. 著作权违法行为主要有哪些？
3. 著作权法律责任主要有哪些？
4. 著作权保护有哪些途径和方式？
5. 假如你是出版单位版权部门人员，你如何保护本单位和作者的著作权益？
6. 作为权利人，你如何在事前、事中和事后保护自己的著作权？
7. 请系统谈谈个人对著作权保护事业的认识。

参考文献

[1] 国家版权局.中国著作权实用手册[M].北京:法律出版社.2005-4(1)

[2] 世界知识产权组织.知识产权纵横谈[M].北京:世界知识出版社.1992.

[3] 中国版权保护中心、新闻出版总署人事司.著作权案例评析[M].上海:上海辞书出版社.2009.

[4] 郑成思.版权法[M].北京:中国人民大学出版社.1997.

[5] 郑成思.知识产权论[M].北京:法律出版社.1998.

[6] 郑成思.世界贸易组织与贸易有关的知识产权[M].北京:中国人民大学出版社.1996.

[7] 吴汉东.知识产权法[M].北京:北京大学出版社.2009.

[8] 吴汉东.知识产权制度国际化问题研究[M].北京:北京大学出版社.2010.

[9] 吴汉东等.西方诸国著作权制度研究[M].北京:中国政法大学出版社.1998.

[10] 刘春田.知识产权法[M].北京:高等教育出版社.2003.

[11] 刘春田.知识产权法教程[M].北京:法律出版社.2000.

[12] 李明德.著作权法概论[M].沈阳:辽海出版社.2005.

[13] 韦之著.著作权法原理[M].北京:北京大学出版社.1998.

[14] 胡开忠.知识产权法比较研究[M].北京:中国人民公安大学出版社.2005.

[15] 郭禾.知识产权法案例分析[M].北京:中国人民大学出版社.2000.

[16] 张今.知识产权新视野[M].北京:中国政法大学出版社.2000.

[17] 夏叔华.知识产权法理论与实务[M].北京:法律出版社.1992.

[18] 韩松.知识产权法[M].北京:中国人民大学出版社.2003.

[19] 蒋茂凝.国际著作权贸易法律制度的理论建构[M].湖南:湖南人

民出版社．2005．

[20] 陈传夫．著作权概述》[M]．武汉：武汉大学出版社．1993．

[21] 梅先华．知识产权概论[M]．上海：上海人民出版社．1995．

[22] 刘东进．著作权法[M]．北京：中国科技出版社．1993．

[23] 汤宗舜．著作权法原理[M]．北京：知识产权出版社．2005．

[24] 杨崇森．著作权法论丛[M]．台湾：台湾华欣文化事业中心．1983．

[25] 张静．著作权法评析[M]．台湾：台湾水牛出版社．1983．

[26] 周林．中国版权史研究的几条线索[J]．著作权．2000（1）．

[27] 来小鹏．著作财产权交易制度研究[D]．北京：中国政法大学．2006．

[28] 沈杨．著作权许可使用制度研究[D]．苏州：苏州大学．2004．

[29] 杨霞．版权转让制度研究[D]．苏州：苏州大学．2003．

后　记

本书从成稿、确定出版到后期修改加工花费了四五年时间。

其间，既有写作团队成员的人事变动，更有相关法律法规的修订完善，包括国务院行政审批改革带来的管理制度变化。

本书稿最初系中国新闻出版研究院魏玉山院长（时任中国出版科学研究所副所长）牵头承担的国家社科基金项目"出版学学科体系（与教材建设研究）"课题的一部分。该部分内容具体由当时的中国出版科学研究所版权（法规）研究中心牵头承担。

在写作初期，研究中心主任赵冰老师参与了书稿架构讨论，并亲自起草了导言初稿；研究中心同事香江波、杨昆参与了前期资料搜集。

在写作过程中，研究中心同事香江波、杨昆以及西南科技大学王欢妮老师、河北大学宋慧献教授（时任中国版权保护中心干部）与北京印刷学院周艳敏教授夫妇、上海理工大学季峰老师均参与了撰写工作。其中："出版法规"部分，第二章由杨昆同志撰写；第三章由香江波同志撰写；第四章、第五章由王欢妮同志撰写；"著作权法"部分，第一至第四章由宋慧献、周艳敏夫妇撰写，第五章、第六章由季峰同志撰写；其余部分由张凤杰同志撰写。全书由张凤杰同志统稿。

在后期修改过程中，武汉大学黄先蓉教授帮忙审读了"出版法规"部分，河北大学宋慧献教授帮忙审读了"著作权法"部分。中国出版集团公司原总裁、韬奋基金会理事长聂震宁先生，中国新闻出版研究院范军先生等对于本书稿的修改提出了宝贵意见。

作为项目的具体负责人和系列丛书的牵头人,中国新闻出版研究院出版研究所基础理论研究室研究员庞沁文老师多次督促、协调,对于本书成稿和修改完善亦有较大贡献。

在此一并感谢!

由于当初各部分成稿比较仓促,近年来相关法律法规调整频繁,需要订正的内容较多;加上编者精力、水平有限,谬误之处在所难免,请各位同仁批评指正。

编者

2015 年 8 月

图书在版编目(CIP)数据

出版法规与著作权法论析/张凤杰主编.—北京：中国书籍出版社，2013.11
（现代出版学研究丛书/魏玉山主编）
ISBN 978-7-5068-5175-6

Ⅰ.①出… Ⅱ.①张… Ⅲ.①出版法—研究—中国②著作权法—研究—中国 Ⅳ.①D922.164②D923.414

中国版本图书馆CIP数据核字(2015)第227201号

出版法规与著作权法论析

张凤杰　主编

责任编辑	卢安然
责任印制	孙马飞　马　芝
封面设计	楠竹文化
出版发行	中国书籍出版社
地　　址	北京市丰台区三路居路97号（邮编：100073）
电　　话	（010）52257143（总编室）　　（010）52257140（发行部）
电子邮箱	eo@chinabp.com.cn
经　　销	全国新华书店
印　　刷	北京温林源印刷有限公司
开　　本	880毫米×1230毫米　1/16
印　　张	21.75
字　　数	300千字
版　　次	2015年9月第1版　2015年9月第1次印刷
书　　号	ISBN 978-7-5068-5175-6
定　　价	49.00元

版权所有　翻印必究